JN325707

編集復刻版

民主保育連盟資料

松本園子＝編・解説

I『民主保育ニュース』
II「民主保育連盟」関連資料

六花出版

編集復刻版『民主保育連盟資料』

刊行にあたって

一、本資料集は、戦後期の保育運動の中心であった民主保育連盟（一九四六〜一九五二年）に関する資料として機関紙『民主保育ニュース』（第12号より「民主保育連盟ニュース」に改題）全二三号および関連資料一二点を収録したものである。

一、資料収集にあたっては次の方々のご協力を得た。記して感謝いたします。
浦辺史・浦辺充・畑谷光代（敬称略）

一、資料中の個人の氏名・本籍地・住所・出生年月日などの個人情報については、個人が特定されることによって人権が侵害されるおそれがあると判断される場合は、その一部を伏せた。本資料集の刊行は、あくまで学術研究への活用を目的としていることを理解されたい。

一、資料の中には、人権の視点から見て不適切な語句・表現・論もあるが、歴史的資料の復刻という性質上、そのまま収録した。

一、資料中の書き込みは原則としてそのままとした。

一、本資料集において、Ⅰ『民主保育ニュース』に関しては原資料B５判を拡大し、Ⅱ「民主保育連盟」関連資料に関しては原資料を適宜縮小・拡大し、あるいは原寸のまま、収録した。

一、巻頭に編者による「解説」を収録した。

（編者・編集部）

[目次]

解説　松本園子——(1)

資料名●刊行年月——復刻版ページ

民主保育ニュースNo.1●一九四六・一一——3
民主保育ニュースNo.2●一九四七・一——7
民主保育ニュースNo.3●一九四七・三——13
民主保育ニュースNo.4●一九四七・五——19
お知らせ!!●〔一九四七・五〕——23
民主保育ニュースNo.5●一九四七・七——25
民主保育ニュースNo.6●一九四七・一〇——31
民主保育ニュース臨時号●一九四七・一一——35
民主保育ニュースNo.7●一九四七・一二——39
民主保育ニュースNo.8●一九四八・三——49
民主保育ニュースNo.9●一九四八・六——53
民主保育ニュースNo.10●一九四八・一〇——59
民主保育ニュースNo.10●一九四八・一一——65
民主保育ニュースNo.11●一九四九・五——69
民主保育連盟ニュースNo.12●一九四九・八——73
民主保育連盟ニュースNo.13●一九四九・一一——77
民主保育連盟ニュースNo.14●一九五〇・三——81
民主保育連盟ニュースNo.15●一九五〇・五——85

民主保育連盟ニュースNo.16●一九五〇・八――89
民主保育連盟ニュースNo.17●一九五〇・一〇――93
民主保育連盟ニュースNo.18●一九五〇・一二――99
民主保育連盟ニュースNo.19●一九五一・一――105
民主保育連盟ニュースNo.20●一九五一・四――113
民主保育連盟ニュースNo.21●一九五一・九――121
民主保育連盟ニュース第〔21〕号別添●〔一九五一・九〕――129

Ⅱ 「民主保育連盟」関連資料

民主保育聯盟創立趣意書●〔一九四六・一〇〕――135
民主保育聯盟規約●〔一九四六・一〇〕――136
綱領／名簿●〔一九四六・一〇〕――137
民主保育連盟のしおり●〔一九四八〕――138
民主保育連盟のしおり●〔一九四九〕――140
臨時総会御通知●〔一九五一・六〕――141
北区労働者クラブ保育園の問題についての経過報告●〔一九五一・六〕――142
民科心理部会と民保の共同研究について――中間報告●一九五一・六――144
保育の問題をどう考えるか●一九五一・一一――147
民主保育連盟第六回定期総会●一九五一・一二――164
総会のお知らせ●一九五二・一二――168
民主保育連盟総会提案●〔一九五二・一二〕――169

解説

松本園子

解説

松本園子

はじめに

民主保育連盟は、一九四六（昭和二一）年一〇月に結成され、一九五二年一二月の解散までの六年間、戦後期の保育運動の要となった組織であり、敗戦後の荒廃のなかで、保育施設をつくり、新しい保育の内容とあり方を追求した。戦中期に優れた活動を展開した「保育問題研究会」を、思想的にも人的にも継承し、戦後改革期の新しい条件のもとで開花させた組織であり、その後の高度経済成長期の保育運動を準備した組織でもある。

本復刻版は、民主保育連盟の機関紙『民主保育ニュース』（12号以降は『民主保育連盟ニュース』）および民主保育連盟の関連資料を収録している。

一　資料の形態・概要

Ⅰ　『民主保育ニュース』について

『民主保育ニュース』は二三点存在する。うち、臨時号が一点、「10号」がミスであろうが二点あり、号数は21号までであり、二、三カ月に一回の不定期発行である。12号以降『民主保育連盟ニュース』に改題されているが、その理由は記されていない。いずれも〝民保ニュース〟と略称されることが多かった。

1～20号はガリ版刷りとよばれた謄写印刷であり、21号のみタイプ印刷で作成されている。Ｂ４判のザラ紙一面に二頁、両面印刷してあり、折ってＢ５判の四頁となる。ザラ紙一枚四頁のものが一一点、五頁のものが一点、一枚半六頁のものが七点、二枚使用した八頁のものが三点、一〇頁のものが一点である。限られた紙面に、できるだけ多くの情報を盛り込むべく、小さな文字でびっしりと書き込まれており、当時の厳しい経済状況のなかでの苦労が偲ばれる。原寸は一頁がＢ５判であるが、復刻版では読みやすさを考え、Ａ４判の大きさに拡大した。

初期の会員数が一〇〇名程度（『民主保育ニュース』3号）、一九四九年段階で二七〇名（同13号）であり、発行部数は会員数＋αとして、約三〇〇部程度であったろうか。

編集については、独立した編集部体制はとっていない。発足の時から一九五一年半ばまで民主保育連盟の事務局長であった塩谷アイが、機関紙の編集も主として行った。記事の執筆についても、無署名のものは、塩谷によるものが多いと思われる。印刷原紙をつくる〝ガリ切り〟の作業は、いろいろな人が分担して行ったことがうかがえる。ヤスリ板にうすいロウ紙をおき、鉄筆で文字を書く作業である。この原紙を使って、一枚一枚手刷りされたのがこのニュースである。

一九五一年九月発行の21号「事務局よりのお知らせ」に、「従来民保ニュースは事務局で編集しておりましたが、ニュース活動の重要性にかんがみ、その活潑化を計るため」三名の編集委員を決め、「次号から担当していたゞく」とある。しかし『民主保育連盟ニュース』は結局この号が最終号となり、連盟は五二年一二月の総会で解散を決めた。

『民主保育ニュース』（改題後の12号以降も含む）の内容はおよそ次のようなものである。

①組織維持のための情報提供――総会のお知らせ、活動方針や人事などの報告。連盟が開催する研究会、講習会などの会合のお知らせ、会員動向、財政状況の報告と会費納入の督促など
②主として巻頭言として書かれている民主保育連盟としてのある程度まとまった主張
③新しい保育施設づくりの動向紹介
④研究活動の報告
⑤投書などによる会員の声の紹介
⑥連盟周辺の諸運動の動向
⑦本の紹介など、学習・研究をすすめる情報提供
⑧その他

別添の「主要記事一欄」では、このうち②～⑤を中心にとりあげた。

Ⅱ　「民主保育連盟」関連資料

ここでは、次の一二点を収録している（発行順）。

①民主保育聯盟創立趣意書（一九四六・一〇・一九）
②民主保育聯盟規約（一九四六・一〇・一九）
③綱領／名簿（一九四六・一〇・一九）
④民主保育聯盟のしおり（一九四八・一〇頃）
⑤民主保育聯盟のしおり（一九四九・五以降）
⑥臨時総会御通知（一九五一・六）
⑦北区労働者クラブ保育園の問題についての経過報告（一九五一・六・一〇）
⑧民科心理部会と民保の共同研究について――中間報告（一九五一・六・一〇）
⑨保育の問題をどう考えるか（一九五一・一一・四）
⑩民主保育連盟第六回定期総会（一九五一・一二・九）
⑪総会のお知らせ（一九五二・一二・一）
⑫民主保育連盟総会提案（一九五二・一二・七）

a　民主保育連盟の目的と組織を示す基本資料　①〜⑤

資料①は、一九四六年一〇月一九日民主保育連盟創立総会で確認された趣意書である。戦後一年を経た当時の子どもたちの状況が述べられ「この子供たちを飢えと貧しさからまもり、新日本の建設者として正しく教育する」責任を、「保姆・保健婦・教師・乳幼児研究家・両親及び働く婦人は自主協同の力」で果たすことを呼びかけている。

資料②は創立当初の規約、③は創立当初の綱領と役員（幹事）名簿である。趣意書、規約、綱領はその後何回か手直しされている。

資料④⑤は、「民主保育聯盟のしおり」であり、会員勧誘に使ったのであろう。趣意書、規約、綱領などがコンパクトにまとめられ申込書がついている。

b　民主保育連盟の研究活動のまとめ　資料⑧⑨

民主保育連盟は、新しい保育のあり方を模索する研究をすすめたが、共同研究を深め、まとめる暇もなく解散にいたった。ここに掲載するのは、そうしたなかで、研究報告としてある程度まとまった文書である。

労働者クラブ保育園畑谷光代等は、民主主義科学者協会（民科）心理部会の乾孝等心理学研究者と協力し、子どもの発達と保育の方法の共同研究に取り組んでいた。資料⑧「民科心理部会と民保の共同研究について――中間報告」は、のちに復活保育問題研究会において〝つたえあい保育〟として定式化される集団主義保育論の出発点を示している。この文書は、一九五一年六月一〇日、連盟臨時総会の際、配布されたものである。後述のように連盟の組織全体をゆるがす事件が発生し、その収束、立て直しのために開催されたのが臨時総会である。文書は混乱にもかかわらず、新しい保育を追求する意思が揺るぎないことを示すものであったといえよう。

資料⑨「保育の問題をどう考えるか」は、一九五一年一一月、日教組第一回教育研究集会（於、日光）に提出されたものである。民主保育連盟として外部に発表した、おそらく唯一のまとまった文書であり、新しい保育施設のあり方についての共同研究の到達点といえるであろう。内容は次のとおりである。

「施設よりみた幼児教育の実体について」は、当時の乳幼児の状況と保育行政の問題点を論じている（東京自由保育園長谷川正太郎）。

「保育所における幼児の教育について」は、民主保育連盟が追求した集団主義保育論の総論である（労働者クラブ保育園天野章）。

「保育の実践記録の中から」には、次の四点の実践記録が収録されている。

「グループ指導とリーダー制について」（天野章）

「『働らく』と云う事を学ぶ」（神谷町保育園福光えみ子）

「喧嘩の処置について」（新田保育園杉本絵三子）

「チャンバラのあとの話し合い」（子供の家保育園井手ナホ）

「保母の手記より」には、青空保育から出発した保育所づくりの記録が二点収録されている。

「私達の三坪の家――神谷保育園の子供たち」（福光えみ子）

「ふみにじられても真実の芽はすくすくと――井の頭保育園の歩み」（井の頭保育園福知とし）

むすび（労働者クラブ保育園塩谷あい）

c　民主保育連盟末期の解散にいたる状況　資料⑥⑦⑩～⑫

一九五一年四月半ば、民主保育連盟の拠点施設であった労働者クラブ保育園で、連盟の中心的活動家であった畑谷光代等四名の保母が考え方の違いを理由に解雇され、後任に連盟事務局長塩谷アイが就任するという前代未聞の事態が生じ、連盟は混乱に陥った。

連盟は組織として事件を調査し、六月一〇日、対応のための臨時総会を開催した。資料⑥は総会の開催通知、⑦は総会で報告された問題の経過報告である。八月に解雇が撤回され、四名の保母は職場復帰し、事件は一応収束した。その経過は、『民主保育連盟ニュース』21号別添の経過報告（第二回）でうかがえる。中断されていた研究活動も九月以降再開され、一二月九日の第六回定期総会では、資料⑩にみるように、それまでの活動の弱点を克服する新しい方針をうちだした。しかし組織の立て直しは成功しなかったのか、資料⑪⑫にみるように、一年後の一九五二年一二月の第七回総会で情勢にみあう発展的解消という名目で解散を決める。

二　資料にみる民主保育連盟

民主保育連盟の成立と展開、活動内容の詳細については松本『証言・戦後改革期の保育運動――民主保育連盟の時代』（新読書社）をご一読いただければ幸いである。ここでは、本復刻版収録資料にみる民主保育連盟のアウトラインを描いておきたい。毎年一〇～一二月に定期総会が開催されており、総会から総会までを一年度として述べる。一四～一六頁の年表もご参照いただきたい。

第一年度（一九四六年～四七年秋）　創立の事情、目的と方針については、『民主保育ニュース』1号及び資料①～⑤により把握できる。『民主保育ニュース』2号にみるように、創立早々、各地の子供会活動の支援にとびまわり、また法案準備中の児童福祉法についての活発な議論もすすめた（『民主保育ニュース』5号）。

第二年度（一九四七年末～四八年秋）　児童福祉法が公布されて「保育所」が制度化されたことにより、保育施設づくりは活気づいた。民主保育連盟は地域の保育施設づくり、労働組合の取り組みを支援した。ニュースには毎号その情報が掲載されている。四八年秋には、民主保育連盟の拠点施設となる労働者クラブ保育園が開設される。

第三年度（一九四八年末～四九年秋）　ひきつづき保育施設づくりがすすめられる（『民主保育ニュース』各号）。地方支部結成も促進される（『民主保育ニュース』10号）。

第四年度（一九四九年末～五〇年秋）　四九年成立の緊急失業対策法による失業対策事業従事者を対象とする保育施設が各地につくられ、ニュースにはその取り組みが掲載されている。一方、この時期はレッドパージがはじまり、民主保育連盟の活動家のパージ問題も発生し（『民主保育連盟ニュース』18号）、運動は厳しい状況に直面する。

第五年度（一九五〇年末～五一年秋）　ようやく保育の内容を問う共同研究が開始された。実地保育研究会もはじまり、各園の保育プランが交流された（『民主保育連盟ニュース』20号）。心理学研究者との共同研究もすすめられた（資料⑧）。しかし一方で、拠点施設労働者クラブ保育園において「五〇年問題」を背景とする不当解雇事件が発生し、連盟の活動全体が停滞する。この問題を解決し組織を立て直す努力がなされた（『民主保育連盟ニュース』21号、資料⑥⑦⑩）。

第六年度（一九五一年末〜五二年）ニュースが発行されなくなっても、研究活動は行われたが、一九五二年一二月の第七回総会で解散が決められ、状況によりふさわしい組織と活動への道が目指された（資料⑫）。

民主保育連盟は、戦前・戦中の保育運動のリーダーたちによって「乳幼児の完全な擁護と正しい教育」、「勤労家庭の要望にこたえる乳幼児保育施設の建設」（③民主保育連盟綱領）という明確な目的のもとに組織された。活動の第一の柱は新しい保育施設づくりであり、第二の柱は新しい保育施設の質を保障する研究・啓蒙活動であった。前者についてはめざましい成果をあげ、後者についても新しい保育を求めての方法論の研究に着手された。しかし、それが十分な展開をみぬうちに解散となった。志半ばの解散は占領下の、複雑な厳しい状況を背景とした困難の結果であったが、その内容は十分に解明されているとはいい難い。今後、戦後史の断面として、より多くの研究者による多角的な検討を必要とするものであろう。

付記

収録資料の原本は、二〇〇二年に逝去された浦辺史氏が大切に保存されていたものです（故畑谷光代氏の資料も補足的に利用しました）。民主保育連盟をつくり、指導的メンバーとして活動した浦辺氏は、『民主保育ニュース』の復刻公刊を願っておられました。同じく自分がかかわった戦前期の『児童問題研究』『保育問題研究』の復刻出版はすでに実現したが、それらの精神を継承した『民主保育ニュース』をあわせて出版することができなかったということです。その理由は、活版印刷の前二者に比べ、謄写印刷で不鮮明部分も多い『民主保育ニュース』の復刻は難しいからであるということでした。

松本が浦辺氏から原本を託されたのは二〇〇一年です。諸般の事情で、計画はなかなかすすまず、ようやく復刻出版に漕ぎつけました。故人に、お詫びしなければなりません。

このたび、難しい資料の復刻出版にご尽力いただいた六花出版の山本有紀乃氏、黒板博子氏に心よりお礼申し上げます。

資料：『民主保育ニュース』主要記事一覧

1号（一九四六・一一・一四）

無題（川崎〔ママ〕なつ）

創立総会報告／民主保育聯盟設立経過／聯盟の動き／活動計画

保姆は飢餓給料（副島はま）

会員の声：子どものためにほしい社会施設／現在子どものことで一番心配している問題

2号（一九四七・一・六）

民主保育連盟の使命（羽仁説子）

保育施設経営難打開のために

〝移動保育班〟について：板橋三丁目協同組合主催子供会／本所区横川橋の母の会主催子供会／三田文化クラブ主催〝子供会〟／二宮学生文化会主催第四回子供会

幼児心理に於ける民主性（波多野完治）／米国の保育をきく（津下ます子）

会員の声：塩尻村より（富岡隆）／北多摩より（朝野幸枝）

3号（一九四七・三・一〇）

三月八日国際婦人デーに際して

教育民主化協議会結成さる（塩谷）

研究会記録：ソヴェトの学令前教育（福井研介）

保姆の給与について——保姆の生活実情調査の中間報告（田村久子）

会員の声：（豊島母子寮保育園友崎五月）／（山形県田川鉱山保育所成田静枝）

4号（一九四七・五・二四）

こどもの福祉のために——児童福祉週間に際して（塩谷アイ）

新しい保育施設の動き：進駐軍要員自由労働者組合託児所（庄司豊子）／横川橋「母の会」保育所（高瀬慶子）／トヨタ自動車工業株式会社トヨタ幼稚園（畑谷光代）／川崎みゆき保育所（宮下俊彦・山田久江）／芳林幼稚園（杉本綾子）／教育研修所内保育園（海卓子）

当選者報告

5号（一九四七・七・二三）

児童福祉法案に対する意見（児童福祉法案研究部会）

ニュース：東京都保育連合会の創立／「板橋保育友の会」の動き／生活協同組合法案と保育施設／全日本文化会議開催さる／保姆の資格再認定について

新しい保育施設の動き：川口白百合幼稚園（脇屋すわ子）／こどもの広場（根岸澄子）／山梨県穂坂村農繁期保育所（笹森・越野）／日本鋼管社宅保育所

6号（一九四七・一〇・五）

創立一周年を迎へて

研究会記録・工場附設の保育施設の問題（塩谷）

私教組幼稚園部設置さる

新らしい保育のうごき：木蔭の子供クラブ――愛知県コロモ町（畑谷光代）／森の幼稚園開かる―長野県（横井洋一）／幼児愛護展覧会開かる―甲府市（越野素江）

臨時号（一九四七・一一・二〇）

総会記録

講習会記録：日本の母と子（玉城肇）／幼児の絵と生活（赤松俊子）／幼児保育者と文化（羽仁五郎）

新らしい保育のうごき：台東区谷中地区／足立区五反野町

懇談会「新らしい保育所をつくるために」

こども会のもよおし：板橋地区／墨田地区

7号（一九四七・一二・一四）

労働組合と保育施設（浦辺）

労働組合、協同組合、婦人団体との懇談会：新しい保育施設をつくる為に（塩谷）

働く母親に乳児保育所を！要求に立つ二つの労働組合：東芝堀川工場労働組合／日本光学大井工場労働組合

全国保育大会の示すもの

調査報告・保姆の生活に就て

総会記録／各部からのお知らせ

「保育施設をつくる協議会」都会と都庁に保育所増設を要請

8号（一九四八・三・二二）

保育施設をつくれの要求を掲げよう！

研究会記録：討論会「働く婦人の生活」／研究こんだん会「幼児の音楽について」／研究会「こども会の指導法」／研究会「幼児の童話について」

保育施設をつくる協議会：参加団体の活動状況／第四回協議会「保育施設増設の展望について」

労働部会記録

9号（一九四八・六・二五）

文化と保育（羽仁説子）

生活と文化を守るために民保三ツの会議に参加：日本民主婦人協議会／中央教育復興会議／日本文化を守る会

働くものの保育活動：葛飾区砂原地区／すみだ「母の会」で／横須賀生活協同組合で／長野県臼田町で／愛知「保育施設についての懇談会」／愛知トヨタ社宅地区で／川崎市内で保育所設置の要求おこる／各地区で要望

トピックス：社会施設費増額期成会の活動／保育所をつくる協議会東京都議会へ請願書提出／社会事業共同募金の成績とその配分／牛乳乳製品対策委員会で与論調査／全国保育連合会関東ブロック大会

研究会記録：アメリカ・ソヴェト母と子の生活について

野外保育についての与論

10号（一九四八・一〇・六）

強い美しい協力を――創立二週年（ママ）を迎えて（塩谷アイ）

新しい保育所をつくる動き：砂原保育園設置の活動／北区労働者クラブの保育所／足立区新田地区／五反野保育園／その他

記録・保育施設を作る協議会

東京支部結成準備会

民保参加団体の活動

保母の与論（髙瀬慶子）

10号（一九四八・一一・一五）　＊本号は「臨時号」とすべきものであった

第三回総会報告・第三年度の活動に備えよう！

記録・新しい保育者のための講習会：こどもの見方考え方（乾孝）／ソヴェトの幼児教育（福井研介）／幼児文化と絵本のもんだい

ニュース：労働者クラブ保育園はじまる／砂原保育園の建設近し／東京自由保育園の新しい発展

11号（一九四九・五・一四）

巻頭言（羽仁説子）

研究部会抄録（髙橋）

アンケート：一九四九年の乳幼児の問題／民主保育連盟の活動について

ニュース：保育施設を作る協議会、砂原母の会保育所、板橋自由保育園ほか

12号（一九四九・八・五）　＊本号以降『民主保育連盟ニュース』に改題

進めよう！民主保育の旗を！

組織活動：子供の家／川口民生産業保育所／足立幼児グループ／清瀬村結核予防会研究所保育所／共同印刷保育所／石神井吉祥院保育所／千歳烏山生活協同組合

研究活動

山梨報告：東山梨郡岡部村山崎／中巨摩郡藤田村／中巨摩郡源村

地域活動ニュース：板橋／北区／カナ川

13号（一九四九・一一・一二）
私たちの代表をアジア民主婦人会議に送らう
アジア婦人会議提出報告書抜すい
総会と懇談会
平和と健康をまもる月間運動
生活と文化を守る戦線統一！
14号（一九五〇・三・六）
国際婦人デーに参加しよう
保母を守れ
童話の研究会をはじめるにあたって保姆さん方への要望（川崎大治）
童話部会／音楽部会／組織部会／板橋友の会のうごき／北区のうごき
15号（一九五〇・五・五）
国際児童デーのために（浦辺史）
子どもを守る各地のうごき：板橋区（東京自由保育園）／北区（労働者クラブ保育園）／武蔵野市（前進座保育園）／渋谷区（子供の家）／足立区（幼児グループ）
／川崎市（日本鋼管鹿島田保育所）
職業安定所の保育所で（志賀時子）
成長する子供たち（前進座保育園）
保母講習会に参加しよう
新しい施設のうごき
16号（一九五〇・八・一〇）
保育するもののなやみ
職安の保育所：新宿職安／渋谷職安／仙台宮城野職安／福岡職安／京都職安
平和をねがう声々
簡易保育所たより：足立区新田保育園／北区神谷町保育園／前進座保育園の野外進出
地方の動き：神奈川／山梨／名古屋
記録・保母の養成について
クレヨンと絵本の小包――職安の子供たちへ

17号（一九五〇・一〇・一五）
子供をまもることは平和をまもること
どこからあつめられどこへくばられるか——共同募金運動の実蹟
ようやく支持されて来た農村の保育所
こどもサンセイの平和投票
地方だより：仙台からの便り／徳島市／大牟田市
保育所をもっとつくろう！——参議員（ママ）でこんだん会
労働者と市民のていけいで保育所つくれの運動すすむ
悪い玩具や紙芝居をつくらせない
保母さんの生活はこんなに低い——私設保育所の保母こんだん会
資料・新中国の托児所
夏期保育研究討論会記録

18号（一九五〇・一二・一）
こどもの生活を直視しよう
第五回総会報告
第二回保育所をつくるこんだん会記録
進歩的な保母の追い出し
夜預かってもらいたい保育所
デマを追い払った井の頭保育園／建設進む新田保育園／新町公園の保育所／婦人部の力で授乳所ができた／昼間の里親保育／保育所給食にももんだいがある／五〇〇人の幼児の運動会
職安のテント保育所をめぐって：王子職安／三鷹職安／渋谷職安／新宿職安／飯田橋職安
保母の危機

19号（一九五一・一・二四）
日本の母と子のために平和と独立をねがう！
東京自由保育園の闘いの記録
保母の日誌から——三鷹職安（小林ヒデ）
保育所ニュースを発行しよう！
共同募金が来ました

建設すゝむ保育所：桜ヶ丘保育園／新田保育園／井之頭保育園
職安保育所のお友達にお年玉を
農村からの便り
研究会記録：保育報告会／年末年始子供会のための研究会／組織・経営部会
乾孝先生の追放に反対——大内法大学長に申入れ
東京自由保育園に再建カンパを

20号（一九五一・四・一〇）

保育と政治・春に歎く母と子
みんな闘っている・保育園ニュース：東京自由／井之頭／神谷町／職安武蔵野／みんなの力／鳩の森／東戸越／新町／新田／興野／甲府市穴切町で／労働者クラブ
保育プランノート：子供の家／陽光／労働者クラブ
母の会できめた保育プラン——与野保育園
議長ごっこ——前進座保育園
資料A昭和廿六年度・児童福祉関係予算
資料B社会福祉事業基本法の問題点
研究会報告：実地保育研究会／組織・経営部会／マカレンコを読む会／音楽部会／保育プラン研究会／社会福祉事業基本法についてきく会／母の会の苦労を語るこんだん会
公立幼稚園保育園のこんだん会
私立保育所 保母さんの懇談会
お知らせ・国際婦人デーに際して要望書を提出

21号（一九五一・九・三〇）

全国教育大会の準備すすむ
国際児童擁護会議開かる
各地にすすむ保育園建設の運動（塩谷）：みどり保育園／本田職安保育所／ひまわり保育園
労ク保育園問題に関連して「民保」にのぞむ（労ク母の会早川）（民保会員服田幹子）
児童福祉法を空文と化する都内廿三保育所申請未認可問題（谷川正太郎）
無理解な中で仕事を育てる難しさ（佐藤利清）
これからの研究活動（畑谷）：保育案部会／音楽部会／童話部会／実地保育研究会

民主保育連盟(民保)関係年表

年次 ニュース発行状況と特徴的記事	保育運動・保育活動 (保育施設開始は主要なもの)	一般 保育・教育関係行政
1945(昭20)		8/15　戦争終結
	10月　政治犯釈放により浦辺史、菅忠道等解放さる	
	この年末までに、疎開保育終了(愛育会、東京都)	12/15　生活困窮者緊急生活援護要綱
	東京都は青空保育開始	12/22　労働組合法公布
1946		
	3月　浦辺史、菅忠道等、保育に関する組織活動開始	3/12　東京都保育園使用条例 東京都公立保育園再開
	児童問題懇談会開催、浦辺等愛育会と保育問題研究会復活交渉	
	5/31　民主主義保育団体をつくる懇談会 民主保育連盟結成準備開始	5/19　食糧メーデー
	8月　愛育会：愛育隣保館跡地で青空保育開始	9/9　(旧)生活保護法公布
	10/19　民主保育連盟創立総会	
1号(11/14)　創立総会報告	12月　日本鋼管川崎みゆき保育所開始	11/3　日本国憲法公布
	12月　移動保育班各地で子供会	
1947		
2号(1/6)　“移動保育班”について		1/31　2・1ゼネスト中止命令
		3·ー　厚生省に児童局設置
3号(3/10)　国際婦人デーに際して	3/8、9　民保新保育講座	3/31　教育基本法公布
保姆の給与について	4月　横川橋母の会野外保育	3/31　学校教育法公布
4号(5/24)　児童福祉週間に際して	5月　東京自由保育園	4/1　労働基準法公布
新しい保育施設の動き	6月中　民保児童福祉法案研究会開催(計3回)	5/3　日本国憲法施行
5号(7/23)　児童福祉法案に対する意見	6·－　東京都保育連合会結成(公私幼保)	
	7月　日本鋼管社宅保育所	
6号(10/5)　創立一周年を迎へて	10/19　民保第2回総会	
臨時号(11/20)　第2回総会記録	11/24　民保労働組合・協同組合・婦人団体との懇談会	
	11·－　全国保育連合会結成(公私幼保)	12/12　児童福祉法公布
7号(12/14)　労働組合と保育施設	11·－　五反野町野外保育	12·ー　厚生省児童局保育課設置
働く母親に乳児保育所を		12/22　改正民法公布

年次 ニュース発行状況と特徴的記事	保育運動・保育活動 （保育施設開始は主要なもの）	一般 保育・教育関係行政
1948		1/12　寿産院事件発覚
8号(3/22)　保育施設をつくれの要求を掲げよう！	4月　日立亀有砂原東社宅保育（野外）	3/ 1　文部省「保育要領」 3/31　児童福祉法施行令 児童福祉法施行規則
9号(6/25)　文化と保育 働く者の保育活動	6月　足立幼児グループ野外保育 9月　代官山保育園（野外）	
10号(10/6)　創立二周年を迎えて	10/31 民保第 3 回総会	
10号(11/15) 第 3 回総会特集号	11/12　労働者クラブ保育園開園 11/21　日本保育学会創立 －・－　新田保育園（野外）	12/29 児童福祉施設最低基準
1949		4/4　団体等規制令公布
11号(5/14)　巻頭言(青少年の犯罪の増加など)	6月　子供の家保育園	5/5　第 1 回こどもの日 文部省/こども白書
12号(8/5)　進めよう！民主保育の旗を！	7月　前進座保育園 8月　神谷保育園（野外）	5/20　緊急失業対策法 6/15　児童福祉法第 3 次改正 8･－　シャウプ勧告
13号(11/11) 私たちの代表をアジア民主婦人会議に送らう	11/13 民保第 4 回総会	
1950		1月　日本共産党の50年問題発生――コミンフォルミ批判を契機に、主流派と反主流派に分裂・抗争
14号(3/6)　国際婦人デーに参加しよう 童話の研究会をはじめるにあたって		3･－　厚生省「保育所運営要領」 5/4　(新)生活保護法公布
15号(5/5)　国際児童デーのために 子どもを守る各地のうごき	5～7月　民保保母養成講習会	6/25　朝鮮戦争始まる
16号(8/10)　保育するもののなやみ 職安の保育所	8月　井の頭保育園（野外） 8/26～27　民保研究討論会	8/10　警察予備隊令公布
17号(10/15) 子供をまもることは平和をまもること	11/12 民保第 5 回総会	
18号(12/1)　こどもの生活を直視しよう 第 5 回総会報告 進歩的な保母の追い出し	この年、職安保育所各地に開設	レッドパージ始まる
1951		
19号(1/24)　日本の母と子のために平和と独立をねがう！ 東京自由保育園の闘いの記録	4月　鳩の森保育園	3/29　社会福祉事業法公布

年次 ニュース発行状況と特徴的記事	保育運動・保育活動 (保育施設開始は主要なもの)	一般 保育・教育関係行政
20号(4/10) 保育と政治 保育プランノート	4月 労働者クラブ保育園において不当解雇事件発生	
	6/10 民保臨時総会	6/6 児童福祉法第5次改正
	8月 東大セツルみどり保育園	
21号(9/30) 全国教育大会の準備すすむ 労ク保育園問題に関連して「民保」にのぞむ 児童福祉法を空文化する都内廿三保育所申請未許可問題	11/4 日教組全教育研究大会(第1回)民保「保育の問題をどう考えるか」資料提出	9/8 対日平和条約調印 日米安全保障条約調印
	12/9 民保第6回総会	
1952		4/28 対日平和条約発効 日米安全保障条約発効 5/1 メーデー事件 7/4 破壊活動防止法可決成立
	12/7 民保第7回総会、解散決定	
1953	2/10 保育問題研究会復活 7·－ 東大職組、共同保育ゆりかご保育園開始 11/5 東京保母の会発足	7/27 朝鮮休戦協定調印

Ⅰ　『民主保育ニュース』

1946.11.14

民主保育ニュース

No. 1　民主保育聯盟　発行
東京都芝区田町十ノ[illegible]日本精工會館内

川崎　なつ

エレン・ケイによって二〇世紀は子供の世紀たると世界に提唱されてから五〇年、その間において、その実践において、米・ソはトップを切ってきたのに比べて日本は人民の生活を考へる厚生省が出来、その一部でほんの申わけ的な施策がたてられ、常設保育所もわずかに五千あまり、それも大半戦災に失われて一千万人の幼児は文字どほり路傍に吹きさらされてゐるといっていい。にもかかわらず文部・厚生の両省は保育所・幼稚園にたてこもって幼児管理の縄張をいまだにかたく守ってゐる。こんなことで文化日本の建設も面はゆいではないか。

新憲法の宣言によって一切の人民はすべて平等の一線に立ちながら婦人も永い重圧の荷をしびれた肩から下すことになった。それがこの慶びを生活の上に生活する第一歩は乳幼児の新しい管理でなくてはならない。自分達で保育的一切を実践する、やがてはまたそんな政府を樹立してしなり実践させるとゆうのでなくてはならない。民主保育聯盟がこの第一歩をまず先にふみ出したのはうれしい限りである。『千里を流れる揚子江の尤もその始めはやっと盃を浮べるほどの細流だ』と将来にかけた自信を中華人はうたってゐるが、ねらいを誤らないわが保育聯盟のこのすべり出しは正しい将来をかたく約束されてゐるのだと自信をかけてよいのではないか。

創立總會報告

一、日時　十一月十六日(土)午后一時～五時
一、場所　小石川後楽園　涵徳亭
一、参會者　五十一名
一、プログラム　(1)開会　(2)経過報告　(3)議事(○綱領、規約　○役員選挙　○活動方針　○予算)
(4)メッセージ(代議士　松谷天光光氏、柄沢とし子氏、日本協同組合同盟、牛乳々製品対策委員會母の会」婦人民主クラブ、勤労者生活擁護協會)
(5)発起人代表挨拶　以上

一、経過状況　秋色濃い後楽園の會場に集った人々は乳幼児の問題に関心深い保姆・保健婦・保育研究家・婦人団体役員等約五十名を数へ会場に満ちた。定刻をやゝ過ぎて開會、経過報告(別項)の後河崎なつ氏を議長に推して議事が進められる。綱領は草案通り承認、規約については種々積極的な意見がかわされた後、その文案決定については幹事会一任となり役員選挙にうつる。先ず幹事選出方法につきはかった結果、発起人全員のほか、当日の出席者から若干を選出することとなり参會者はこもごも立って自己紹介および會への希望をのべた後選挙に移り八名の新幹事が選出された。なお常任幹事および幹事長は規約通り幹事會で選定することとした。ついで活動方針、予算審議は時間の都合上一般活動方針の承認を得て幹事会に一任されることとなった。つづいてメッセージがのべられ、會場は次第に和気と熱意がたかまり制限された時間のたつのが惜しまれるのであった。最後に発起人代表として羽仁説子氏がたって新しい保育の道をたてるために協同して仕事をすることの必要を力説されて総會は午后五時終了した。

終了後も庭園の芝生に和やかな歓談が夕昏せまるころまでつづけられた。

民主保育聯盟設立経過

1946

保育に関する施設は戦災にあい、保育当事者達の多くは疎散して、保育界における民主的機運の動きはあまり早くはなかった。

一、三月八日開催の"児童問題懇談會"で自主的保育団体の結成の切実な要求があり、関係有志の間にこれを実現するための努力が始められた。

二、愛育會にある"日本保育研究會"が保育問題研究會(昭和一二年—一八年)の伝統をもつ関係からこれを民主的に再組織することにつき約二ケ月にわたり当事者と折しようしたが不調におわり、ここに別個な新団体を結成することが必要となった。

三、先づ婦人民主クラブの會員中保育問題に関心ある有志によびかけその賛成を得て五月三十一日"民主々義保育団体をつくる懇談會"を開催、有志二〇名が参集、新団体の性格、運動目標等につきこれを明かにした。

四、六月一三日、第一回準備會開催"會の目的、事業、組織、名称等につき協議し、"民主保育聯盟設立準備會"としてその常任幹事を決定、事務所を婦人民主クラブ内におくことにした。

五、七月一三日第二回準備會開催、會の規約・綱領・趣意書の案を作成。

六、随時常任幹事會を開き、創立総會開催のための準備をすすめた。

七、この間設立準備會の名で、教育民主化協議會に参加し、又牛乳乳製品対策委員會に協力するところがあった。

八、独立の事務所をもつことに努力し、芝区田町四ノ一、日本精工館内におくことに決定した。

九、一〇月一九日、創立総會開催。

聯盟の動き

一、一〇月二八日　第一回幹事會(定例第四月曜日、於自由学園)……設立総会で選ばれた幹事三四名一八名出席する。羽仁説子氏を幹事長に再選して、設立までの準備に協力し今后もまた積極的に協力出来るものという点で別記一三名の常任幹事を決定、ただちに別記の如き活動方針について協議する

一、一一月一日　第一回常任幹事会(定例第一第三月曜日於聯盟事務所)……協議事項　①民主保育ニュース(毎月一回)発行　②一二月中旬に母と子供のための催しを開くこと。

一、一一月四日　全国女教員大會(於四谷第六国民学校)に本聯盟を代表して塩谷アイさんがメッセーヂをおくる。

一、一一月一一日　第二回常任幹事会……第一回常幹会に提出された研究……の組織化について協議し、各部会とも現状調査をすることとし、一方、海外の保育施設につき、ヒヤリングをおこなうこととなった。

活動計画(一〇月二八日幹事会決定)

一、民主保育聯盟設立の趣旨を普及させ民主的婦人団体、労働組合青年婦人部、市民組織等との連絡及び協力を常に行うこと。

一、研究調査活動……研究部会を組織し、会員は自由にこれに参加し責任者をおいてすすめること。当面着手するものは、
(1)新しい保育施設に関する研究(責任者塩谷)
(2)乳幼児の発育状況調査(責任者、世良)
(3)保姆生活に関する調査(〃　副島)
の三部会である。

一、啓蒙・指導活動
(1)現存の保育施設の運営を充分民主的にするため保育所経営委員會を提唱すること
(2)保育に当るもの(保姆・保健婦・一般婦人等)のために講座・講習会・協議會等を開くこと。
(3)展覧会の開催、壁新聞の作成、配布等

一、新しい保育施設をつくるための活動
(イ)各地域の市民組織、協同組合婦人団体等及び労働組合に設立をすすめ、実際に協力をする
(ロ)農山漁村の農民委員會、漁村委員會にも(イ)と同様……協力指導して設立をうながす

一、保育専門家の生活向上のために、保姆組合、保健婦組合等を必要とみとめ、この組織化に(ハ)力をそそぐこと。

一、出版活動……ニュース・保育雑誌・保育図書等。

保姆は飢餓給料

副島 はま

教育の仕事にたづさはる者がお金のことなど口にすることは教育者のだ落であるように思い、保姆たることを聖職視する生活観が永い間私たちを支配してきた。今保姆は深刻な生活難の中にうちひしがれ、なやみつづけている。

愛研の竹田氏が本年五月一日現在の東京都下の保育施設の現状調査をした結果から保姆の給与をひろってみよう。

	幼稚園		托児所	
	公設	私設	公設	私設
調査施設数	四	二六	一三	一一
調査保姆数	三四	五一	四〇	三七
平均給料	二四三円	一八六円	二二二円	一六九円

（参考）昭和一六年本邦保育施設に関する調査によれば

	公設		私設	
	主任保姆	保姆及び助手	主任保姆	保姆及び助手
幼稚園	七四・五八	六〇・四四	六五・八六	三九・一六
托児所	八〇・三一	五三・六四	四七・三〇	三五・〇三

多くの勤労者の給与が名目賃金では戦前の約百倍になってゐるのに保姆のみはわづかに三ー四倍にすぎない。厚生省の調査によるともっとも低賃銀であるといふ食料品や紡績の[illegible]七五二・六二円であることを思ふとき聖職視されて先生といわれるほどの保姆の給与のあまりにも低い事実を私達はよく考えてみる必要がある。何故こんなに低いのであらうか。そしてどうすれば保姆が聖職に心を安んじて献身出来る生活保証を得ることが出来るであらうか。保育の仕事を熱望しつゝも保育界に復帰しえない多くのとも、栄養失調で生気のない仲間、洋裁や人形つくり、下駄の鼻緒つくりに辛うじて保育界にとどまるもの、民主保育者としてはたして幼児の前にシャンと立ちうる人々がいくたりあるであらう。

日本の保育施設の再建は何よりもまづ保姆自身が自らの力で生活保証をたたかいとり、社会的自覚をすることが焦眉の急務であらう。新しい民主的保育のみちもまた保姆の生活権ようごの運動とその軌を一にしてゐるのである。

私達保姆はまづ教員と、そして汎く父兄・労働者や農民、市民と手をとりあって生活をまもるために話[illegible]ではないか。

子供をよく育[illegible]
それにはどうしたらいいか！と考へてゐる人々はみんな民主保育連盟に加はって意見を出して下さい‼
農村からも漁村からも工場からも男も女も、

読書のおすすめ

『歴史教育批判』
＝児童の厂史観とその表現＝

岩波書店刊 定価六円

本書は昭和十一年、羽仁五郎氏によって書かれたもので、全篇を通じて教育者としての理智と愛情が強く感じられますが特に私達が保姆としての自分を省る時次の二つの点が痛く心をつくのであります。

その第一は厂史教育において空虚な徳育（感化教育）に傾いて児童の自発的な感情乃至表現の余地もなく知識的な深さ乃至高さが全く欠けているとゆうことで、これを幼児保育の「生活指導」についてみる時感慨深いものがあります。幼児は感情的又は大人から与へられた道義を受身の形で取入れる立場にあるので指導にあたる保姆が『知識』的な深さ乃至高さに満ちた感情、道義を持つことが強く要求されるわけで、それだけに保姆が現実の生活に事象に深い理解をもつ為には如何な大きな努力を拂っても足りると云ふことがないのです。

その第二は私たち保姆が日々与へてゐるもの（保育五項目）が幼児の物心両面の生活に如何に沁みこみ、受けとられてゐるかを科学的な眼と心で検討することが大切だといふことであります。特に私達の口授する唱歌・談話等がどんな内容を持ってゐるか、幼児の生活環境がどんな状態にあるかを分析してみること、幼児がこれを如何受けとってゐるかを観察・調査することが必要か強く考へられます。その意味で熟読される様希望[illegible]ゐます。（塩谷アイ）

◇役員名簿◇

幹事長
- ○羽仁説子　都下北多摩郡久留米村

幹事（○印は常任幹事）
- ○浦辺史　生活問題研究所（神田区錦町日本基督教 同内）
- 大村鈴子　川崎市
- 櫛田ふき　婦人民主クラブ（京橋区銀座七ノ五）
- 河崎なつ　世田ヶ谷区
- 川崎大治　都下南多摩郡平村
- 菅忠道　新世界社（芝区田村町四ノ六日本産精工館）
- 河野富江　江戸川区　千葉方
- 近藤糸子　和敬會母子寮（板橋区志村蓮沼町）
- ○塩谷アイ　愛育研究所（麻布区森岡町一ノ五）
- ○清水岩子　東大医学部附属病院 [illegible]診察
- ○庄司豊子　芝区　浦辺方
- ○安良正利　教育科学協会（芝区新橋七ノ三）
- ○副島ハマ　厚生省衛生局保健課（芝区白金台町）
- ◎田村久子　生活問題研究所（神田区錦町一の六）
- 帯刀貞代　板橋区　林方
- 千葉貞江　江戸川区
- 富本一枝　世田谷区
- 虎谷喜恵子　日本協同組合同盟（神田区神保町）
- 生江道江　世界評論社（日本橋区本町三ノ三）
- 松葉重庸　中野区
- 三浦かづみ　賛育会病院（本所区太平町三）
- ◎山田久江　愛育研究所（麻布区盛岡町一ノ五）
- 山本杉　本郷区　弟子丸方
- 山室民子　文部省社会教育局社会教育課
- ○吉田秀夫　全農厚生部（神田区三崎町）
- 若林節子　市川市　佐藤静子方
- 池上恭子　所沢保健所（所沢市）
- 野村かつ　日本協同組合同盟（神田区神保町）
- ○山本すゑ　板橋区
- ○勝又京子　世田谷区
- 荒井美智子　関東食糧民主協議会書記局
- ○畑谷光代　愛育研究所（麻布区盛岡町一ノ五）
- 鈴木俊子　世田谷区

會員の聲

こどものためにほしい社會施設
- 保育所・託児所　九
- 子供文庫・子供図書館　四
- 地域的子供の遊び場　六
- 子供のための映画館　三
- 子供工作館　四
- 子供クラブ　三
- 児童健康指導所　五
- 母子保健所　一

現在子どものことで一番心配している問題
- 乳幼児の栄養失調　七
- 母の保育知識の不足　五
- わるい遊び　四
- 子供の心のすさび　二
- 子供の宗教心の乏しいこと　一
- 玩具の不良・不足　三
- 絵本・童画（よいものがやすく手に入らない）　四
- 乳児の牛乳の不わたり　二

これは総会の折、参会者に質問して得られた回答です。回答数が大へん少くわずか一三名にすぎなかったのは残念でした。

會計報告（一一月九日現在）

収入
- 維持会員　百円六人の中　三五〇.〇〇円
- 仝　五〇円二四人の中　七一〇.〇〇
- 普通会員　三六円　六人の中　九三.〇〇
- 　　　　一〇五三.〇〇
- 事業収入（絵本売上）　五七.〇〇
- 計　一一一〇.〇〇

支出
- 會場使用料四回分　一五〇.〇〇
- 會合案内状発送料　一一一.四〇
- 消耗品費　二〇〇.〇〇
- 計　四六一.四〇

残高　六四八.六〇

豫告！

アメリカの保育をきく會をもよおします。御参加下さい。

- 日時　一一月二五日午后一時ー三時
- 場所　自由学園（目白駅下車一〇分）
- 講師　津下先生

津下先生はアメリカで、保育の実際にたづさわってこられた方であります。当日は特に
- 一般の保育プログラム
- 保育方法（保育手段）
- 両親との関係

について話して下さいます。

民主保育ニュース

1947.1.6. No2 民主保育連盟

民主保育連盟の使命

羽仁説子

日本の民主化の問題を良心的に考える人は、誰でも幼児教育の重大さに思い致らないはずはない。「私は最近日本の科学の前途について語りあう科学者たちが、幼児教育の重要性を取上げて問題にしているのをきいた。」新しい日本の生きる文化國家の課題を考える時に、幼児教育の重要さが強調されないでよいはずはないのである。ところが、今日まで幼児教育は極く一部のひとびとの関心事であった。幼児教育研究といっても幼稚園教育をめぐる一部の教育者とか心理学者の問題として、取扱われているに過ぎなかった。幼児教育において、きりはなすことの出来ない多くの母親たちに対してその正しい関心を呼びさますことさえなされていない状態であったから、今後、幼児教育の重要さを強調しても、それはあるひとびとの共鳴を呼ぶだけであって、社会問題として力強く大衆の問題としてクローズアップされることは出来ないのである。私たちは此の点について強く考えてみなくてはならないときが来てゐるのだと思う。その意味で私たちは、幼児教育をいままでの狭い幼稚園教育、幼児教育研究者というだけの問題から、もっとひろく、教育者、医者、科学者、主婦、芸術家、更に政党、文化団体、労働組合とも手を取りあって、その援助のもとに直接幼児教育の擔当者である保姆や、心ある主婦たち自身がめざめて推進力となり、大きく幼児教育の問題を転回して行きたいと思う。いわゆる今日までのとゝのった規模の小さい幼児教育の取扱い方をはなれて今まで問題にされなかった切実の問題を取上げて行こうとするのが民主保育連盟の使命だと思う。幼稚園にも託児所にも行かない多くの幼児たちの問題、行悩んでいる多くの保育施設の経営、あらゆる地域に母親たちの協力によって自主的な子供会、託児所などが、民主的に生れて来なくてはならない問題がある。又、生活を保証されてない保姆たちの問題、更に、文部省、厚生省がこれまで考えて来たような型にはまった幼稚園令や託児所令でなく、

（二頁下段へ続く）

保育施設経営難打開のために!!

戦災後の保育施設の復興は、現在約二〇%でその理由の最大のものは、経済的な急迫にあると想定される。乳幼児の保育問題解決のために先頭に立って活動すべき保育（保健・保護・教育）施設が此の状態にあることは遺憾にたえない。又保姆の待遇の劣悪が度々問題にされるが保育施設経営の根本的な確立がなければ、保姆の待遇改善の方途はたゝないであろう。当連盟は保育施設の急速な復興、増設を希ふ故に、その解決に凡ゆる努力を払ふつもりである。そのために先ず、保育施設の経営状況保姆の生活実情を調査して、具体的な事例を一般に問う。それと共に、経営者、保育者が広くこの問題につき協議の上、総意をもって訴えるべきは訴え、要求すべきは要求しなければならないと考える。現在、文部省に於ては、幼稚園令を國民教育法に包含するにつき、又厚生省に於ては、児童保護法及び保育所令制定についての審議が進められ、通常議会に提出される運びときく。この時に際して、保育関係者は自らの問題解決のために大きな働きかけをなすべきであると思う。

尚右の調査は目下進行中――

協議会は一月中旬に開く予定――

皆様の協力をねがいます。

（一頁ヨリ続ク）

直に民主的な保育組織についての研究調査実験まで着々仕事を進めて行かなくてはならないと思ふ。保姆にしても主婦にしても手いっぱいの苦しい生活の中で新しい問題をとり上げることは決して楽なことではない。然し、その無理を突破して、たがいに手を取りあい新しい幼児教育の分野を開拓して行くことこそ今日の苦労を生かす道だと思う。私たちは、何も既成的なものによらずたゞおたがいの協力によって、新しい保育道を求めて行くことが、民主保育の真の解決をもたらすことゝなると信ずる

（二一・一二・一六）

〝移動保育班〟について

最近各地区で婦人会・母の会・協同組合・町会・その他の主催で、母親と幼児を中心とした集りが持たれています。その際保育の指導・プログラムの編成・協力出演・乳幼児の健康・保育相談・臨時託児所等について相談を受けます。連盟としては自主的な母と子の集りが、育ち発展す

る事をかねてから望んでゐたので、移動保育班を結成し之に協力することにしました。現在までのところメムバーが少く仕事の余暇を割いて出かけるためとこの種の未組織の母と子が集りに慣れないため充分の成果があがってゐるとは云えません。然し保育の問題の解決のためには保育施設の手の届かない地域に省られることの少い幼児のために汎く保育の関心をひき起し新しい自主的な保育の形を創造することが急務と思われます。そこで今後もこの運動を組織的に強力に進めてゆくつもりでいます。会員みなさまの協力と御意見を期待します

街の子供会に参加して

3

A 板橋三丁目協同組合主催の子供会は、西光院本堂に開かれ、子供たちは二百名以上集った。会員荒井さんの歌の指導にはじまって大成功だったが早くから集っていた小さい子供たちはくたびれてしまった。お母さんたちも相当に見えたがはじめてのことでお母さん同志の話しあいは出来なかった。主催者側の考えがよくお母さんたちにもわかるように前もって地區のお母さんたちと相談ができていればよかったと思う。

本所區横川橋の母の会主催子供会は、柳島國民学校で開かれ地區の青年團の應援出演もあって大にぎわいであったが、こゝでも小さい子供たちはつかれきっていた。お母さんの自主的活動が特に目だってこのましかったが若しプログラムの内容にもお母さんたちの氣持がゆきとゞいていれば尚よかったと思う。子供会と云うといつも大きい子供たちまで来るので小さい子供たちが犠牲になる傾向が多いから、私たちはなるべく小さい子供の味方になっていろ〳〵と考えて行きたいと思う。

B 三田文化クラブ主催 "子供会"

校庭の一角を中心に子供会当番の生徒（五年生一学級）が会場をつくる。司会者も男児と女児から一名宛えらび、会の進行係をする。主催者側としては此の子供会を通じ母親の関心をたかめこれをきっかけに、自主的な小供会が続けられてゆくのが催しの趣旨である。当連盟からは紙芝居・歌・人形芝居などで応援した。子供たちは、よく見、よく聞き、よく笑った。子供会の後で責任をもった五年生は教室に集り指導者から子供会の成果について批評をきいて散会した。

"自主的なる子供会を作ろう!!" この趣旨が、その後子供たちをゆり動かして次の子供会の計画を進めるなどたのもしい動きが芽生えたと

4

のことである。

▶報　告◀

二宮学生文化会主催

第四回　子供会

当会は毎月一回月曜日に一般児童を集めて童話・紙芝居・人形劇等により児童の内面的欲求の充足と生活内容の豊富さを與へようとするものである。十二月八日の第四回子供会は準備期間の短かった事とそれに伴ふ他團体との連絡が不充分であった爲に満足すべき効果は修め得られず今回は科学的考へ方方法論に重点を置いたのであるが会員自身に未だ科学なるもの認識の不充分な点もあって成功とは云へなかった

（内　容）

一、童　話……"夢による煙の分析"

二、紙芝居……だるま船・たんぽぽの三つの種子

浦島太郎　（以上既製のもの）

空の旅（会員作）

三、仮面劇……獅子と牛の食物（会員作）

四、人形劇……動物の友だち（会員作）

此の会では市民社会的雰囲氣を助長してその中に自守的な組識まで作らせようとするのである。その爲に児童を私達のやる間に徐々に入れて行って、私達がいなくても児童だけで出来る様にし度いと思ひ働きかけてゐる。

一月の予定

○研究会『幼児の歴史教育』　羽仁五郎氏（中旬）

○研究会『ソヴェートの幼児教育』　土方敬太氏（下旬）

○協議会『保育施設経営の諸問題』

○『自主的な子供会をつくるための講習会』（下旬〜二月上旬）

○移動保育――随時各地区に出動

右の日時は決定次第お知らせいたします

○紙芝居・指人形の貸出し

連盟備へ付けのものを準備中。貸出し規定は又おしらせします

幼児心理に於ける民主性

波多野完治氏

終戦後の幼児保育の理念はどこに基盤を置いてるかと探れば、『國民保育』以前の自由主義（童心主義）に逆戻りしてゐる感があるけれど自由主義のこの基督教の精神を背景とした教育においては政治性は全く考えられてないけれど今後は國民全体が政治の関心を持つ様な教育をしなければ眞の民主的國家は建設されない。こゝで幼児保育の民主化をはかることが必要だが幼児期の心理には次の非民主的な特長がある。

① 自分の考えを他に理解させ又他の主張を理解することの難しさ。

② 随って協力の困難さ。

③ 殊に母・保姆えの絶対随順性。

之らの点から民主的な幼児教育を考える場合結局理窟なしに訓練する基本的な点と納得させて身につけさせる教養との二つの面があることを認識しなければならぬ。

保姆として此の両面を保育の実際に如何生かして行くかは今後の研究課題であると思ふから今後皆様の協力を期待してをります

米國の保育をきく

津下ます子氏

津下ます子氏が豊富なる体験から語られたアメリカのナースリースクールの保育状況は深い感銘を與へた。科学的に配慮された設備や保姆の余裕ある編成などは日本の現状と比較にならぬので一應措くとしても、幼児保育が一貫したアメリカの教育理念を立派に活かしてゐること即ち、（よりよい生活を築くために自分をとりまく社会を明確に認識すること。二興味をもって生活すること。三お互ひが尊敬し同情を持ち合ふことを主眼として扱はれてゐることは充分学ばねばならない。唱歌・遊戯・手技等にみられる具体的な目前の小さい成果をねらふ保育を今こそ私達は深く反省したい

（津下氏は近くアメリカの保育につき本を書かれる由です。大いに期待いたしませう）

子供を丈夫に明るく育てたい。それにはどうしたらいいか。と真剣に考える人々はみんな民主保育連盟に参加して下さい　町から村から　工場から　全國から

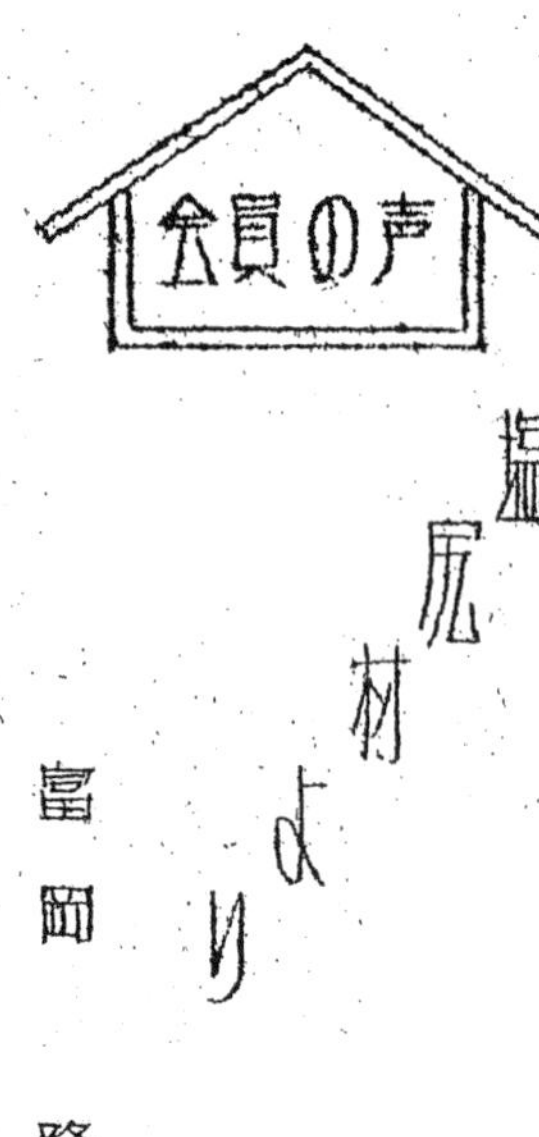

塩尻村より

富岡　隆

『民主保育連盟の結成を衷心より御祝ひ申上げます。』当塩尻村の託児所も十月下旬に仕事を終えて閉鎖し来春の開所を待っております。農民は経済的な問題となると一生懸命で骨身を惜しまず良い仕事をしますが、教育的な問題となると不思議な程無関心です。塩尻村の農民委員会が婦人と青年と子供の問題を取り上げないのは甚だ残念です。何卒連盟の強い力を外から反映させて農民諸君をむち打って下さい。

北多摩より

朝野幸枝

民報婦人欄で民主保育連盟の誕生した記事をよみ大変うれしく思いました。戦後の混乱したなかにこうしたソシキが多く出来ることは子供をもつ親にとってどんなにかよろこばしく、たのみになることでしょう。私は郡下の不便なこの村に住んで居りますので子供が病気になった時の事を考えますと実に心細く心配でございます。まして育児の相談などとても及ばないことです。ねがわくば、貴連盟が地方の村々に一月か二月に一度でも幼児の健康相談日をもうけたり、又『幼児の便について』とか、『離乳方法』とか、『幼児体操』等々のわかりやすいパンフレットを発行していただけたらと思ひます。

移動保育班の動き

一二・一四　○三田文化クラブ主催『子供会』
　　　　　○経堂新生婦人会総会
一二・一五　○横川橋保育所母の会主催『母と子の慰安会』
一二・一九　○板橋区協同組合主催『小供会』
一二・二四　○『城北労働会館』毎日厚生事業団日赤社会事業部主催歳末診療に協力
一二・二七　○『世田谷新生活集団』（主催上記に同じ）

連盟日誌

一一・二五　○幹事会
　　　　　○研究会〃米国の保育をきく〃
　　　　　講師　津下ますず子氏
　　　　　於　自由学園出席二十八名
一二・一四　○教育民主化協議会準備会に参加
一二・一六　○研究会〃幼児心理に於ける民主性〃
　　　　　講師　波多野完治氏
　　　　　於自由学園出席十三名
一二・二四　○幹事会

あとがき

新しい年の発展を期して、ニュース第二号を送ります　不馴と手違いの為　大変おそくなった事をお詫びし　併せて第三号への投稿を期待致します

発行所　芝区田町四ノ一　日本精工館　内
民主保育連盟
電三田　三五七二　一〇八六

印刷所　東横百貨店六階
日之出謄寫版商会
印刷部

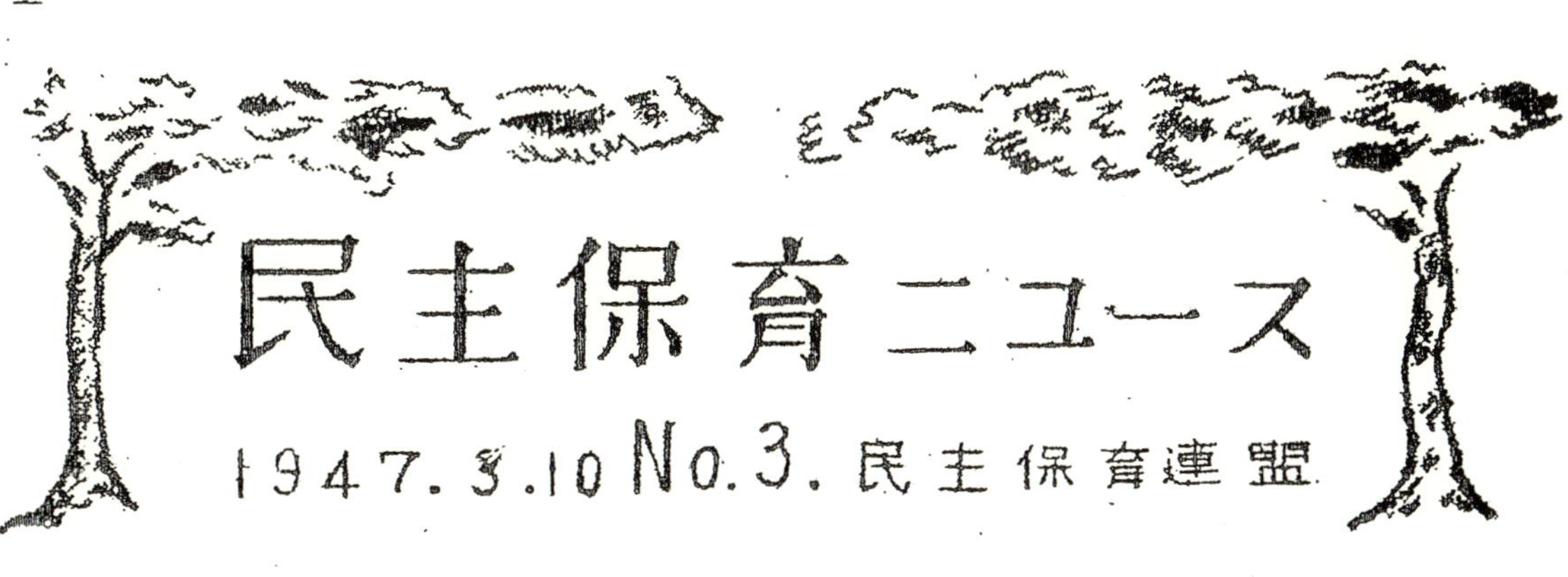

民主保育ニュース
1947.3.10 No.3. 民主保育連盟

三月八日国際婦人デーに際して

会員のみなさん!・

全世界の働らく婦人が自由と解放のために一せいに起ち上ったたたかいのこの日、私たちは何を考え何を為すべきでせうか。ヤミ経済の中に、荒廃する生活の中にそのこどもと、夫と、自分を必死にまもりつづけてゐる日本の婦人のいたましくけなげな姿――食糧や燃料の遅配、欠配を抗議して配給所、区役所、警察署におしかけている街の主婦たち、生活権をまもれ、男女同一労働に同一賃金を要求して斗ふ工場の働らく婦人たち・過重労働と封建性の金しばりから解放せよと叫んでゐる農村の主婦たち――この現実を目の前にして、その働らく婦人たちのこどもをまもらうとする私たちの民主保育連盟は今一度その創立趣意と綱領をよみかえし決意を固くしなければならないと思ひます。

幼稚園や保育所の囲(かこ)いの中で栄養不足のこどもたちに、ひなだんの様なキレイゴトの保育を続けてゐてい、のでせうか？いや、その前に私たち自身働らく婦人として生活の苦しさを解決しなければなりません。月収三〇〇円にも足りない文字通りの飢餓給料でどうして「聖なるいとなみ」が続けられませう。公立幼稚園、公立保育所、工場託児所の保姆たちは夫々教員組合、公共団体労働組合、工場労働組合に加入して生活権擁護のため斗はなければなりませんし、現に要求を斗いとつています。残された私設幼稚園、保育所の保姆たちの場合は、経営自体が経済的基礎の不安定を、保姆の生活のギセイによつて辛うじて支えてゐる実情で、これを打開するためには施設の私的、個人的、営利的性格を脱ぎ捨て、地域の民主的な労農市民組織の協力を得て人民のものとして再発足すること、そして政府、市区町村当局に対して経費支出を要求することが必要です。これのみが私設保育施設のゆくべき新しい途、保姆たちの生活をまもる方法であると思います。又、各地区に見られる小規模な簡易保育活動（青空保育所、子供の広場、コドモクラブ等）は働らく母たちの熱望に応えて心ある保姆が奉仕的な形で行ってゐるものですが　種々の困難にぶつかってゐます。この行き方も私設保育所の再組織活動と同じく、地域の人々の声を結集して、施設の建設と経費支弁を強く当局に要求すべきであります。すべての子供の基本的な人権をまもり培ふために、そのために必要な家庭と社会生活の建てなほしのために、民主保育連盟はその運動の先頭に立つ決意を新たにいたしませう。

教育民主化協議会（K・M・K）結成さる

「教育こそ人民の権利であることを自覚し人民のための教育を切望する教員組合、労農市民組織、青年婦人団体、父兄及学生、その他民主的学術文化団体の力を結集し」「教育の民主的建設を目ざして強力な運動を展開し祖国再建のための教育復興運動を促進すると共に人民の利益と進歩のための正しい教育の発展に全力をつくす」（結成趣意書）べく去る一月廿二日結成大会を持ち、本連盟も幼児教育の刷新充実の立場から進んでこの協議会に加盟する事に決した。当日提出された議案は次の通りである。「教育内容の民主化について」（民主々義教育研究会）「新学制六・三・三・四制について」（自由懇談会）「学令前教育の問題」（民主保育連盟）「勤労青少年の教育」（民主々義科学者協会）「学園の復興と学生々活の確立」（社会主義学生同盟）「文字とことばの民主化」（カナモジカイ）「学校委員会教育委員会の設置について」（全国父兄会）「教育復興運動について」（全国教員組合協議会）

本連盟の提案「学令前教育の問題」の説明要旨は次の様である。

一、乳幼児の基本的人権をまもり培ふために、新学制を有効ならしめるために就学前教育の緊急重要なること。

一、学令前教育施設（幼稚園・保育所）の現状

イ、幼稚園、保育所の二元的存在

ロ、その多くが私的経営に任されてゐる

ハ、保姆の養成と待遇

一、これを打開する方策

イ、乳幼児保護教育施策の確立を要求すること。

ロ、民主的な保育施設の普及増設をはかること。

ハ、既設施設の民主的経営の促進

ニ、労農市民組織による施設の増設

ハ、保姆の自覚向上と組織の確立

など廿数団体を含むK・M・Kは現在四つの小委員会（(イ)教育制度委員会、(ロ)学校給食委員会、(ハ)教科書対策委員会、(ニ)選挙対策委員会）を持って当面の課題解決に当ってをり本連盟は(イ)及び(ロ)に参加してゐる。

（塩谷記）

研究会記録

ソヴェトの学令前教育

ソヴェト研究者協会　酒井研介氏

革命前ロシヤは二七五施設約五〇〇〇名の学令前施設をもつに過ぎなかったが、ソヴェト体制は急速にこれを普及し一九四四年には乳児所（生後一ケ月～満三才迄）及び幼稚園（満三才～七才）の組織が確立されて、幼稚園では一大二五一施設、一一八万以上の子供を保育し、別に夏期保育所は約二五万施設、九〇〇万以上の子供を保育した。ソヴェトの幼稚園は概略次の様に経営されてゐる。

イ、目的―ソヴェト人民にふさわしい円満な発達と教育を与へ母親が生産、公共機関に働くこと、文化生活に参加出来るために存置する。

ロ、経営体―公共団体、官庁、集団農場、国営農場、工場等が経営主体となりソヴェト保健人民委員部が管理する。私人の経営は許されない。運営については両親委員会が協力する。

ハ、管理者―婦人で高等専門学校卒業者、教師は師範学校学令前児童教育部卒業者があたる。

ニ、経費―家庭の負担は大体次の基準で算定される。両親ノ収入総額×$\frac{20\sim30}{100}$（但し四人以上子供のある場合は無料となる）徴収費による経費の不足分約(1/2)は国庫が負担する。

ホ、保育内容―グループは各年令別二五名程度三―四組保育時間は一〇―一二時間（三回給食）仕事に応じ二四時間制（四回給食）もある。教育細目はソヴェト教育人民委員部の指

導により実施され、又（同部発行の）月刊「学令前児童教育」が絶えず指示を與へてゐる。（文責　幹事）

なほ次の図書を参考として理解を深められたい。

△「ソヴエト託児所制度」欧亜通信社刊（十五円）

△「ソヴエトの婦人」人民時書　伊藤書店刊（五円）

△「ソヴエトの家庭と生活」ソヴエト文化叢書　ソヴエト文化社刊（八円）

保姆の給與について

〜保姆の生活実情調査の中間報告〜

集った数十部の調査表にあらはれた保姆の給料は全く話にならぬひどさで過去一ヶ年の斗いの経験でおどろく程たくましくなっている労働婦人たちの姿にくらべてみるとき保姆のあわれな身の上を今さらかえりみずにはいられない。特殊なものを除いて一六名につき報告すると、私設幼稚園で二五〇円から三五〇円、私設託児所で一八〇円から二八〇円、最も待遇のよいとされている公設託児所でさえ三二〇円から四七三円の間でしかない。数が少ないので地位別年令別に出すことができないが大体はグラフでわかると思う。一番上のシャ線は目下男女同等の最低生活保証を要求して斗っている某工場女子の賃金線である。この線と保姆の各線とのひらきをみよ！その次に高いのは保健婦で保姆よりわづかによいのは矢張り職場で自分たちの自主的な組織をもつているからであろう。

更に保姆の給料と家計費との関係を極く大ざっぱにみると、家族人員平均四・五人で約二六六四円の支出に対し保姆勤労収入平均約三五七円。仮りに生活費を頭割りにしたものの約五七二円と収入とを比較すると約二一五円の赤字となる。この赤字を負担するのは結局父やきようだい等になるわけで、日家庭においても大へん辛い立場にあり心ならずも転職をよぎなくされる」と訴えているのが目立つ。みんなが例外なくやってゐる持物の売却もやがて種切れになるし内職をやるには時間的体力的に余裕がない。しかも日本の再建につながる幼児教育者としての使命を思えば子供を放っておくわけにはゆかない。この悩みはもはや一人々々で解決出来る問題ではない。

私たち保母も労働婦人や働く人々と同じ様に組織された力をもつて意見を発表し相談して自分たちの生活をまもり正しい幼児教育を行う途を発見しなければならないと思う。

（田村久子）

保姆・保健婦給与状態（1946.12月現在）

— 施設種別・年令別 —

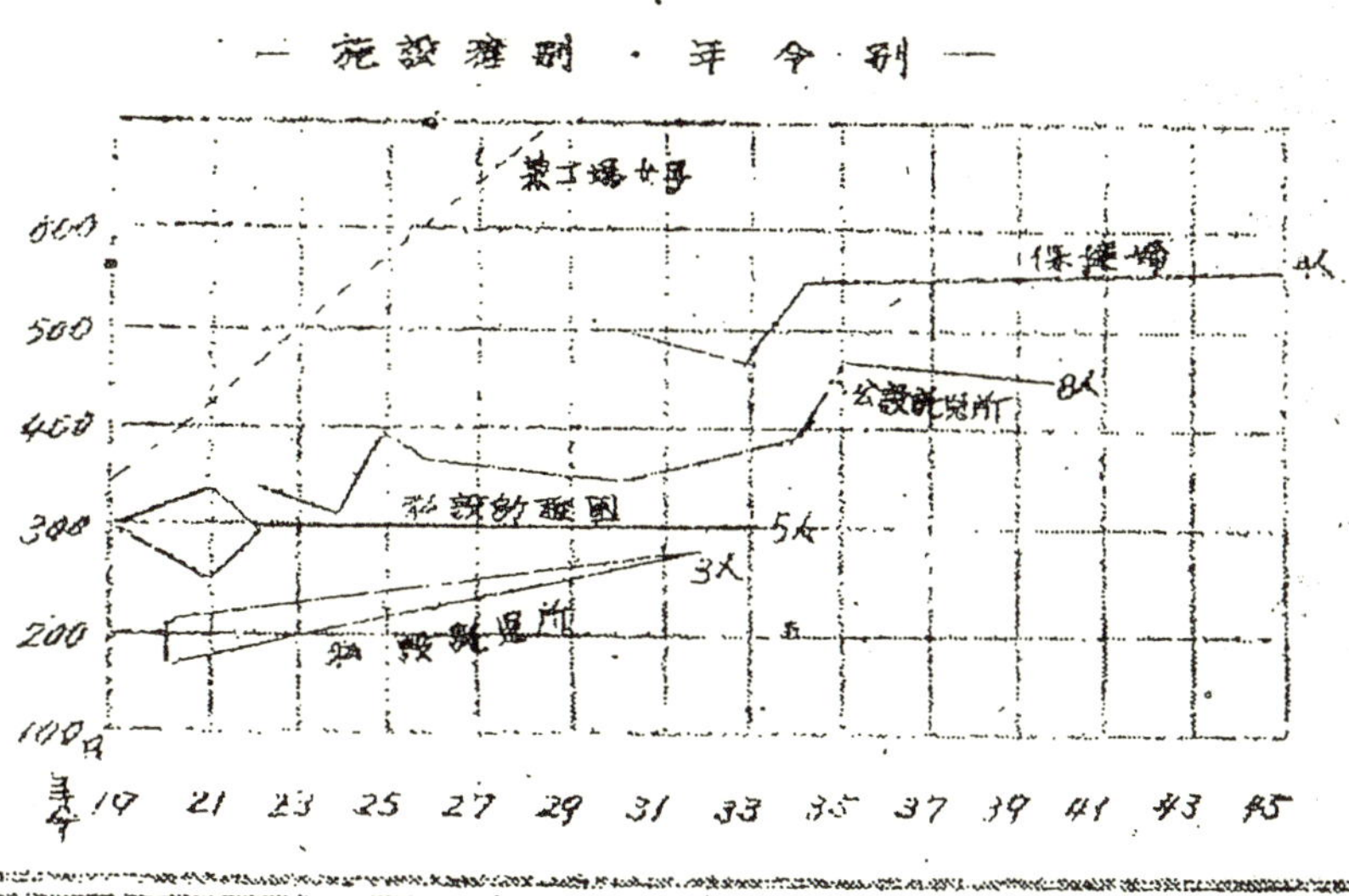

会員の声

豊島母子寮保育園
友崎五月

わづかな積木はおとなしく待つて居ればいつまでも自分のものとして遊べない。やつと買つて戴いた絵本は一寸下手すれば破れる。庭のブランコ、スベリダイは材料がないので修理出来ない。椅子を集めて自動車を作つてもすぐくづれる。やるせない子供は先生お話して、紙芝居して、鬼ごつこしてと先生の力のみ頼る。長い時間の全生活が活動的である子供の動力を運転せねばならぬ。どうすればお互が疲れない様に働けるかと工夫して行かねばならぬ。今日の保育も自由生活の勉強に止まつた。将来日本の明日を開かなければならない幼児の教育は一日もゆるがせに出来ません。立ち上りませうよ連盟の皆さん!!

山形縣田川鉱山保育所
浅田静枝

私こと二児を抱えた寡婦で十年来ささやかながら母子の暮しをさゝえてまゐりました。昨年四月はじめて当地へ就職いたし保姆として同じ貧しい人々の中に入りまして共に語り共に助け合つてをります。園児は現在百名、この春には百五十名をこえることになりませう。園舎も狭く遊具なども少いので苦心してをります。労働階級の人々の中には種々の方面に認識のない方もをりまして保育上にも苦心いたします。この度加盟いたし中央の諸先生の御意見を頂ける機関を心から喜んで居ります。

新保育講座

日時とプログラム

三月八日（土）

新しい保育のみち（一時－三時）

民保幹事長　羽仁説子氏

童話のあたえ方（三時－五時）

児童文学者協会　菅忠道氏

三月九日（日）

幼児の集団遊び（九・三〇－一〇・三〇）

厚生省嘱託　副島ハマ氏

アメリカの幼児科学よみものにみる心理的傾向（一〇・三〇－一二・〇〇）

法大教授　波多野完治氏

幼児の体育指導（一時－三時）。

Y・W・C・A　福田とし子氏

最近の保育問題をめぐる懇談会

（三時－五時）

△保育施設の経営状況報告（塩谷）
△保母の生活状態報告（田村）

会場　神田区小川町三の六
　　　小川国民学校講堂

會費　会員五円　一般拾円

四月からは引続き定期に講座を開く予定です。なほ地方会員の方々は各地にこのような会を計画して下さい。講師のアッセンその他御相談に応じます。

連盟日誌

一、一七　ソヴエート研究者協会主催「ソヴエートの学令前教育」（福井研介氏）に合流、会員参加十六名

一、一八　神田区芳林国民学校内青空幼稚園の保育に協力。（毎週土曜日）

一、二〇　幹事会

一、二一　保母生活調査（八〇部）施設調査表（三〇部）を会員中心に発送依頼。

一、二二　「新しい保育の研究会」（毎週水曜午后四―六時於事務所）

一、二六　教育民主化協議会、発会式に参加
　　川崎生田青年文化クラブ主催の懇話会に参加人形芝居、歌唱指導に協力

二、九　吉祥寺地区「母と子の会」に指導協力

二、一五　〝保育施設経営に関する研究会〟出席九名

二、一六　世田ヶ谷新生活集団内「子供会」に指導協力、終って母親懇談会に参加

二、二四　幹事会

三、二　三田文化クラブ主催の「子供会」に協力

三、八～三、九　新保育講座開催

（附記）一・二五の日ソヴエートの幼児の生活と教育は都合で講師変更となり、又係りの手違いでお出かけの方に御迷惑をかけました事おわび致します。

會計（21年11月～22年2月）

月		11月	12月	1月	2月	計
收入	繰越		1240.40	1757.40	1131.10	
	收入	1778.00	1039.00	527.00	622.00	3966.00
支出		537.60	522.00	1153.30	727.40	2940.30
残高		1240.40	1757.40	1131.10	1025.70	1025.70

會員（22年2月末現在）

種類別＼地方別	東京	地方	計
普通会員	36	12	48
維持会員	38	6	44
団体	3	3	6
計	77	21	98

（備考　他ニ手續未了ノ準会員約40名アリ）

あとがき

第三号心ならずもおくれました。あわただしい社会の動きの中に保育問題も複雑困難な形を示してゐます。これをときほぐす一端が「選挙」につながってゐると思い連盟の新年度の活動に強い心構えを持ちませう。

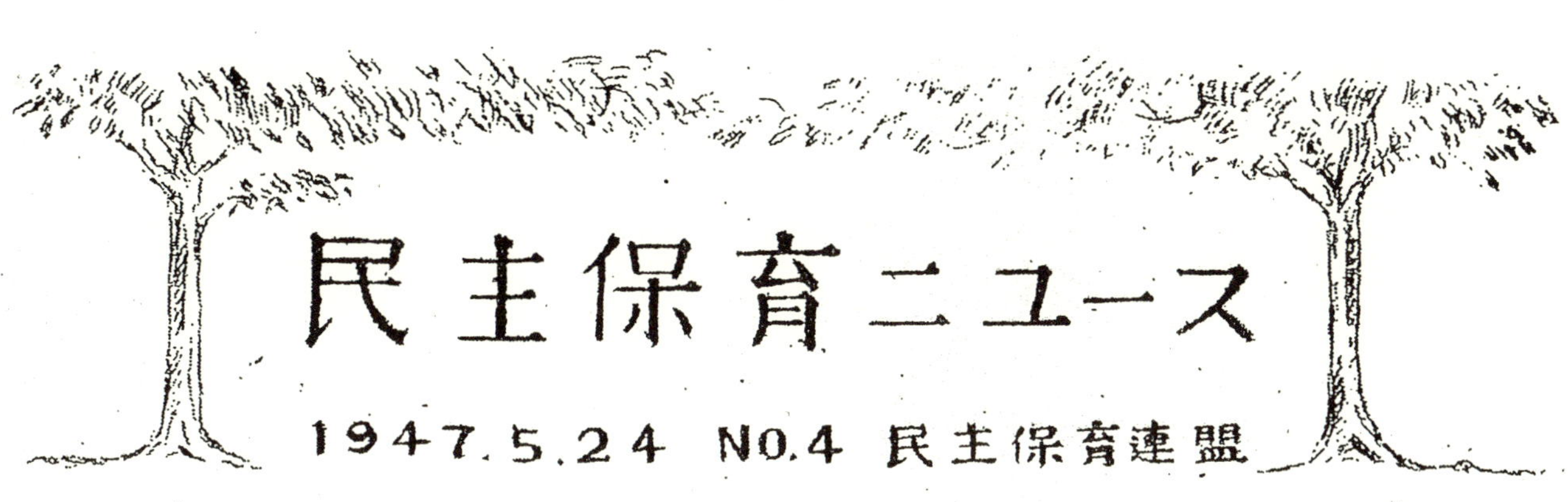

民主保育ニュース
1947.5.24 NO.4 民主保育連盟

こどもの福祉のために
ー児童福祉週間に際してー

児童福祉週間が五月五日から十八日に至つて設けられ、多彩な行事が賑やかに繰り拡げられてゐる。ふだん忘れられ勝ちな不幸なこども達のために、その責任官廳である厚生省が関係機関を總動員して此の様に活潑な動きをみせるのはまことに望ましく又、当然でもあらう。けれども子どもたちの生活をまもり、眞に喜ばしいものにするためには、ここに示された様に文化的な活動のみでは足りないと云ふことを誰でもが、恐らく当事者自身も感じてゐるに違ひない。

欠配遅配のこの頃三度の食物で頭の一杯な母親に花束を贈つたり、六三制による新制中学が不充分なためブラブラ遊びを余儀なくされてゐるこども達に「希望のひかり青少年」と呼びかけたりすることは、むしろ諷刺的な場面でさえある。週間中に行はれた「母と子の問題をめぐる」街頭録音での主婦たちの発言が、母子の政策の不備に対する一種の抗議であつたのは当然である。新憲法で保証されてゐるこども達の基本的な生活を具体的な事実とする為にはもつと根本的な、一貫した政策が立てられ実施されることが切に希望される。今度の児童福祉週間は先頃から厚生省一案中の「児童福祉法」の趣旨によつて行はれたものであらうが、眞に子ども達の生活をまもる「児童福祉法」（厚生省案については未だ討論さるべき多くの点がある）を期待するものとしては、このお祭りさわぎめいた行事に大きな不満を抱かずにはゐられない。

ともあれ、保育の分野を受け持つ私たちは之を機会に今までの日常活動の上に大きな反省と検討をする必要があると思ふ。先ず親兄姉の立場からすれば、今まで子供たちの問題を現実の生活からは遠い第二次的な問題としてしか理解しなかつたし、従つて解決のための努力もあまりにも偶然的一時的であつたといえる。泣けば飴をやつて黙らせる。うるさければ「外へ行つて遊びなし」といつて追ひ払ふ式な処理の仕方が殆んどであつた。児童中心主義的な子供の世界を守れといふ様な考へ方ではなしに、勤労する人々が自分たちの子供の生活をまもる為に、もつと計画的な、組織的な解決の方法を考へなければならないといふ事である。「国の生産は我々の力で」と自覚する労働者が「国の将来を擔ふ子どもの問題は我々の手で」となぜ云はないのであらうか。これは母親の手に、先生・保姆の手に任せておけばよいと云ふほど簡単などうでもよい問題ではない。勤労する人々が組織的にこれを取り上げ解決を図ることこそ基本的な条件であらう。更に保育の実際面を受け持つ側の人々は、現在の行詰りの打開を従来の限られた枠をより小ぢんまりと保存する方向に向けるのでなく、積極的に勤労する人々に保育問題を自覚させ、正しい要望を喚起し、その方向に沿つて施設の実際活動を進めて行くべきであると思ふ。既に少数の施設はその新しい途に向いて歩み出してゐる。充実した保育内容の実践者、保育問題の社会的解決への先導者としての任務は大きく重い。「児童福祉法」が夢みてゐる理想を事実とするためにも、この二つの側からの活動が相俟つて行はれなければならないと思ふ。（塩谷アイ）

-1-

◎K・M・K（教育民主化協議会）の活動状況

二月以降は六・三制実施の問題をめぐつて教育制度及び内容についての研究調査、対策協議が進められ、又、世界的関連の下に日本の教育問題を解決しようとの意図がはつきりと示された。三月末、幹事長に高津正道氏、副幹事長に小野俊一氏が決定した。主な動きを拾えば次の様である。

一、二月下旬　学童給食の完全実施のために都廳へ代表派遣

一、三月下旬ー四月上旬　世界労連代表歓迎委員会に協力

一、四月廿四日　六・三制完全実施促進都民大会

一、四月選挙にK・M・Kとして羽仁五郎氏、河崎ナツ氏を推薦、両氏とも当選。

一、五月十日　ボールドウィン氏を囲む会

なほ、K・M・Kの活動状況は「週刊教育新聞」（千代田区一ツ橋教育会館内・全日本教員組合機関紙）に精しく載るので有志の方は購読される様おすゝめする。

◎文連（日本民主々義文化連盟）に加盟す

保育問題は教育、社会問題であり更に広く生活文化の問題につながる。民主保育連盟はその綱領に「乳幼児保育の諸問題を社会的政治的に解決するためあらゆる民主的団体と密接に提携して活動する」と掲げて来たが、現在までの活動を通して文連に加盟する事がその意味から適切であると

★新しい保育施設の動き★

◎[illegible]労働組合 託児所（板橋区清水町九八）

この託児所は組合婦人部の強い要望により、組合経営として五月二日開設された。元陸軍の建物を改造し、現在満二才から六才迄の乳幼児十五人を受託しているが、更に設備人手の整ひ次第組合員家庭及び地区家庭の乳幼児を預かる予定になり申込が続々と集つてゐる。

これはあくまで働く母親のための託児所としてその方針を堅持して運営する方針で、保育時間も午前七時半より午后四時半まで、母親の組合集会に備えて夕方遅く迄も預ることにしてある。現在の経費は全部組合から支出され保姆も組合員として最低一、五〇〇円の生活給を保証されてゐる。開設準備の時から組合婦人部は協力して之に当り、開設と同時に「母の会」が組織され、引続いて「託児所委員会」が設けられた。託児所委員会は組合員、書記局、母親代表及び保姆で構成され、託児所の経営は総てこの委員会で協議の上で行はれる事になつてゐる。これは新しい民主的な行き方を示すもので今后は、この委員会に区役所、地区組織、友好団体等の代表をも加えて真に働く人々の保育所建設に努力してゆくことが期待されてゐる。

（主任保姆　会員　庄司豊子さん）

◎横川橋「母の会」保育所（墨田区横川橋五ノ二　柳島アパート六号館）

「母の会」の自主的経営による横川橋保育所が四月上旬から始められた。焼けた鉄筋コンクリートの一室を東京都柳島支部の好意で借り、狭い室内に入りきらぬ五十余人の子供たちを若い保姆二人が献身的に保育してゐる。こゝに至る経過のあらましは次の様である。帝大セツルメントが昭和十二年解散し、その施設が愛育会に引継がれ愛育隣保館として経営されてゐたが戦災で全焼し、その后再建が進まず、昨廿一年八月からは愛育研究所の手で青空保育（週二回半日）が行はれてゐた。建物の建設、人手及び設備の整備について「母の会」は絶えず愛育研究所当局に要望したが予算その他の都合で容れられず、遂に本年三月で経営を打ち切るとの話になつた。「母の会」では子供達の為に継続することになり、「母の会」経営として自主的に発足することになつたもので ある。区当局・都当局にも再三補助を交渉懇請してゐるが、現在迄の処具体的な援助は得られず、全く保育料（月三〇円）母の会費（一口五円）による母親達の自力で賄つてゐる。この母親達の涙ぐましい熱意と苦心、保姆の努力、そしてあどけない幽霧でオルガンも無しで歌ふ子供達に接しては母と子を護る政治の欠如を痛感せずには居られない。今後「母の会」は単なる母の会だけの力でなしに、地区

考へて幹事会の承認のもとに四月さだに、通じた。あらゆる文化面の加盟団体と共同で行事を計画実施し、民主保育連盟自体の発展のためにも、又文連を真に強力なものとする為にも努力してゆきたい。なほ文連の活動内容は週刊機関紙「文化タイムズ」（港区新橋七ノ一三文化タイムズ社）に精しいから、日本の民主的文化活動に関心をもたれる方は必読されたい。

⊘東京都保育連盟近く結成さる

東京都内にある保育施設を総結集して東京都保育連盟（仮称）が近く結成され様として居る。四月二日結成準備会が持たれた。保育団体を単位とし既存の東京都保育会（公立幼稚園）、東京都保育研究会（公立保育所）私立幼稚園協会、それにまだ正式に構成されて居ないが私立保育所組織、この四つが加盟団体となり「連盟相互の連絡親睦、施設の普及発展向上」を活動目的としてゐる。民主保育連盟はその性格及び組織上之に加盟する事は適当でないので、友好団体として問題の推進に協力する立場をとる事にならう。この連盟が既設保育施設の現在持つ種々困難な懸案を解決する為に力強く行動される事を切望する。

⊘新しい保育施設の研究会

一、日時　毎週水曜日午后三時半ー六時まで

現場の問題を持ちよつてじつくりと研究討議致しませう。時間の都合のつく限り、どなたも参加して下さい。まとまつたら報告をつくりませう。

一、場所　連盟事務局（省線田町下車三分　都電九ノ辻停留所前）

港区田町四ノ一　日本精工館内一階右側

[illegible]的な組織、保育関係者、町民全体の協力を得て社会的に呼びかけ、保育所経営の確立に一層の努力を注がねばならないであらうし、保育関係者は出来るだけの援助を与へるべきであらう。

（主任保姆　会員　高世慶子さん）

✿トヨダ幼稚園

（トヨダ自動車工業株式会社　愛知県西加茂郡コロモ町）

最近労働組合が厚生文化施設の問題をとり上げて来たのは喜ばしいことであるが、トヨダ自動車ではその先鞭をつけて五月五日トヨダ幼稚園を開設した。コロモ町の会社従業員住宅約一千戸から集まる子供（五・六才）たちは約二〇〇名で、松林にかこまれた静かな環境の元寄宿舎の建物十室を改造して、保姆九名が保育に当ると云ふ大規模なものである。設備人手の完備するまで当分の間子供を三部（一部約七〇名）に分け、交替に一週二日づつの保育を行つてゐる。

現在、経営費の大部分は会社文化課が受持ち、保護者（保育料一五〇円）[illegible]その一部を負担する形をとつてゐるが、早急に「経営委員会」を会社、組合、父兄、地区代表によつてつくり、今後の新しい経営形態を示してほしいものである。

（主任保姆　会員　畑谷光代さん）

✿川崎みゆき保育所

（川崎市古市場二八三）

日本鋼管の古市場住宅居住者の要望に応じて昭和廿一年十二月日本鋼管及町会が共同の形で始めた保育所である。但し町会は建物だけ、鋼管は経費の大部分を受け持つてゐる。経営主体がやゝ曖昧な感があるが、これは、子供達は日、鋼管以外の会社住宅からも来てゐる（約七〇名）ので日本鋼管としては全面的に会社の仕事として取上げてゐない為でもある。町会の集会所を便宜上使つてゐるが、狭いこと其他で新設を迫られ乍ら経費の目当がつかないと云ふ。現在は地区の希望者に広く門戸を開放するといふ趣旨から「母の会」の協議を経て、約一四〇名を二部に分け交替に半日の保育を続けてゐる。

日本鋼管は他地区に四ヶ所の集団住宅を持つて居り、何れも保育施設を希望して居るが、会社又は労働組合がこの主婦達の要望に耳を傾けるならば、厚生部の事業として全面的にとり上げ、両者の協力でより合理的な経営方法を見出す事が出来るであらう。経営の任に当る人々の積極的な努力が切に期待される。

（経営主任　会員　宮下俊彦氏
主任保姆　会員　山田久江さん）

✿芳林幼稚園

（千代田区神田金沢町　芳林小学校内）

戦災に遭ひ休止してゐた芳林幼稚園は、父兄の希望黙しがたく、一月から青空幼稚園として週一回半日の保育を計画し、民主保育連盟は之に積極的な協力をして来たが、四月から区経営として新発足することになつた。八〇名近い子供が「毎日ある幼稚園」と云つて喜んで集つて来てゐる。公立幼稚園であるが経費予算は非常に少く経営確立に苦心してゐる。従来の型の保護者会によらず、他の経験をとり入れて積極的な「先生と父兄の会」等による経営方針を立てる事が期待されてゐる。

（主任保姆　会員　杉本綾子さん）、

✿教育研修所内保育園

（目黒区上大崎長者丸　教育研修所内）

保育内容の研究促進について多くの人々の期待の中に教育研修所内に四月下旬保育所が設けられたが建物と保姆が確保されてゐるのみで未だ経営主体が極らず当事者は種々対策を協議中であると云ふ。目下の状況は左の如くである。

幼児　三七人（五・六才）保育料　月三〇円　母の会費一口一〇円、
保姆　二人　協力組織　長者丸青年会

主任保姆　会員　海　卓子さん）

☆当選者報告☆★☆☆☆

四月選挙の結果、会員の中から左の三氏が当選されました。私たちの代表として心からの声援を送り、民主保育連盟の趣旨をその政策実施の上に生かして下さることを期待いたしませう。

河崎なつ氏（社会党）参議院全国選出議員
松谷天光光氏（社会党）衆議院議員
中田小春氏（社会党）東京都会議員

なほ幹事長羽仁説子氏の御夫君羽仁五郎氏は参議員全国選出議員となられました。

研究會予告

『ソヴエトの母と子の生活をかたる』　野坂龍氏

一、日時　六月二日（月）午后三時—六時
一、場所　目白　自由学園（省線目白下車五分　豊島区雑司ヶ谷六）
一、会費　会員　三円・会員外　五円

尚、当日参議員河崎なつ氏都議員中田小春氏にも都合のつく限り御出席して頂き母子政策についての抱負を伺ひたいと思ひます。

『幼年童話の研究について』　奈街三郎氏

一、日時　六月七日（土）午后一時—四時
一、場所　言語文化研究所（省線・都電水道橋下車二分　千代田区三崎町三崎教会内）
一、主催、児童文学者協會
一、会費無料

右の研究会に合流いたします。誘ひ合せて御参加下さい。

の計画中の事業二つの

農繁期保育所に協力しませう！　日農全農を通じて受け入れを調査中

母と子の生活指導者養成講習会　各方面で要望されてゐる保育所、子供クラブ、母親組織の指導者として活動する人のための

連盟の動き〈三・二〇—五・二〇〉

三月

一日　神田青空保育（三月中毎週土曜日）に協力、
五日「新しい保育施設の研究会」（毎週水曜日）
八九日　新保育講座開催受講者約六〇名
十五日　川崎みゆき保育所母の会懇談会に参加
十六日　川崎池田町こども会・川崎児童文化会、こども昏祭に協力
廿二日　児童文学者協會主催研究会「幼児文学に於けるロマンチシズムとリアリズム」に合流参加
廿三日　川崎池田町こども会、生鶴見町こども会に協力
廿四日　幹事会。出席少数のため事務打合せのみ行ふ
廿五日　牛乳配給管理委員会連絡会

四月

二五日　愛知県トヨタ自動車会社幼稚園設置に出張協力

会員倍加に。財政強化に。皆さんの協力をまつ。

十二日　池田学林幼稚園（青空幼稚園常設）開園式に協力
児童文学者協会主催研究会「近代童話の確立」に合流参加
十六日「新しい保育施設の研究会」（毎週水曜日）
十四日　東京都保育連盟結成準備会に出席。K・M・K常任幹事会
十九日　三田こども会に協力
横浜市「婦人解放の会」に臨時託児所開設協力
廿四日　六・三制完全実施都民大会に有志参加
下旬　板橋清水町進駐軍要員労働組合託児所設置に協力。日本民主々義文化連盟に加盟決定

五月

一日　メーデー。文連加盟団体として有志参加
二日　進駐軍要員労働組合託児所開所式に協力
十日　K・M・K主催ボールドウイン氏を囲む懇談会に出席
十三日　幹事会
十八日　大森婦人懇談会「こどもの廣場」開きに應援
鎌倉こども会に協力

会員現況（5.15現在）

① 会員数

	東京	地方	計
普通会員	57	18	75
維持会員	38	6	44
団体	3	3	6
合計	98	27	125

② 会員種別

保母	56
主婦	24
保育問題研究家	20
有職婦人	19
団体	6
合計	125

会計報告（3月～4月）

	収入	支出	現在残高
3月	1,301.00	1,344.00	482.70
4月	148.00	289.10	341.60

あとがき

経済難のためニュースも遅れ勝ちで、活動状況を精しくお知らせ出来ず残念です。生活の余裕のないお互ですが会合にはなるべくお出かけ下さい。又、随時事務局へ御連絡をおとり下さる様に。

初夏の好季、仕事も休養も惜しみなくいたしませう。Ⓢ

お知らせ!!

全教協・教全聯・大学高専の三つの教員組合が大同団結して、「日本教員組合」（假称）をつくる気運にあることは皆さんも既に御存じの通りですが、その合同大会が六月初旬に行はれることになりました。

「日本教員組合」の組織案によると幼稚園部も設けられます。私たち幼稚園・保育所保姆も教育労働者としての立場と任務を自覚し、すゝんでこの組織に加はるべきだと考えます。

東京都においては、この合同大会に備えて『東京都下教員大会』を来る五月廿日(土)に開く予定になっております。有志の保姆のみなさんが熱意をもって参加されます様お知らせします。

なほ、この事に関しては直接、東京都教育労働組合（千代田区神田一ツ橋 教育会館内）及各区分會か民主保育連盟事務局え お問ひ合はせ下さい。

研究会

『ソヴエトの母と子の生活』 野坂龍氏

日時：六月二日（月曜）午後二時半～五時半

場所：目白 自由学園（省線目白下車 池袋え方エ 約七分）

会ヒ：会員三円、会員外五円

お誘ひ合はせてお出かけ下さい。

畑谷光代さん（愛知県西加茂郡コロモ町 トヨダ自動車工業株式会社内 トヨダ幼稚園）

青水岩子さん（茨城県東茨城郡鯉渕村 全農内原病院）。

常任幹事として絶えず連盟の仕事をたすけて下さった左のお二人が、この度地方に転任されました。有能な活動家として大いに活躍していたゞきませう。なほ常任幹事の欠員は当分そのまゝとし、都合のつく方々に仕事を補っていたゞいて居ります。(S)

連盟の財政はみなさんの会ヒ、寄附金で成り立っております。

会ヒ（普通会員 一ヶ月三円、維持会ヒ 一ヶ口五十円）

未納の方、又廿二年度の分もぜひ早く納めて連盟の活動をたすけて下さい!!

民主保育ニュース

1947.7.23 NO5 民主保育連盟

児童福祉法案に対する意見

児童福祉法案研究部会

＝まえがき＝

戦後激増した浮浪児、不良児、遺孤児等の惨めな状態に対するマ指令部の指示によって、政府はこの対策を昨年末中央社会事業委員会に諮問したが、この答申は最初の「児童保護法」の構想から明るい児童をも含めた「児童福祉法」の構想に移行し政府案はこれによって起草されたときく。

三月総選挙前の議会には未提出に終りこの度新国会に提出の運びになるまで政府部内での法案整備は続行された様であるが、汎く関係者を召集しての公聴会は行はれなかった。本連盟は以上の成り行きに関心を拂ってきたが、六月中旬第一回研究会を開き種々政府当局の説明をもとめ熱心な討議を行った。引続き三回の研究会によってまとめた意見は次の如くである。（この研究は政府案六月二日案による）

新憲法が規定してゐる「国民の基本的人権の享有」（第十一條）「健康で文化的な生活を営む権利」（第二十五條）「能力に応じてひとしく教育をうける権利」（第二十六條）はこどもたちにもひとしく適用されるものである。こどもたちの生活は大人より多く家庭的、社会的環境に依存するからこどもの幸福を守るということはこれらの権利が完全に享有出来るような家庭的、社会的條件を与えてやることである。しかし憲法の施行にも拘らず現状は不良児、浮浪児の激増、一般児童の不良化傾向、心身の発育低下等々、こどもの幸福をまもる條件が甚だしく欠けてゐる事を示してゐる。「児童福祉法」はこどもたちをこの現在の不幸から救ふものでなければならない。国民はそれを強く期待してゐる。以上の見地から民主保育連盟は政府案たる児童福祉法案に対して次の如き意見を表明する。

一、前文について

児童福祉の原理を示したというこの文章は、憲法の條項を繰り返したに過ぎず、あまりにも消極的、道義的な調子で表明されてゐる。且つ窮迫した現在の一般勤労国民に「保護者は児童を心身ともに健やかに育成する責任を負う」と規定したことは、国の負ふべき責任の転嫁を意味する様で肯きがたい。こどもの権利及び国の責任遂行の決意をもっと強く明らかに謳ふことを要望する。

二、児童福祉委員会、児童委員について

法の実施の成否はこの児童福祉委員会、児童委員の構成、運営に懸かってゐるので極めて重要視しなければならない。法案では行政廳の諮問機関乃至は補助機関にすぎず、その人選も行政廳長官に任ねられてゐるが、これは妥当と考へられない。児童福祉委員、児童委員ともに公選とし、委員会は決議、監督機関たるべきことを要望する。

三、福祉の措置について

最も基底的なことは、児童心身の健全な発育を管理するため、児童全般を対象とする「児童手帖」制を確立することである。最初の政府案ではこの規定がおかれたのに、第二次案以後は削除され「母子手帖」制に変ってゐる。これでは現行の妊産婦手帖制と何等異らず部分的であり、単に配給のための便宜的措置に過ぎない。て鑑別、一時保護、里親、虐待禁止等の条項が福祉の措置として考へられてゐるが、これは要保護児童を対象としての技術的措置に過ぎず児童福祉の本旨からは極めて未積的なものといい得る。児童の一人々々に充分な措置のいき届くように「児童手帖」制を要望する。

四、福祉施設について

挙げられてゐる福祉施設として、は助産施設、乳児院、保育所、母子寮、児童厚生施設、養護施設、療育施設、教護院があるが、僅かに児童厚生施設を除いてはすべて救貧的、生活保護的な色彩が濃く出てゐる。例へば助産施設は「経済的理由により適正な助産を受けることの出来ない妊産婦は」といゝ、「保育所とは乳児又は幼児をその保護責任者の委託する時間中保護し、その保護責任者の負担を軽減する施設をいう」とする如きである。このことも勿論必要な保護規定ではあるが、すべての児童を対象とする前文の趣旨と必ずしも一致していない。妊産婦、乳幼児、児童の全般的な健康保持文化向上のためとならば、その対象に制限をおくことは当を得ないであらう。然し現状では必ずしも児童一般を一律に論ずることが出来ないとするならば、こゝに要保護児童と一般児童との区別の問題、児童福祉法案における対象規定が明確にされる必要が生れてくる。この両者は施策上同一に扱いことは無理であり又徹底を欠くおそれがあるので、むしろ「児童保護法」とし
並に乳幼児福祉法」と区別立案すべきではないかと考える。更に一方、児童の不良化傾向は一般的でその限界を定めがたい程に著しく広汎であることを思へば、児童のため根本的な環境改善の施策がなされなければならない事を痛感する。以上の点から、一般児童への施策と要保護児童への施策とを明確に規定することを強く要望する。

五、費用について

「児童福祉法」の実現が各方面から待望されたのは、多額の国庫予算が計上され、施設の増設普及が促進され、行き悩む施設経営に安定を与えるであらうと云う一般の期待からであったが、法案について見ると非常な期待外れを感ずる。法案に伴う詳細な予算案は民間には示されないため検討は出来ないが、十八才未満の全児童を対象として完全に実施するには相当多額の国庫予算を必要とするであらう。この点からも福祉法案では集中的に徹底的に、目下の急務である要保護児童への施策をなすべきではないかとの論が強く提出されるのである。なほ経費補助に対する施設関係者の声としては、増設、普及のために施設費全額を国庫にて負担して欲しいと要望してゐるが、これはインフレによる不安定感を強く表明しそれへの現実的な対処方策を示したものと云うべきであらう。更に公費補助における公私経営による差別的扱ひは憲法第八十九條に規定された範囲では止むを得ないとしても又施設種別による差別的扱い（保育所、母子寮、児童厚生施設へは極めて薄い）

ニュース

● 東京都保育連合会の創立

四月以来準備中であった東京都保育連合会は六月十一日創立総会を行った。東京都内国立幼稚園会、東京都厚生事業協会保育分科会、東京都私立幼稚園協会、東京都保育会、東京都保育研究会が加盟団体となり都下約二八〇の公私幼稚園、保育所が結集されたわけである。保育分野に山積する問題ー学校教育法児童福祉法（案）をめぐって幼稚園、保育所の関係、幼稚園保姆の資格再認定の問題、保姆の組合加入の問題などーを取り上げ民主的な運営によって解決が図れることを切に期待する。本連盟は先にも表明した通り友好団体として一般保育関係者の側から惜しまず協力をする。

● 「板橋保育友の会」の動き

板橋地区にある保育施設が共同の保育問題について協議、活動するため六月頃から集りを持ってゐたが、この程「板橋保育友の会」と名称がきまった。最近の活動は次の通りである。

イ、児童福祉法案についての研究会
ロ、板橋区会厚生委員との懇談会
ハ、地区内の移動保育計画
ニ、物資共同購入のこと　など

なほ、現在参加施設は次の六であるが、近く全区施設に呼びかけ、又一般有志の参加も歓迎すること。

板橋保育園、東京自由保育園、私教保育園、前野幼稚園、サカ井川保育園、松葉保育園。
（連絡先　板橋保育園　板橋区板橋町一ノ二八三五）

－2－

に対して不満の声が高い。日本では[illegible]より公共団体による施設の不備を見かねて私的経営が多く活動したのであり、その量質共に公営に優ると迄いうも過言ではない。然し憲法第八十九條に示された範囲では私経営への公的補助は望めないこと及び経営に公的な性格持たせるためにも私経営今後の方向は政策の確立とともに漸次公営に移されて安定した活動を保証されるべきである。そのためにも国庫及び公共費の増額は当然要求される処である。更に法案では費用徴収を明示しているが、これは施設利用が一部対象に限られる恐れがある故、原則的には無償とすることを要望する。

六、他法令との関係

児童福祉の立場からみるとき、厚生省案には他法令との抵触を危ぶまれる点がある。例へば本法案の保育所と学校教育法による幼稚園及び社会事業法による託児所との関係、学校教育法による養護学校と本案の養護施設乃至療育施設との関係、保健所法による保健所と本案の児童相談所との関係、又労働基準法、少年法での取扱い事項と児童福祉の問題とは大きな関係を持っていることなど、又、これらの各施設及び学校での職員養成の問題も大きく関って来る。「児童福祉法」が厚生省の福祉法であったり、児童局の福祉法であったりしてはならない。児童福祉のための統一法としてこそ立案さるべきであることを強く要望する。

七、婦人の解放と乳幼児保育の立場から

民主保育連盟としては乳幼児保育の問題を「乳幼児の完全な擁護と正しい教育の実現」と「婦人の社会的解放のための一條件」として考へている。現在婦人の自覚を高め教養を与へることによって封建性を拭い去り社会的活動を保証すること及び、生産の担い手として国家再興のため働くべき勤労婦人の生活保証の一條件として保育問題を考へる時、生活保護的、救貧的施策によっては根本的に之を解決することは出来ないし、又誤っていると云はねばならない。国が婦人の立場と特質を理解し尊重するならば当然の権利として「母性並に乳幼児福祉法」を立案実施すべきである。本連盟は婦人の解放の立場からも乳幼児の完全な擁護のためにも政府案たる「児童福祉法案」がこのままの形で施行されることに反対し、新しい積極的な意図をもって「母性並に乳幼児福祉法」を問題に上せることを要望する。

（附記）

児童福祉法案は予算及び他法令との関係で未だ最終案を得ていない。社会党婦人部ではこの問題を取り上げ積極的な議会活動を企図しているが、本連盟の意見はそのための一つの推進力となっている。

◎生活協同組合法案と保育施設

国会最初の議員提出法案として社会党では都市消費者階級を対象とする「生活協同組合法案」を準備中であるが、第五章事業の條項中に「組合員の生活並に文化に役立つ設備をし組合員の利用に供する事業」として「託児所学校などの教育施設」を挙げている。個人経営に行詰り、官庁式公営に危惧を感じ、しかも保育施設の民主的経営を意図する多くの人々には将来への一つの方向を示すものとして迎へられよう。従来の協同組合、消費組合でも保育施設の計画は度々立てられたが成功した例をきかなかった。しかし今後生活協同組合が法的に保証を得るならば事業としての保育施設も大いに実現発展をする可能性があるし、又あらしめなければならない。

◎全日本文化会議開催さる

民主々義文化連盟が提唱し、全国の民主的文化団体並に大衆団体文化部共催の「全日本文化会議」が左の通り開催される。

一、期間　七月廿一日―廿四日（九時―十八時）

一、場所　東京[illegible]講堂（都電御成門、国鉄新橋下車）

戦後の文化動向を知り、生活文化の一翼としての保育問題の進展に役立てる意味から保育関係者の方々の参加をおすゝめする。

詳細問合は下記へ

民主保育連盟　港区芝田村町四ノ一　電話三田(45)五七二、一〇八六

民主々義文化連盟　港区芝新橋七ノ十二　電話芝(43)二二一一三

新しい保育施設の動き

川口白百合幼稚園（川口市青木町二ー三）

戦時中、戦力増強と保育実習に役立てるため文部省の指示によって各高等女学校に戦時保育所が附設されたが、終戦と同時にかえりみられなくなり殆んど立消えの形となった。川口高女の戦時保育所も二十一年度で廃止と決められたが保護者側は継続を熱心に希望し、元主任保姆を中心に建物・経営などについて種々奔走した。幸い篤志者の助力があって元工場青年学校の建物の一部が貸与され　準備成り六月七日から保育が始められた。集る子供は定員を越えて現在七七名、年令別に二組に分けてゐる、目下幼稚園の認可申請中であるが保育料は三〇円、教材費五円で未だ母の会・維持会などはつくられてゐない。

この施設での主な問題は経営の基礎が個人的援助によっていて確立してゐないこと、援助者が施設所在地区の人でないため近隣地区から強い協力が得られないこと、又保育所から幼稚園形態に転換したため、経営者の最初の意図に反して一般勤労者層の利用が少く（最初熱望し奔走した人々さえ全体の一割程度である）中小工場経営者層に変ったことなどである。このことは個人経営者の多少なかれ持つ困難で、之を切り開くには充分な公的補助を得る以外はない。施設の歴史と一般勤労者の要望を見兼ねて起つ経営者の熱意と抱負を活かし、多くの子供と母親の幸福をまもるために経営に安定を与へて活動させるための施策がここでも強く期待されてゐる。（経営主任　会員　脇屋すわ子さん）

こどもの広場（大田区池上徳持町一一三）

「子供たちに遊び場を！」とゆう声は至る所できかれるが、自分たちの手でつくろうとする動きはなかなかみられない。大森婦人懇話会（会員約二五〇名）では率先して今春からこの努力を始めた。全員の好意により焼跡の空地約一三〇坪を借り、婦人会員と子供たちが手で片附けと地均しをした。この広場を中心に子供会（学童中心約八〇名）ひろば会（幼児中心約三〇名）を随時開き、正しい娯楽と生活指導を与えようとしてゐる。まだ充分に組織されてはゐないが五月の節句、七夕まつりなどと子供が楽しく集りを開いてゐる。この婦人会は社会部、文化部、保育部を持ち食糧の適正な配給のために、六・三制の完全実施のために、常に先頭に立って活動しているが、こどもたちの生活指導も亦主婦たち協同の力で推し進めようと多忙の時間を割き合ってゐる。この地区には適正な保育施設がないため、広場を中心に民主的な保育所の計画も出てゐる。

唯、最近の野菜不足の余波で、折角の「広場」が一部分菜園に転用されて狭くなったことと、こどもの直接の指導者となるべき青年男女の組織が確立してゐないこと（主婦たちは実際問題として子供の組織まで扱い得ない。青年こそその主体となるべきである）が大きな発展を妨げてゐる。しかし主婦たちが自分たちの組織の力をもってこどもの問題の解決に乗り出して来てゐることに対し民主的な保育関係者は注目し協力しなければならないであろう。

（責任者（婦人会長）会員　根岸澄子さん）

保姆の資格再認定について

学校教育法の施行と共に幼稚園「保姆」も「教諭」となり従来までの保姆免許証は教員免許証の扱いをうけることになった。これらの保姆さんの再教育については其の費用の国庫負担と機会均等の二つの点が当然要望されるが、実際にはいろいろな障害が生じて来てゐる。文部省は最近幼稚園保姆の資格再認定について各府県あて指示を与えてゐるが必ずしも文部省が責任をもって必要充分な処置をとるとゆうのではない。又東京都でも夏期講習に二つの「認定講習」が行はれるが、その内容は同じ基準によるものとは思へない。更に重要な点は限られた人員を対象として行はれるので、その機会を得ない多くの保姆があること、及び、従来の保姆免許証を持って保育所関係に働く保姆たちへの措置が示されてゐないこと又、仮に再認定を得ても公然の資格になるか如何かである。後者については一応責任当局であるべき厚生省では保育所（託児所）が確とした法的拠り所を持たない事から誠意ある態度を示してゐない。然し保育所関係保姆としては、さなぎだに低い条件におかれて来たのに、更にこのような差別待遇を強いられる事に対して大きな不満を持ってゐる。保育所と幼稚園は質的に差別はないといくら説かれても割り切れなさを感じ続けて来た。保姆は、幼稚園側からも保育所側からも今こそこの問題を機会に自分達のまとまった意見を表明すべきである。

(8) 山梨県穂坂村農繁期保育所（山梨県北巨摩郡）

中央線韮崎駅から山道を一里半入つた穂坂村は起伏の多い山村である。村農業会長の話によれば耕地七〇〇町歩の中水田は一三〇町歩に過ぎず、水利その他の立地條件から稲作を麦作に転換させる必要があると。この全村農業経営の設計の中に生活共同施設・文化・教育施設としての保育所の計画もとり入れてみたのである。農繁期をキッカケにする農会長の呼びかけに対し、村の大きな活動力である女子青年会、婦人会は積極的に保育所経営に乗り出し、全村九部落がその設置を希望して来た。経営主体は村農会で、村役場も之に協力一、〇〇〇円を計上し又全村各戸からおやつ用物資の寄附を集めてゐる。場所は神社、寺院、集会所など、期間は一週間、保母は女子青年及婦人会員が一日づつ交替で責任を持つ。保育時間は朝六時から夕六時まで。おやつは午前午後二回、昼食はおかず給食、家庭の負担はじやが芋・うどん粉などを現物持参するのみである。各保育所は当該部落の数え年三才以上の幼児を全部登録してゐる。利用状況は終了後正確に判定すべきであるが、M部落についてみると九〇名の中、第一日五三名、第二日三五名となつてゐて必ずしも良好ではない。又、保育実技も短期講習をうけた丈の女子青年に多くを望むことは出来ない。ここでも従来の農繁期保育所に見られた不備はある。乳児保育を行はないこと、保育時間の短かいこと、保育技術の低いことなどはそれである。然し、ここでは従来の農託に見られなかつた根本的に新しい行き方が示されてゐる。それは戦前又は戦時中の農託は労力対策としてのみ計画され実施され功罪を問はれたけれども、穂坂村の場合は前にも述べた通り全村経営の一単位であり、生活文化の向上のための一翼として考へられ、活動が進められてゐることである。現在この事を村人全体が理解し協力してゐるとは言へないし、仕事の内容は必ずしも高く評価出来ない。しかし方向は定められた。全村の民主化が行はれる程度によつてこの農繁期保育所の不備も漸次改められるであらう。（農業会会長 会員・笹森祐喜氏）

（附記）山梨県農業会厚生部は農繁期保育所の拡充に努力を注いでゐるが、今春は県下に一八ヶ村、二七所が開設され、その指導に努力が拂はれた。穂坂村は山梨県でも特徴的な型を示すものである。

参考までに県下農繁期保育所を経営主体別にみると左の如くである。

（経営主体）	（村数）	（設置数）
農業会	七	一五
個人	九	九
（内農設ニ併置スルモノ）	（五）	（五）
農業会と個人共同経営	一	二
青年團	一	一
合計	一八	二七

（県農業会指導保姆 会員・妙野菊江さん）

(9) 日本鋼管社宅保育所（川崎市櫻本 川崎市山王町）

みゆき保育所（前号紹介）が日本鋼管の古市場社宅地区に設けられてから同社の他の社宅地区にも保育所設置の要望があつたが、最近その声が急速に高まつて来たので会社厚生部でも之を取り上げ、七月中旬から櫻本川鉄寮内及び山王町社宅地区に之が実施されることになつた。各社宅の管理委員会で準備会を持ちみゆき保育所の経営主任者及び保姆が之に参加、細い打合せが行はれた。当分の間、週三回半日の保育で保姆は両所とも地区の主婦二名を助手としてみゆき保育所の三名が之に協力する。保育料は月五円、入所料一五円などのことが決められた。

川鉄寮ではクラブ室を保育室に充て、共同浴場の剰余金を設備費その他に充てる事が好意的に決められた。川鉄寮は三六名、山王町は二八名の幼児が続々として保育のある日を待望してゐる。これは一つの保育施設が他へのよき刺戟となることを示し、一つから二つ、二つから三つの保育施設の横の連絡が更に強く広い影響力を持つであらうこと、会社が勤労者のための文化厚生施設としての保育施設に更に大きな関心と援助を与へるであらうことと労働組合の厚生委員会が積極的に支持援助するであらうことなどが期待される。唯、みゆき保育所が保姆の力の持出しをするため、週二回の保育に後退したことは残念であるが、之れは八月一杯の臨時措置ときくが、人員の整備、経営主体の確立が急速に行はれなければならぬ事である。

予告　新保育講座

日常生活が急迫するにつれて保育問題も深刻化してゐます、日本再興のため物質に精神的な斗ひが必要です。お互いに夏を意義ある活動に送り、その整理と初秋への備えとして左記の要項で講座を開きたいと思います。

＝主題＝（講師交渉中）

一　日本の母と子（母子問題の所在）　玉城肇氏
一、こどもの文化について　羽仁五郎氏
一、こどもの数生活　今野武雄氏
一　童話の実践について　川崎大治氏
一、絵と生活　赤松俊子氏

＝協議題＝

一　保育施設の新しい方向　司会　浦辺史氏
一　こども会の組織と運営　司会　松葉重庸氏　川崎大治氏

＝日時＝八月下旬か九月上旬の予定

会場、その他詳細は追って通知します。

▼各地にみなさんの関係される「こども会」が持たれてゐると思います。その実況報告、又は相談などお寄せ下さい。お互ひの経験を交換致しましよう!!

いろいろな型の保育活動をなさる方々への手引として役に立つ刊行物を新世界社と本連盟が共同企画中です、どういうものが欲しいか必要か御意見、御協力を、お寄せ下さい!!

☆財政強化に会員倍加に皆さんの協力を求む!!!☆

◎連盟日誌（五・二〇―七・二〇）

五月

二一　「新しい保育施設の研究会」毎週水曜日
二二　文連主催　文化会議準備会
二三　学校給食見学（民主党婦協会）に参加
二四　ニュース第四号発行
二七　横川橋保育所母の会に参加
二八　教育関係議員と画家懇談会（六・三制完全実施促進協議会主催）に出席

六月

二　研究会「ソヴエトの母と子の生活」出席者二五名
四　「新しい保育施設の研究会」（毎週水曜日）
八　世田谷玉川仲町子供会に協力
一一　東京都保育連合会結成大会
一六　板橋地区保育施設懇談会に参加
一七　東京都会厚生委員長北田一郎氏を囲む「厚生施設についての懇談会」出席
二四　第二回「児童福祉法案研究会」出席廿三名
三〇　第三回「児童福祉法案研究会」出席一五名

七月

三　新生活国民運動に関する婦人団体協議会「新しい保育施設の研究会」（毎週木曜日）
七　大森婦人懇談会子供の広場　七夕まつり
八―九　山梨県下農村託児所視察
一三　板橋清水町自由子供会に協力
一四　板橋保育友の会
一五　文連主催「子供会対策について」出席
一七　幹事会
一八　社会党婦人部主催「児童福祉法案を検討する集り」
二一―二四　文連主催全日本文化会議
二三　ニュース第五号発行

連盟への御援助

◆河崎なつ氏より――御愛女富江様が不幸にも逝去されたに際し、その御志として多額の寄附がありました。

◆青空幼稚園より――本年一月から三月まで神田芳林小学校内の青空幼稚園に連盟が協力したに対し多額の寄附がありました。

◆新世界社より――昨年十月以来事務所を無償で貸与され、その他種々な便宜を与へられてゐます。

あとがき

動き止まぬ保育問題をとらえて努力し続けるお互いの足跡を刻してこのニュースもやうやく第五号となりました。一人でも多くの人々に読まれ、仕事の発展のために役立つ事を希つてゐます。連盟の活動についての建設的な御意見をどしどし送って下さい。

(5)

会員現況（7.20現在）

(イ) 会員数

	東京	地方	計
普通会員	74	23	97
維持会員	41	7	48
団体	7	4	11
合計	122	34	156

(ロ) 会員種別

保母	64
主婦	29
保育問題研究家	23
有識婦人	29
団体	11
合計	156

会計報告（5―6月）

	前月繰越	収入	支出	月末現在高
5月	34160	140735	[illegible]	36835
6月	38835	28643	194770	91665

—6—

1947.10.5　NO6　民主保育連盟

創立一週年を迎へて

昨年十月九日、創立総会を行った民主保育連盟は近く一週年を迎へる。日本民主化運動の起伏ある波の中に、保育問題の民主的解決を目ざして活動した本連盟一ヶ年の足跡をここでかへりみて、次への活動の里程標としよう。

(一)新しい保育施設をつくるための活動

まず移動保育班の活動が始められ、各地の「母と子の集い」に積極的に協力指導を行うと共に週一回の青空保育の試みが続けられた。一般の民主的気運の高まりと、子どもをまもろうとする人々の欲求の強さとから、この活動は広く要望されたのであるが、少数の有志保姆の努力ではそれに充分應えきれない憾みがあった。一方、働らく人々の要望によって自主的な新しい型の保育施設がようやく実現されるに至った。川崎日本鋼管・愛知トヨタ自動車などの大経営が、その広い社宅地区に文化・厚生施設としての保育所を設けたこと、東京自由労働組合が組合経営としての最初の保育所を設けたことはその代表的なあらわれであった。又微力な母の会が熱意を傾けて独自の保育所を経営していること、地区の生活協同組合が文化事業として保育所設置を企画準備していることなどは、いずれも今後の保育施設の在り方・方向を示唆するものとして各方面から注目をうけている。本連がこれらの新しい施設の設立と運営に絶えず積極的な協力を続けていることは記憶されなければならないであろう。

(二)研究・調査活動

新しい型の保育施設に盛り込むべき保育理念と保育方法の研究は重要な課題である。『新しい保育施設の研究部会』はこれについての研究を継続して来たがともすれば現実の困難な経営・運営の問題に力が集中されて保育内容についての質的な成果はまだ明らかにすることが出来なかった。これは今後大きな努力を払はねばならず、そのためには専門家の協力が特に必要である。一般を対象とした研究会は五回、講座は一回設けられたが、会員の要望を見てもこの活動は更に強化されなければならない。なほ実態調査を通して保育問題の所在を明らかにする活動も、現在としては本連盟の果さねばならない任務の一つである。研究部会では『幼児保育に関する調査』を労働者家庭について調査実施中であり、又『勤労母子世帯生活調査』について綜合生活文化研究所と協力して実施し、目下整理をすゝめている。

(三)乳幼児政策の研究と実現のための活動

昨年度中、牛乳乳製品対策委員会に参加して乳児のミルクの問題の解決に努め、東京では中央及び各区に牛乳配給管理委員会を実現させ、消費者代表として会員中から数名の管理委員を送り出した。又今年の初め厚生省でとり上げた児童福祉法案については研究委員会を設けてその意見を発表し、当局の再考に資することに努めてきた。更に最近では、保育所令の問題、幼稚園保姆の資格認定から端を発した之に該当しない保育所保姆の資格問題をとり上げ、研究委員会を設けてこの解決のための努力を続けている。

(四)地方の保育活動えの協力

本連盟の東京に於ける活動が次第に地につき、その方向が明らかに知られて来るにつれて、地方に於ても、熱意ある会員を中心に活発な活動が始められて来た。まだ支部組織には至らないが、愛知・千葉・長野・山梨地方でそれが示され、その経験の交換が期待されている。各地方の事情によって最も必要な形の保育活動が一層進められるよう今後の努力が求められる。

(五)出版活動その他

出版による宣伝・啓蒙活動の重要さは幾度か幹事会でとり上げられたが、実際にはニュースの隔月発行が行はれたに過ぎず、其他幼児雑誌への寄稿、会員の保育問題に関する執筆があったのみである。現在保育問題に関する図書刊行の準備が進められているが、更に民主的な諸誌を介して、連盟の小さくとも重要な成果を広く伝へることを考えねばならない。

以上のような本連盟の活動は多くの民主的な団体の友好的な協力提携によって行はれてきているし又今後も行はれるであろう。即ち民主々義文化連盟には本年四月加盟してその加盟十数団体と同調している。日本生活協同組合同盟とは近く中央委員を送る筈で更に密接な提携が図られ様としている。その他K.M.K(教育民主化協議会)綜合生活文化研究所婦人民主クラブ等とも具体的な活動の上で協力が行はれている。

民主保育連盟は近く総会をもち、大要以上の活動を会員相互で深く反省批判し次の活動方針を決定することになっている。財政の確立働き手の問題などに根本的な考慮を払い、一層広汎な活動を可能にして行かねばならないであろう。

(附記)総会に出席することの出来ない会員の方々は是非連盟の活動について積極的な意見を寄せて下さい。

研究會記錄

工場附設の保育施設の問題

(まえがき) 七月二十一日、勤労者の幼児保育施設として代表的な東京自由保育園(G)、日本鋼管保育所(N)、トヨタ幼稚園(T)の三つの関係者を中心に、工場(勤労者の)保育施設の当面の経営及び合の方向について研究討議の集りが持たれた。この話合ひと其后の動向から得た二三の点を覚え書きする。

(一)施設の性格——子供の心身の正しい成長をはかる・母親の心身の労働を保障する・母親の心身の余裕をつくる・家庭の生活文化向上のために・などは何れも保育施設の大きな役割として認められて来た。勤労者の家庭を対象とする保育施設は右のどの点に重きをおき、どのような性格をもつべきであるか。N及びTは集団社宅地区の教育的・文化的要望に應ずるものであり、Gは母親の労働保障からつくられたものであるが、現実のこの條件の違いは将来への同じ目標——労働者家庭の保育問題の解決——を妨げるものではない。こゝで強調されたことは、婦人の[illegible]社会的活動を保障すること[illegible]労働者組織のもった生活文化面の活動にまで及ぶこと、労働者組織と地区組織とがていけいしてこどもの問題を解決することなどであった。これは、従来の保育施設が個人的にのみとり上げていた保育問題が、社会的な連帯性の認識の上に社会的解決えの努力に移しかえられたことを意味する。

(二)経営主体——N・Tは会社の文化厚生課の経営であり、Gは労働組合の経営である。(一)の結論からすれば、どうしても労働組合が自主的に・積極的に経営へ参加しなければならない。N・Tの労働組合が(又労働組合をバックとして地区の生活協同組織である住宅管理委員会・家庭会などが)どのように協力するかによって今後の発展の形も異って来るであろう。

(三)経費——これについては三施設とも安定してゐない。現在Gが最も多額な経費を用いてゐるが、これは(組合費や維持費による)組合員の負担を遙かに超えてゐる。T・Nは設備・人件費及び経常費の大部分を会社の負担で、一部を保育料によるが必要から見れば決して充分ではない。しかしこの解決が、従来の多くの保育施設がとってゐる利用者の負担への転嫁(保育料値上げ・維持費徴收)によらず公的負担の方向に努力されてゐることは注目すべきである。

(四)活動内容——保育内容は必ずしも充分でなく、保育理念・方法の研究は今後に残されてゐる。母親の組織には何れも大きな努力が払はれ、その成果は重要な示唆を含んでゐる。(塩谷)

私教組幼稚園部設置さる

私立学校教職員組合に幼稚園部が設けられた。公立幼稚園・保育所の保姆はすでに夫々労働組合に加盟してゐる。私立保育施設の保姆は立ちおくれてゐたが、こゝにその道が開かれたわけである。現在約四施設十五名が加入して待遇改善の問題をとり上げてゐるが、教育労働者としての保姆の自覚の下に全部・全国の保姆が進んで加盟するよう私教組では望んでゐる。

(本部事務局—文京区白山上京北実業学校内)

保育所令及び保姆資格に関する研究委員會の設置

表記の問題が保姆の現職にあるもの、特に保育所関係保姆の重大な関心事となつてゐる。この問題を解明することは、幼稚園、保育所の二元的関係を解剖し、更に根本的な解決策を見出す機となろう。

十月二日(木)の研究会で右の研究委員設置が決められ継続研究が行はれることになつた。その談究要旨は新保育講座第二日の研究会(十月二十日午前)で更に多くの人たちによつて検討されることになる答である。会員の方々のこの問題に対する深い関心と協力を期待する。

> 次回の研究委員会
> 一、日時　十月九日(木)午后三時～六時
> 一、場所　連盟事務所(豊島区池袋西町丁目旧太精工舘内)

文連の二つの専門委員會に参加

児童文化委員會

児童文学者協会、民主々義教育研究会、民主保育連盟・日本童画会・新演劇協会・自由映画人集団・現代音楽家協会・新日本医師連盟等各関係加盟団体によつて設置された。各地区で活溌に行はれてゐる子供会を自主的な組織、発展させることを中心目標に実態調査、児童文化会議、指導者講習会などの計画が進められてゐる。

生活文化委員會

さきの文化会議で生活文化面の活動強化が要望されたが、それの具体的進展をはかるために民主保育連盟、民主栄養協会、新日本建築家集団、新日本医師連盟、服装クラブの各関係加盟団体によつて設置された。基礎的な研究と、具体的活動の方針を明らかにするために活動する。

新らしい保育のうごき

木蔭の子供クラブ

—愛知県コロモ町—

七月の炎天下に一時間近くもかゝって登園する幼児の疲労を保姆も母親も気づかっていた。又保姆はふだん幼稚園に収容していない沢山の子供たちがいつも念頭にあった。そこで保姆たちは夏の間新しい形の保育活動をしようと考へたのである。そこで発会したばかりの家庭会(消費組合の婦人組織)に働きかけ、幼稚園と家庭会との協同の仕事として実施することに話がきまり、五つの地域別に回覧を廻し準備会を持った。家庭会に委せた仕事は①おやつをつくること②遊び場の整備③むしろの用意など、一方、民主保育連盟から保姆三名の応援を得て、五つの『木蔭の子供クラブ』が八月七日から始められた。一日おき三時間足らずの保育ではあったが多くの新しい意義と問題がこゝから生れた。子供クラブを終へて地域別に親が集りを持ったとき、「地域別に幼稚園がほしい」「満三才児も保育してほしい」など活溌な要求が出され、母親たち自身がそれを実現するために動こうとする盛り上りが見られた。家庭会と幼稚園との協力により地区の保育活動が当面の私達の課題になっている。

△ 保育日数　十日(一日おき)

△ 一日の保育時間　三～五時(八時～十一時半)

△ 幼児数　三八五名(園児二一五　一般幼児一七〇)

△ 保育料　二〇円(但しおやつ代)

△ 人手　保姆五、保健婦一、雑役婦一、応援保姆三、保育助手(母親)三七　おやつ当番三四七名

△ 保育場所　五ケ所(松林と風呂場二、松林一、社務所一幼稚園一、)

(トヨタ幼稚園畑谷光代さんより)

森の幼稚園開かる

—長野県—

『こどもたちに遊び場と教育を』と長野県勤労文化連盟では八月三十日長野市妻科神社境内に森の幼稚園を開き、毎週土曜日午後引つゞいて開設する。これは民主保育連盟の活動にヒントを得たもので、長野友の会・民主婦人連盟・長野旭幼稚園、日赤長野支部が協力している。内容は協力団体から保育担当者を出し、遊びと生活指導と、健康診断なども行ふ。子供たちだけでなくお母さんも集め、子供の教育などについて話し合う予定。

会費は五〇銭で約百五十名のこどもが集った。勤労文化連盟では『成果如何では移動保育もする』と意気込んでいる。

—信濃日報より—

(長野市南県町勤労文化連盟内　横井洋一氏より)

幼兒愛護展覧會開かる

—甲府市—

一、主催　長野県軍政部、県学務課、県農業会厚生課、甲府友の会

一、期間　九月十二日—十七日　五日間

一、場所　県軍政部図書室

一、内容　趣旨の説明、身体的方面、情操的方面、知的方面、社会性を養うために等。

これは県下各町村にも巡回展覧する計画であると。

(長野県農業会厚生部　蔵野素江さんより)

新保育講座

一、主催　民主保育連盟

一、後援　綜合生活文化研究所

一、場所　中央労働会館内
港区芝公園六号地
（省線浜松町、都電増上寺前下車）

一、日時とプログラム

◐十月十九日（日）午前（九・〇〇－一二・〇〇）

☆日本の母と子　（母子問題の所在）　綜合生活文化研究所　玉城　肇氏

☆こどもの絵と生活　午後（一・〇〇－五・〇〇）　赤松俊子氏

☆民主保育連盟総会

一、報告　イ、活動報告　ロ、会計報告

一、議事　イ、規約改正　ロ、役員改選　ハ、活動方針　ニ、財政確立について

☆懇談会－河崎なつ氏羽仁悦子氏を中心に－

イ、母と子の生活現状について

ロ、保育施設の新しい動向について

ハ、保姆の資格問題について

◐十月二十日（月）午前（九・〇〇－一二・〇〇）

☆研究会

『保育所令・保姆の資格問題について』

午後（一・〇〇－五・〇〇）

☆児童・乳幼児政策をきく　厚生省児童局企画課長　中山　茂氏

☆幼児保育者と文化　参議院議員　羽仁五郎氏

一、会費　会員　弐拾円・会員外参拾

（当日会場で入会受付けいたします。お誘ひ合せてご参加下さい。）

連盟日誌（七・二五－九、三〇）

七月

二五　ニュース No5 発送

二八　民主々義文化連盟常任委員会

二九　「板橋保育友の会」常会

三〇　保育図書編集委員会

三一　横川保育所母の会、研究会「工場保育施設の経営について」

八月

四　保育図書編集委員会

五　長野県勤労文化連盟の保育懇談会に参加（塩谷）、愛知県トヨタ幼稚園「夏のこどもクラブ」に十日間応援（山田・伊井・高瀬）

二一　「新しい保育施設の研究会」毎週木曜

二三　保育図書編集委員会

二六　民主々義文化連盟常任委員会

二七　「文連」児童文化委員会

二八　「勤労母子世帯生活調査」を始む（綜合生活文化研究所と共同）

三〇　横川保育所「母の会」

九月

二　「私立学校教職員組合」幼稚園部の設置につき打合せのため中央執行委員会に出席

四　「新しい保育施設の研究会」毎週木曜

五　「文連」の児童文化委員会

六　幹事会「文連」生活文化委員会

七　土浦こども会に協力

八　我孫子町「若草の婦人会」懇談会

九　「文連」常任委員会

一三　「文連」生活文化委員会

一八　「こどもの声」主催こども会指導者懇談会

一九　「文連」生活文化委員会

二〇　民主々義教育研究会「社会科について」

二一　「かまくらこども会」に協力

二二　常任幹事会（毎週月曜日）・東京都教育局主催婦人団体指導者懇談会

二三　「文連」常任委員会

二五　水災者収容所慰問の移動こども会に

二六　「文連」生活文化委員会

三〇　上野こども会お月見の会え協力

連盟えの御援助

▲森谷兼夫氏より－乳幼児保育問題に特別な関心を持たれ、連盟の活動のためにと多額の寄附をいたゞきました。

▲新世界社より－連盟の活動資金として多額の寄附をいたゞきました。

▲数氏より－最近の財政の苦しさを推察されて、夫々若干の寄附をいたゞいています。

会員現況（9.30現在）

①会員数

	東京	地方	計
普通会員	81	31	112
維持会員	44	8	52
団体	7	4	11
計	132	43	175

②会員種別

保姆・保健婦	71
主婦	32
有職婦人	32
保育問題研究家	29
団体	11
計	175

会計報告（7月～9月）

	（前月繰越）	（収入）	（支出）	（月末現在高）
7月	916.65	1685.65	1592.20	93.45
8月	93.45	1855.45	993.35	862.10
9月	862.10	2588.10	1725.50	862.60

※ 8月末現在で会費未納金額は4,747円になつてゐます。活動資金確保のために会費を完納して下さい。

※ 会費が月3円ではとてもやつてゆけません。総会にかけて普通会費月10円、維持会費一口月50円にしたいと思ひます。ご賛成下さい。

※ 財政強化のために事業活動を活発にする計画をたてゝゐます。ご協力ねがいます。

あとがき

一週年記念号としてはいさゝか寂しいけれど、実質的な活動は巻頭文でもわかつていたゞけると思う。秋晴れにゆらいで咲くコスモスのやうに伸びやかに、人のだになつかしまれるように成長しよう。みんなで力を合せて。（S）

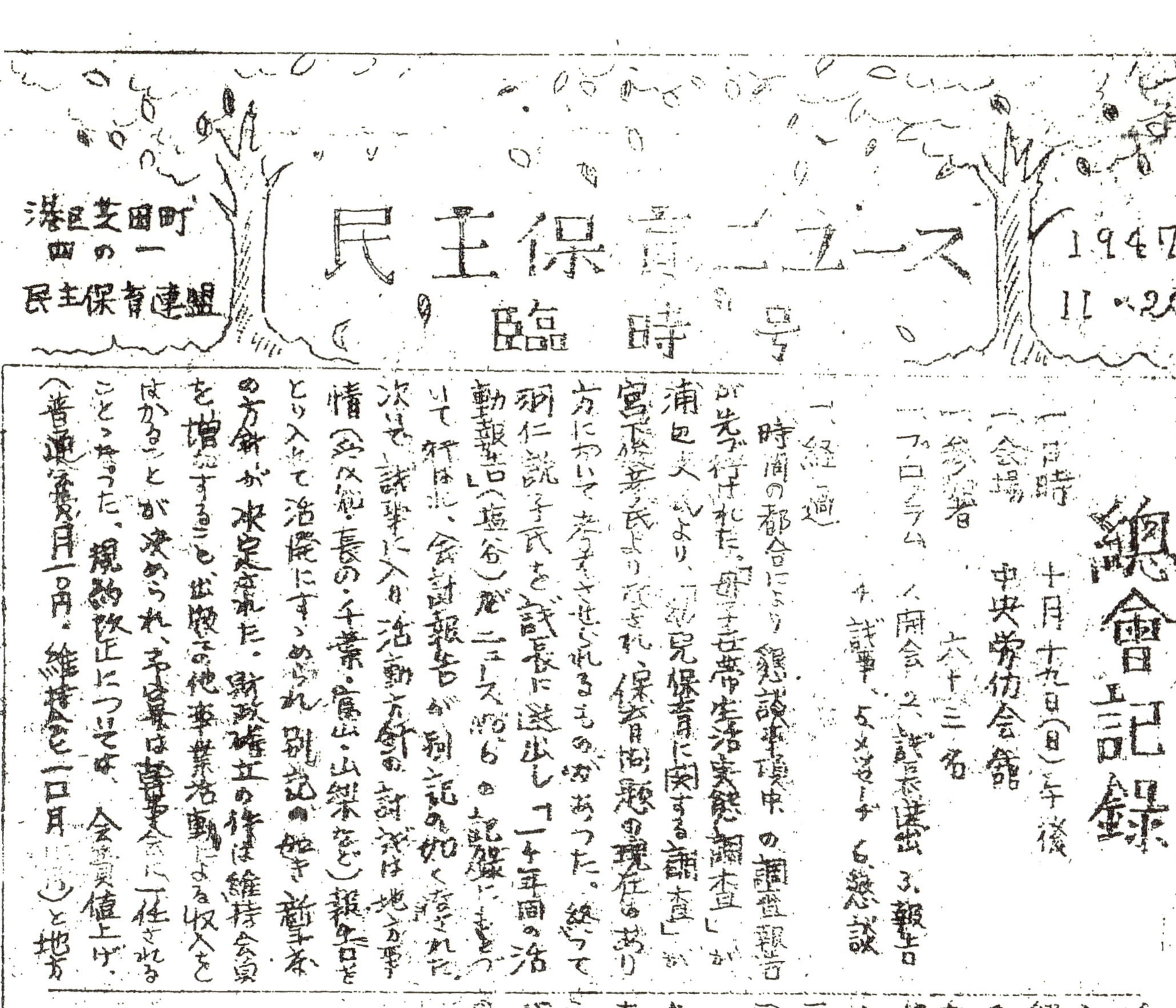

港区芝田町
四の一
民主保育連盟

民主保育ニュース

臨時号

1947
11・20

總會記録

一、日時　十月十九日(日)午後
一、会場　中央労働会館
一、参加者　六十三名
一、プログラム　1.開会 2.議長選出 3.報告 4.議事 5.メッセーヂ 6.懇談
一、経過

時間の都合により懇談事項中の調査報告が先ず行はれた。「母子世帯生活実態調査」が浦辺史氏より、「研究保育に関する調査」が宮下俊彦氏よりなされ、保育問題の現在のあり方において考えさせられるものがあった。終って羽仁説子氏を議長に選出し「一ヶ年間の活動報告」(塩谷)が「ニュース」からの記録にもとづいて行はれ、会計報告が別記の如くなされた。次いで議事に入り活動方針の討議は地方事情([illegible]・長野・千葉・富山・山梨など)報告をとり入れて活発にすゝめられ別記の如き新事業の方針が決定された。財政確立の件は維持会員を増加することと出版その他事業活動による収入をはかることが決められ、予算案は幹事会に一任されることゝなった。規約改正については、会費値上げ(普通会員月一〇円・維持会員一口月[illegible])と地方活動に備える支部規定が別記の如く承認され、事務局規定に「有給書記をおく」ことが諒解された。次いで役員改選となり幹事会提出の原案が賛成を得て三十名の幹事が決定された。なほ、幹事中に四名の地方在住会員を認めたことは次年度の全日的活動を企図するあらはれとして注目される。次に左のメッセーヂがおくられた。

一、新日本婦人同盟より。一、婦人民主クラブより。
一、文連(民主々義文化連盟)より。

右会議中、たまたま墨田と横川橋保育所より父兄を迎えて建物をつくる努力を今春よりつづけて来たが未だ多くの困難がある事情の訴えがあり、これに協力支援することが申合はされ、委員数名がえらばれた。以上で總会は終り、別室で有志の茶話会がひらかれた。(ささやかながら熱意こもる)

活動方針

一、新らしい保育施設をつくりひろめること
労働組合・生活協同組合・民主的婦人団体を基ばんとしてその関心を高め自主的な活動に協力する
一、保育政策の確立・保育者の生活権擁護のために力をつくすこと
一、保育問題に関する調査・研究、新しい保育内容の研究。
一、啓蒙・宣傳・教育活動を強めること

(1)

幹事名簿（アイウエオ順）

幹事長　羽仁説子

△阿部和子　○清水岩子（北海道）　根岸澄子
△浦辺史　△志賀時子　野村カツ
太村鈴子　△吉展正利　○畑谷光代（紐育）
○大矢恒子（富山）　帯刀貞代　△松葉重庸
河崎なつ　田村久子　宮下俊彦
櫛田ふき　谷川正太郎　羽仁説子
近藤泰子　千葉貞江　山本すゑ
△塩谷アイ　富本一枝　△山田久江
△清水長代　鹿谷世恵子　吉崎耕一
△庄司豊子　△高瀬慶子　○若林節子（山富）

○印　地方の幹事
△印　常任幹事

規約の改正

5. この連盟の会員には次の二種がある
イ、普通会員　会費月額「三円」を「一〇円」に
ロ、維持会員、一口年額五〇円」を「月額二〇円」に

右の会費金額が改正されました。

6. 支部の規定は別に定める　とあり。この規定を次のように決めました。

（支部規定）

1、会員が五名以上いるところでは支部を設けることができる
2、支部を設けようとするときは支部規約と支部会員名ぼを幹事会に出してその承認を得る
3、支部は役員中より本部幹事一名を選任する
4、会員が三名以上いるところでは支部準備会をつくることができる。

會計報告（1946・11～1947・9　11ヶ月間）

（収入）		（支出）	
会ヒ	7922.00	通信ヒ	2448.70
寄附金	2852.00	ニュース代	2026.40
事業収入	2158.75	交通ヒ	1085.00
		書記手当	1750.00
		資料ヒ	684.30
		研究会ヒ	1720.00
		会合ヒ	297.50
		事業ヒ	805.35
		事務用品ヒ	922.90
		加盟団体ヒ	510.00
		雑ヒ	296.00
合計	12932.75	合計	12055.15

差引現在高　876.60

月平均　収入　1175.70
　　　　支出　1095.95

会の財政は上記のように大へん貧弱でした。これだけの費用でこの一年間の活動が行はれてきたのは会員相互の熱意と努力によるものです。けれど二年度は大飛躍をして、各方面の要望にこたえなければなりません。予算目標は一ヶ月五〇〇〇円です。ご協力くださ い。

次の方々は第一年度中、幹事として、いろいろお骨折り下さいましたが、都合により二年度は辞退されたい由お申出がありました。ながい間ありがとうございました。これからも会員としてご協力下さるようおねがいいたします。

川崎大治氏　山本杉氏
菅忠道氏　山室民子氏
河野富江氏　吉田秀夫氏
生江道江氏　勝又京子氏
三浦かつみ氏　荒井美津子氏
池上もと子氏　鈴木俊子氏
副島ハマ氏

なほ、副島さんは去る四月から幹事を辞退されていました。（考えるところあり、とて）

講習會記録

日本の母と子・・玉城肇氏

日本の家族制度の下で婦人(母)と子はどういう立場におかれてきたか、社会的地位はどのようなものであったかを説かれ、新憲法による民法の改正がどのような変化をもたらすものかについて具体的なお説があった。最後に二つの宿題が出されて、更に母と子の問題について勉強することをすゝめられた。

幼児の絵と生活・・・赤松俊子氏

すべてのこどもたちは絵がかけるはずである。そのこどもの持っている劣等感をとりのぞいてやれば、そのこどもなりの立派な絵がかけるものだ。教える立場にあるものは、そのこどもの環境をとゝのえてやり、自由に思いきり表現できるようにしてやらなければならない。このお話はこどもの生活が大人より以上に物的・精神的な環境の支配をうけていることを覚らせ、こどもたちのために自由に表現できる社会的條件をつくりだしてやりたい希いをきく者の胸に沁みこませた。お話の後、こどもの描いた絵を中心に批評、指導の心構えについて多くのことを学び得た。

幼児保育者と文化・・・羽仁五郎氏

新らしい文化をつくり出すものは新鮮な感覚をもたなければならない。幼児の指導にあたるものは特にこの心がけが大切であることをいろいろな具体例について話され、大きな感銘を与えられた。大人の判断や道徳律でこどもを型にはめないように保育者自身の感覚を新たに鋭くしなければならないであろう。

繪の研究グループ生る!

赤松俊子氏の話をきっかけに同好のあつまりが計画されています。ご連絡ください。ごあんないいたします。

新らしい保育のうごき

○東区六合中地区では、街のこどもたちの遊びを指導し、母親の組織的な教育を目標にして「母と子の会」が準備されている。地区の青年文化会・生活ヨーゴ同盟の人たちが主唱して週一回青空保育所を開き、そこにあつまる母親たちを中心にしてだんだん大きな運動にしてゆく方針である。保育連盟は技術的な面での協力をつづけている。

足立区五反野町の生活協同組合家庭会の主婦たちはこどもたちの教育と保ごのために保育所をつくることになり、去る十一月十日開所の集りをした。建物もなく保母も母親の中から有志がでて、一週三回の保育をつづけてゆく予定。こどもたちは『土手のヨーチエン』と大よろこび。冬をむかえていろいろな設備も共同で力を合せてとゝのえようと主婦たちははりきっている。

懇談會

『新らしい保育所をつくるために』

働らく人々のすべての強い要望となっている保育所をつくるにはどうしたらよいか？・を労働組合、生活協同組合、婦人団体の方々と相談するため次の集りを持ちます。これからの保育所のあり方にふかい関心をもたれる会員はぜひご参加下さい。実際の経営にあたっていられる方は参考となる資料もおもちより下さい。

一、日時 十一月廿四日（月）一時―四時

一、所 雑誌記念会館（省線お茶の水・都電[illegible]）

一、懇談することがら

イ、保育施設の現状について

ロ、民主的経営による保育所の実状報告

ハ、保育問題についての各団体の活動報告

ニ、今後の対策と協力について

この集りについて總同盟・産別の婦人對策部・生活協同組合婦人部の協力を得ました。

こども會のもよおし

板橋地区で……

一、十一月廿二日（土）后一時―三時

一、板橋十丁目、労働會館

一、主催 民主保育連盟
　後援 板橋保育友の会

墨田地区で……

一、十一月廿三日（日）后一―三時

一、[illegible]島小学校

一、主催 墨田母の会
　後援 民主保育連盟

プログラム……

一、童話

一、うた

一、人形劇 移動人形劇団

年末・年始のこどもたちの慰安に教養に生活指導のために……民主団体の活動基金あつめに！どしどしご相談下さい。

普通會員 維持會員を倍加しよう!!

連盟の活動強化の基礎は熱意ある会員の増加と財政の確立にあります。どうぞ改めて維持会員になって下さるよう！「民主保育連盟のしおり」によって知己、同志の方々をかん誘して下さるように！

會費を完納しよう!!

總会の決定によって十月からの会費が値上げになりました。みなさまのお手許に納入内譯をおとどけします。できれば六ケ月前納にしてください。

改正会費（普通会費 一ケ月 一〇円／維持会費 一ケ月一口廿円）

あとがき 總会報告のりんじニュースをおとどけします。みなさまの意見をたくさんよせて下さい。

労働組合と保育施設　（浦辺）

労働基準法は産前産後十二週間の就業を禁止し、生後一年に達しない生児を育てる女子には一日二回少くとも各々三十分宛の授乳時間を請求することが出来ることを規定してゐる。だが此の様な法式的規定だけで出産手当金が日給の六割に過ぎぬ少額ではいくら休養しなくても生活上不足は彼女に休養を許さないし子供を生んでも工場に乳児保育の施設がない現状では安心して小供を育てながら働くことは出来ない。多くの勤労婦人たちは単純な家族生活を欲し乍らも現実には母を呼びよせ働きざかりの妹を足止めして家事を見て貰ってゐるのである。彼女たちは職場から疲れて帰っても狭い住居に新旧の生活感情が複雑に交錯する中でくらさねばならず夫婦と子供だけで悠々と家庭の生活を楽しむことが出来ない。新しい世代をはぐくむという母性本来の社会的ツトメをはたす事を個人的にのみ解決しようとすれば個人を余裕のない彼女たちとしては此の様な事情にだつて耐えてゆくより外に途がない。婦人の肉体的特性とその社会的任務ー分娩には婦人があらゆる方面で男子と同じ権利を獲得したのちにも依然として残るのであるが特に資本制社会に於ては婦人が国民経済の中に労働者としての社会的地位を獲得し乍らも家庭に於ては全く無権利であり、妻とし主婦として家事の重荷を負ひ、すでに扶養者ではなくなった夫に従属しつゝ、更に新しい生命のになひ手として三重の負担に耐えさゝねゐのである。この矛盾は現代の婦人問題発生の根拠であるが、もし社会が彼女等に協力の手を差しのべなかつたならば働く婦人たちはこの負担に耐えかねて生産的、職業的活動をいとわしいものに思いつめて職場をはなれ去るだろう。

現在労働組合の婦人たちは年令も比較的に若いものが多いためか産前産後の休暇や保育施設の問題などは将来の問題として比較的関心が乏しいかも知れない然し中堅工員は結婚資金要求のため、かくの中に結婚し、まもなくこの問題につき当つて職場の去就に思い悩むに相違ない。労働組合は何よりもまづ婦人の切実なこの問題を採り上げて乳児保育所設置の要求を忘、かつとらねばならない。既に東芝堀川町労組では生産復興の職場内争に結び付けて授乳所や託児所の設置を運営協議会にはかつて託児所を新築することになり目下組合婦人部で設備の研究中であり亦は日本光学大井工場の労組婦人部では数名の中堅工員の出産を控えて乳児保育所の設置を早急に実現しようとしてゐる。このことは保育施設の問題が労働組合の日程にのぼつたことを意味する。亦労働組合としては工場の社宅や家族寮に保育施設や子供の会館等を建設する活動がある。既に日本鋼管の川鉄、トヨダ自動車等では社宅街に保育所や幼稚園が作られてゐるがまだ労組の協力が充分に行はれてをない。保育施設の問題は単に実質賃金をたかめるばかりでなく労働者の次の世代のため不可欠のいとなみである。

この間の産別大会では当面の闘争目標の中に食堂、浴場、住宅その他の厚生施設の獲得や農市民との共同闘争が取り上げられたことが注目される。前者は労組が経営体に要求する工場福利施設の拡充に依つて実質賃金の確保を目指すものであり前述の如き乳児保育施設も勿論包含されるものである。後者は工場の所在する地域又は労働組合員の居住地域に於ける保育施設等の設置運動に協力する問題である。民主保育聯盟が協力してゐる墨田母の会、大森婦人懇話会、五反野家庭会、代官山居住者組合婦人部、為中「母と子の会」等に於ける市民に依る保育施設の建設運動は殆ど独力につゞけられてゐるが甚だ遺憾乍ら労組側の協力が得られてはゐない。中小工場が多い地区では労組協議会が市民組織と協同して都区当局に対して保育施設建設の要求をかゝげ労組の保育問題を地区的に解決する必要がある。今市民は労組の協力を切に待ちのぞんでゐる。地区に於ける保育施設建設の闘争は実に労働組合と市民との共同闘争の最も具体的な結び目である。この様な意味から労組は分会、支部、本部を問はず保育施設建設の問題に就て組合員全体の理解をたかめ此の闘争を具体化して貰ひたいと切に念願する次第である（一九四七・一二・三）

労働組合・協同組合・婦人団体との懇談会
「新しい保育施設をつくる為に」

一、日時　十一月廿四日（月）午後一時―五時

一、場所　雑誌記念会館

一、出席者　総同盟、産別婦人対策部、都教組婦人部、地区協同組合、労組婦人部、婦人会等から約五十五名、連盟側から羽仁幹事長はじめ河崎、帯刀、浦辺各幹事など約十五名

一、経過　自己紹介の後浦辺史が司会で次の通り進められる。

1、保育施設の現状に付て、（塩谷）

2、民主的施設の経営報告

(イ)労働組合経営のもの　東京自由保育園

(ロ)社宅地区のもの　みゆき保育所

(ハ)協同組合のもの　代官山幼稚園

(ニ)婦人団体のもの　墨田母の会

(ホ)私経営のもの　（新小岩幼稚園、和敬舎、保育園）

3、各団体の活動報告

4、報告にもとづく自由討論

茲で強調されたことを以下に略記する。保育施設の問題は個人的、慈善事業的な方法でなく政治的、社会的に解決すべきものである。（総同盟）労働組合に対する強い啓蒙活動が必要である。（産別）労働婦人は年令が若いので自分たちの問題になつてゐない。（各労組婦人部）母親の要求は非常に強いが、建物、経費の点で困難がある（各生協）保育施設の問題は労働組合の婦人と一般家庭の主婦の両方から強く採り上げるべきで特に組織された婦人たちの後援支持を家庭婦人は期待して

ゐる（大森婦人懇話会）生活に即した文化を育て上げるために乳保育所の旅舎生活共同施設は必要である。（文連）産前産後の要求の具体的な発展として乳幼児保育施設は此の際取り上げねばならぬ。（都教組）託児所は地域婦人団体が主体となつて作り勤労婦人も之を利用することが実際的であるこの際婦人団体の活動の仕方をかえる必要があらう。（河畔）建物の問題が最も困難であるが工場には遊休施設も多いから之を利用して労働組合が主体となつて経営し地域の市民にも利用させるべきだ（私教会）児童福祉法は全乳幼児を包含すべきものであるが、法案に付いてみれば不充分である。組合婦人も主婦も共同して之を完全実施するように要求しなければならない。この問題を通して政治的関心は非常に高まつてゐる。（塩谷）法文の上で国が保育所を認めたのは一歩前進である。更に之を全人民的な問題として取り上げねばならない。（帯力）等。次でこの懇談会はまだ充分語りつくしてゐないし、言葉の上だけの建物では保育所は実現しない公営に任せておかず人民の要求に依って設置されるべきものである。子供の問題に付いての切実な要求は全世界に向つても当然認められる問題である。この集りを協議会の形にして今後も協力して推し進めて行きたい。と執行幹事長の提言あり一同之に賛成、その名称について意見交換の後「保育施設をつくる協議会」と決定、具体的な運営方針については次回にゆずることにする。次いで緊急発言があり、廿七日再会都議会に追加予算が上程される故、保育所設置費に付て協議会の名によつて申入れをすることに決する。その打合せのため代表を残して五時過散会　（塩谷記）

働く母親に乳児保育所を!!

要求に立つ二つの労働組合

◇東芝堀川工場労働組合

九月三十日の婦人部大会で附設託児所の設置が提案され、組合の決議として運営協議会にかけ十一月中旬決定され、物置になつてゐた三坪の部屋に畳を入れ授乳室として準備されてゐるが未だ利用されてゐない会社厚生課がこの設置に付て責任をもち希望者を受付ているが現在までに約六名の申込があるし妊娠中の組合員もあるので実施されゝば申込は急増するであらう。婦人部では会社側に任せきりでなく自主的に実現を促進する為めに乳児保育所の設備経営に付ても具体的な案を出す事になつてゐる

◇日本光学大井工場労働組合

婦人部で本年一月出産予定のものが数名ありこの人々の切実な要求として又産前産後の休暇を団体協約で獲得したがその実質的な発展として是非乳児保育所を設置したいとの意見が婦人部で強く出された。今のところ組合執行部と協議中であるが、既に部屋、設備、保姆　経営の点などに付いても自主的に事が進められてゐる。右の二つの動きは働く婦人の積極的な自覚に基いた要求として高く評価されなければならず、現在では「結婚したらやめる」との消極的な考えでは今後の生活設計は樹てられない事を示してゐる。民主保育聯盟では乳児保育所の経営について現状に即した方式を示し之等の要望に添うよう研究を進めてゐる。

全国保育大会の示すもの

十一月二日より四日間東京都保育連合会及び東京都主催で全国保育大会が東京で開かれた。全国各地から集った保育関係者は約七百名で経営者乃至主任者が一般の保姆に比して比較的多いのはこの会の性質上当然なことで

あつた。大会議案は全國保育連合会結成に関するもので此の大会の開かれた理由も茲にあると思はれる。格別の異議は出なかつたが結成さるべき連合会の性格がもつと明確に示される必要があつた。

「全國の保育者の連絡、提携を計りその事業の普及発達に寄与することを目的とする」（規約）では極めて漠然として居り深刻な保育問題を民主的に解決するの方途を窺ひとる事が出来ず二日に亘る大会は終始此のあいまいさを含んでゐたと言える。集つた人の大部分は熱意ある保育者であり組織経営、保育理論、保育の実際、制度職員に関する四つの部会に提出された議題は切実な現場の悩みを反映するものであつたが、従来の大会と同様に決議、陳情に終り、強力な打開の方策は遂に見られなかつた。唯注目すべきは最も保守性の強いと思はれる保育界にも新しい勢力－労働者の自主的な保育施設－が注ぎ込まれたことと社会的自覚をもつ保育従事者が数を増したことが此の大会に非常に認められた事である。全國保育連合会は形式的には結成されたが役員選出は遂に行はれず活動方針も審議されずに終つた。此の全國的な組織を真に保育界の民主化のために役立たせるか否かは懸つて自覚ある保育従事者の活動に依るであらう。

調査報告　保姆の生活に就て

まえがき―　これは全國保育大会に集つた保姆の方々に回答を願つた調査の中間報告である。これ等の表から働く婦人としての保姆の生活断面がうかがはれ、考えさせる問題を示してゐる。

		主任保姆	保姆	保姆助手	計
幼稚園	公立	8	7	2	17
	私立	11	11	6	28
	計	19	18	8	45
保育所	公立	8	3	1	12
	私立	10	6	0	16
	計	18	9	1	28
合計		37	27	9	73
%		50%	37%	13%	100%

第1表　回答者分類

20歳未満	8名
25〃	25〃 } 40名(57%)
30〃	15〃 }
35〃	7〃
40〃	10〃
40 以上	5〃
合計	70〃

第2表　年令別

		既婚	未婚
幼	公立	5	12
	私立	4	24
保	公立	3	9
	私立	6	10
合計		18	55

第3表　既未婚別

		通勤 下宿	通勤 親許	住込	合計
幼	公立	3	13	0	
	私立	2	18	8	
	計	5	31	8	
保	公立	3	6	2	
	私立	3	8	4	
	計	6	14	6	
合計		11	45	14	70
%		16	64	20	100%

第4表　生活形式

		加入者	総数	%
幼	公立	16	17	94.9
	私立	11	28	37.9
	計	27	45	60.0
保	公立	12	12	100.0
	私立	0	16	0
	計	12	28	42.9
合計		39	73	53.4

第5表（イ）労働組合及び職員組合加入状況

		必要	不要	わからぬ	無記入	計
幼	公立	13	0	2	2	
	私立	9	12	1	5	
	計	22	12	3	7	
保	公立	8	3	0	3	
	私立	8	2	0	5	
	計	16	5	0	8	
合計		38	17	3	15	73
%		52.1	23.3	4.0	20.6	100

第5表（ロ）労働組合は必要か否か

		同じにする	別がよい	わからぬ
幼	公立	16	0	0
	私立	19	3	1
	計	35	3	1
保	公立	9	1	0
	私立	12	1	0
	計	11	2	0
合計		46	5	1

第6表　保姆資格に付て

保姆の待遇改善

保育施設の拡充

教養の向上をはかれ

資格問題を明確に

施設　設備品を

第7表　当局えの要望

(イ)回答者は幼稚園が多く、主任保姆、園長も含むものが多いのは当然なことである。従つて会の性格上保姆一般の水準以上のものが表ばれてゐる事を念頭におく必要がある。

(ロ)平均年令の割合に未婚者の多いこと、仕事の性質からか、待遇の問題からか保姆を選ぶ婦人の社会的な立場から来るものか。

(ハ)給料の非常に低いこと八〇〇円―(三〇〇〇)円級が全体の七四%を占めてゐる従つて独立して生計を営むものは少く六四%が親許から通つてゐること亦住込が二〇%を占めてゐて全体的には探偶的な立場にゐるものが八五%の多さになつてゐる。

第8表 給料

		500円以下	800〃	1000〃	1300〃	1500〃	2000〃	2500〃	2500以上	合計
幼	公立	0	2	4	7	0	3	1	0	
	私立	2	6	11	4	1	0	1	1	
	計	2	8	15	11	1	3	2	1	–
保	公立	2	2	0	3	4	0	1	0	
	私立	2	7	1	4	0	0	0	0	
	計	4	9	1	7	4	0	1	0	
合計		6	17	16	18	5	3	3	1	69
%			51 73.9%							100%

(ニ)働くものとしての意識が一般に乏しい。組合の組織状況は全体としては五三%であるが私立は極めて不充分であり労働組合の不要乃至無関心を示すものが四八%見られる。

(ホ)幼稚園、保育所保姆の資格は大多数が「同じでよい」と答えてゐるが、その社会的認識に付いて更に深い考察が必要だと思はれる節もある。

(ヘ)当局への要望は切実なものが示されてゐるが、それに付ての対策は明瞭に見通されてゐないようである。尚回答して下さつた方々にお礼申上げると共に、配布五〇〇枚の中七五枚しか回収されぬということは実際問題が対策を立てるに欠くことの出来ないものであるとの認識がまだ不充分なためではないかと残念に思はれる。

総会記録

一、日時 十月十九日(日)午後一、三〇―五、〇〇

一、会場 中央労働会館

一、参会者 六十二名

一、プログラム 議長 羽仁説子氏

1、開会 2、報告(イ活動報告、ロ、会の規約) 3、議事(イ活動方針、ロ、規約改正、ハ財政確立) 4、メッセージ(新日本婦人同盟、民主々義文化連盟、婦人民主クラブより) 5、懇談(イ地方事情交換、ロ調査報告)～～詳細は民主保育ニュース臨時号にのせたので略す～～

◎活動方針

一、新しい保育施設をつくりひろめること

労働組合、生活共同組合、民主的婦人団体を基盤としてその関心を昂め自主的な活動に協力する

一、保育政策の確立・保育者の生活権擁護の為めに力を尽くす

一、保育問題に関する調査、研究、新しい保育内容の研究

一、啓蒙、宣伝、教育活動を進めること。

◎財政部より

活動の基礎となる財政を豊かにする為に事業活動をさかんにする事と維持会員の増加に努力してゐます。月額五千円の予算目標額を達成する為に是非みなさんの御協力をお願ひいたします。

幹事名簿（アイウエオ順）

（○印 地方の幹事 △印 常任幹事）

幹事長 羽仁説子

△阿部和子 ○清水若子（茨城） 根岸澄子 △浦辺史

△志賀晴子 野村カツ 大村鈴子 △世良正利

○畑谷光代（愛知） ○大矢愼子（千葉） 帯刀貞代 △松葉重庸

河崎なつ 田村久子 宮下俊彦 柳田ふき

谷川正太郎 平塚泰子 千葉貞江 山本すゑ

△塩谷アイ 宮本一枝 △山田久江 △清水喬代

虎谷喬枝子 吉崎耕一 △庄司豊子 △高瀬慶子

○若林節子

一、研究部（責任者 ―― 宮下 世良）

一、教育部（〃 ―― 浦辺 阿部）

一、事業部（〃 ―― 松葉 吉崎）

一、財政部（〃 ―― 谷川、山本）

一、事務局（〃 ―― 塩谷 ）

友好団体に中央委員をおくる

日本生活協同組合同盟 中央委員 浦辺 史

婦人民主クラブ 〃 塩谷 アイ

すいせん図書

宮本百合子氏著「新しい婦人と生活」民主々義文化連盟発行 定価四〇円

羽仁説子氏著「新しい日のために」暁花書院発行 四〇円

保姆さん、お母さん、働らく婦人の皆さんにお奨めします、婦人の生活を向上させるために、ひろい社会的な教養を得るために余暇をみて良い本をよみませう。一冊を大勢に回覧して感想をかたり合いませう。

各部からのお知らせ

◇研究部・教育部より

一、「新らしい保育施設のつくり方」B6 約二〇〇頁 二月頃発行予定

労働組合、協同組合、婦人団体で自主的につくられる保育所の手引として新しい保育施設のあり方を示すものとして出版準備中です 御期待

一、「新しい保育施設の研究部会」 毎週木曜日（午後四時―七時）連盟事務局で開きます。お互ひの実践をもち寄って討議研究してゐます。

一、討論会「勤労婦人の生活」

一月十日（土）午後、芝日赤講堂にて

一、調査研究活動の進展のために。

会員のみなさんが保育に付てどのような問題をもっておられるかを知りそれによって具体的なコースを決めます。近来同封調査用紙に記入御回答下さい。

一、公開保育報告会

二月中旬開催の予定、現実に当面してゐる保育施設の問題を報告し合ひ一般の認識をたかめると共に、協力して打開する方法を見出すために、お互ひの日常の保育活動を整理するためにも今から準備を致しませう。

◇事業部

連盟の経済基礎を固めるために又保育の向上と便宜のためにこれから種々の事業を計画して会員関係の団体に利用して頂きたいと存じます。取敢ず一月分から左記の事業を行ひますから皆様の御協賛をお願ひいたします。

イ コドモ会、母の会の相談

・幼稚園 保育所・労働組合、生活協同組合・婦人団体などで催されるコドモ会のプログラムの御相談に応じます

○経費は、幼稚園、保育所内にて三百人位を対象とする場合は 五〇〇円位を見積つて下さい、公会堂、学校などで三百人以上、千人を対照とする時は一〇〇〇円

○プログラムの内容は、紙芝居、お話し、こども踊の振、うたの指導、幻灯、人形芝居などを組合はせます。

尚、母の会のためには、適当な講師を御斡旋いたします。

(四)原画紙芝居の貸出し

紙芝居を御利用の方が多く入手に困つてゐられるもので原画紙芝居の貸出しをはじめます。

貸出しについての約束

1、内容はすべて新しい幼児向作品で、一巻二十枚程度の原画紙芝居

2、毎週一巻宛つ当方よりお届け交換にあがること(郡外は交通費の実費をいたゞきます。)

3、そのため毎月一五〇円―二〇〇円(利用施設約五十ヶ所としての計算で、多ければ安くなる)いたゞくこと

4、破損又は紛失の場合は別に御相談すること

(ハ)幻燈器 スライドの紹介

コドモ会、母の会等で使用するのが、取扱ひがやさしくて、よく映る日映 幻灯器(価格三〇〇〇円位ひ) スライド(色彩つき一齣約一七〇円)を市価より安く取次いたします。目下幼児向スライドは約三十五組位いあります。見本は連盟事務所にあります。

(ニ)童画(原画)の斡旋

保育室に是非一枚、絵がほしいと思ひます。日本童画会の会員にお願ひして原画を額縁に入れて(価[illegible]〇〇〇円以内)おわかちいたします。

尚、どの童画家の絵が御希望かは御申込に依つて依頼いたします。

(ホ)良い絵雑誌の取次ぎ

連盟が事務所を好意的にお借してゐる新世界社発行の「こどものはた」は目下会員に向けて約五百部位出てゐますが、新年号(価一八円、コドモ会特集)を機としてたくさんお取次ぎしたいと存じます。まだごらんになつて居ない方には無代で見本をお送りいたしますからどしどし利用して下さい。

尚右の外、扱つてほしいと思はれる事業内容をお申越し下さい。

予告

討論会「働く婦人の生活」

◇日時 二十三年一月一〇日 午後一時―四時

◇所 芝 日赤講堂(都電 浜松町一丁目お成門・省線浜松町)

◇講師 司会者 王城 肇氏

「婦人と教養」 宮本百合子氏

「婦人と職業」 帯刀貞代氏

「働く婦人の結婚生活」 羽仁説子氏

◇参加者 勤労婦人・一般婦人・学生 五〇〇名

◇参加費 一人 三〇円(但し会員は二〇円)

◇主催 民主保育連盟

◇後援 婦人民主クラブ、民主々義文化連盟

こどもの絵の研究グループ

十月の新保育講堂に集った有志で右のグループをつくりました。右の通り第二回の集りをいたします。どうぞお誘い合せておでかけ下さい。

一、日時　十二月十四日（日）　午後二時―五時
一、所　赤松俊子先生方（豊島区長崎二ノ一一）武蔵野線椎名町下車
一、もんだい　最近の幼児の絵をもち寄って批評、研究

會計報告

（十月―十一月）

	前期繰越	收入	支出	月末現在高
十月	八六二、六〇	四〇五六、〇〇	三、六三九、〇〇	一、二七九、六〇
十一月	一、二七九、六〇	二、三四九、〇〇	二、一〇〇、五〇	一五二八、一〇

会員現況（一二、五日現在）

(イ) 会員数

	東京	地方	合計
普通会員	七五	三一	一〇六
維持〃	四八	一九	六六
団体	七	五	一二

(ロ) 会員種別

保姆保健婦	七六	保育問題研究家	三一
主婦	三三	団体	一二
有識婦人	三三	計	一八五

連盟えの御援助

左の通り連盟の活動資金として御寄附がありましたのでお礼申上げます

一金壹千円也　代官山居住者組合婦人部より
一金五百円也　すみだ「母の会」より

あたらしいとしがきた

起伏ある民主化の流れの中
に活動しつゝ、民主保育連盟も
一九四七年を迎ようとしてゐます
来る年の飛躍をお互ひの心に堅く定めて
一層固く手を握り合ひませう、
働くものが幸せになれますように。
母と子が安らかに過せるようにと、望みつゝ、

（S）

「保育施設をつくる協議会」
都会と都廳に保育所増設の要請

十一月廿七日、「保育施設をつくる協議会」参加団体の代表二十余名は都会及び都庁え出かけ、保育所設置促進についての申し入れを行った。同じ問題で要求を掲げた總同盟婦人対策部及び女性解放の会の代表約三十名と合流し、先ず都会会議室で、議長、北田厚生委員長はじめ社会労働委員に面接し、各々その趣旨を説明し実現を求めた。続いて民生局長室で社会党議員及び共産党議員立合いの下に民生局次長、児童課長、保育係長に対し同様要求を行った。

特に、保育所の設置は勤労婦人及び働く階級の主婦の共同一致した強い要求であること、現在公営施設のみでは不充分であるから、労働組合、協同組合、婦人団体等による自主的な施設に対しては当然補助金を與え漸次公営に移行されることを明確に主張し、之に対して「趣旨は諒解し何分の方法を考へる」との返事を得た。一同は、更に具体的な問題―遊休の土地、建物は優先的に保育施設設置にあてること、公営施設を働くものに優先的に利用させること、促進を阻む、官庁のセクト主義を破ることなど―について談合し十二時半辞去した。尚、当日の「申入書」は次の如きものであったが、引続き東京都の設置部面につき署名陳情の形式をもって一月の都会に要請することゝなり、準備を進めている。

（塩谷 記）

申し入れ書

―（昭和二十二年十一月二十七日東京都議会提出）―

私達働くものゝ生活は日一日と苦しくなりますはや、これ以上の切りつめはできないほどの状態になっています。幼いこどもたちを育てることすら私たち働くものの力にとっては重荷であり、充分な生長を望むことができなくなっています。この時代を擔うこどもたちの惨めな生活をすこしでも豊かにするために、インフレ下のやりくりに疲れ果てた主婦に心身の余裕を與えるために、働く婦人の生活を保障し社会的活動をみのらせるために働く階級のすべての婦人は今保育施設を強く要望しています。しかし人口七百万を数える東京都に於てすら保育施設は、幼稚園、保育所を合せて二百ヶ所に足らず、こどもたちの約三%しかうけ入れていない状態であります。これでは、こどもを抱えて働かねば生きて行けぬ母子家族や、こどもをもつ労働婦人は勿論のこと、家庭生活をとゝのえ生産復興に努める夫に後顧の憂いを抱かせないようにと日夜苦心をする主婦の強い要望に対して、まことに雀の涙ともいわねばなりません、母子家族の場合、保育施設がなければ生計の途はなく従って生活保護費の支出を一層大きくすることとになるわけでありますし、又私たち生活協同組合、労働組合、民主的婦人団体が[illegible]民主的な力によって保育施設をつくりひろめようとしていることに対しては当然、国庫又は地方費の補助があるべきだと思います。

此度東京都議会に於て保育施設設置に関する予算が上程、審議されるにあたって次の点を特に充分考慮の上議決されますよう、私達働くもの、立場から私達の代表である都会議員各位にこれを申し入れる次第であります。

一、保育施設設置費を更に増額すること

一、設置については特に必要ある労働者居住地区に重点をおくこと

一、自主的経営による保育施設を全面的に補助し公営に移すこと。

以上

◆第一回協議会記録◆

一、日時　十二月九日（火）午後

一、参加者　四十五名

一、協議題　（司会）民主保育連盟　塩谷、

1. 東京都議会え保育施設拡充についての請願をすることについて、

2. 児童福祉法施行についての要望（主として保育所産院について）について、

3. 「保育施設をつくる協議会」申し合せについて

(1)は追加予算として確保された百万円の使途内容について及び一月の都議会に提出される保育所設置予算案に対する要望、意見を出すことゝし、具体案は次の幹事会に委任することゝなる。(2)は中央、児童福祉委員会の構成及び児童委員の問題について、労農民主団体が積極的に働きかけることが強く発言され、具体案は幹事会に廻された。

幹事会の開催

一、日時　十二月十六日（火）午后一時ー四時

一、場所　雑誌記念会館（省線「お茶の水」駅下車）（文化学院向い側）

◎参加団体は代表を二名乃至三名送って下さい！

「保育施設をつくる協議会」申し合せ

一、この協議会は「保育施設をつくる協議会」という事務所を東京都におく。

一、この協議会は労働者、農民、一般市民のための乳幼児保育施設をつくりひろめるために必要な協議、協力をし、中央、地方、議会関係官庁及び事業主に対し施設拡充の促進運動をする。

一、この協議会は労働組合、農民組合、生活協同組合、婦人団体、文化団体、一般市民団体、民主的保育施設で構成する。

一、この協議会は各参加団体より選出された代表者若干名で構成する幹事会によって運営し日常の事務を処理する為事務局をおく。

一、この協議会の費用は各参加団体の負担とする。

◎参加団体◎

労働組合……一七　生活協同組合……七

婦人団体……七　文化団体……六

☆連盟日誌（一〇・一ー一二・一六）

十月

二　保育所会、保姆資格研究委員会

五　杉並婦人民主クラブ支部大会臨時託児所に協力

六　常任幹事会（毎週月曜日）

七　ニュースNO・6発行

八　水害地のこども慰問（女性解放の会に協力）

九　保育所会、保姆資格研究委員会

一一　横川橋「母の会」に出席

一三　国分寺自立会こども会

一三　幹事会

一四　台東区谷中「母と子の会」

一六　山梨県農民主催保育講習会え出席（塩谷）

一九　総会、新保育講座、参加約六〇名

二〇　〃

二二　文連拡大協議員会

二三

二二　谷中「母と子の会」

二三　「新しい保育施設の研究会」（毎週木曜日）

二七　横川ばし保育所の経営につき懇談

　　　新幹事会（通信遅れたため流会）

三一　文連生活文化委員会

十一月

二　全国保育大会

三

六　横川ばし「母の会」「新しい保育施設研究会」

七　文連生活文化委員会

九　日鋼家族会「母と子の会」

一〇　五反野子どばり会

一二　谷中「母と子の会」（毎週火曜日）文連常任幹事会

一四　五反野子どばり会

一六　六・三制完全実施国民大会

一七　埼玉県戸田町「母の会」

二一　幹事会

二二　文連生活文化委員会

二三　柿橋地区「子供の会」

二四　横川地区「こどもの会」

二六　総懇会「新しい保育所を作るために」

二七　日社協児童福祉施設最低基準案作成委員会に出席

二八　「保育施設をつくる協議会」都会へ申し入れ、

三〇　婦人民主クラブ總會

十二月

一　五反野子どばり会　二　谷中「母と子の会」（火）

四　日立亀有社宅「主婦のこんだん会」

　　新しい保育施設の研究会」

六　文連生活文化委員会　九　「保育施設をつくる協議会」

一〇　日立亀有社宅「母と子の会」

一二　日社協「福祉施設最低基準作成委員会」

一三　神奈川女性解放の会、一四　絵の研究会に参加

一六　「保育施設をつくる協議会」幹事会。

一九四七・一二・一四　民主保育ニュースNO・7　発行・東京都芝区田町四ノ一日本精工内　民主保育連盟（電話三田三五七二・一〇八六）

民主保育ニュース

1948.3.22　No.8　民主保育連盟

保育施設をつくれの要求を揚げよう！

新しい年えの希望の第一歩「今年こそ私たちの要望する保育施設を！」とあげた人々はどれ程多かった事か。母子家族、乳幼児を持つ労働婦人、妊娠中の婦人組合員、内職に忙しい母親、家事と育児に追われ通しの主婦、この人々の切実な願いが今年はどの程度に満たされる事だろう。「保育施設をつくる協議会」はこの大衆的な声に応え、厚生省、労働省の当局者に答えてもらうため一月廿六日会合を持った。そして、ここで与えられた答えは「厚生省はぎりぎりの所、生活保護法の線までを対象として保育施設を考えねばならない現状です」「労働省は目下如何に保育施設が必要であるかの調査を始めているので、資料が出来上ってから具体的な対策を考える筈です」であり　又両省ともに「政府の手を待たないで民間の手で大いに保育施設をつくって頂きたい。しかし労働省は施設の予算付けはない。厚生省の児童福祉法も私経営には補助を与えない規定になっているから諒承して欲しい」とのことであった。大きな期待をもって赤ん坊を背負い、満員電車に揺られてまでこの会に出席した母親たちは「ほんとうにがっかりしました。帰って皆さんにこの言葉を伝えるのが辛い」と目を伏せ労組婦人部の代表は「一体私たちはどこえ私たちのこの苦痛をもって行けばよいのですか」と憤りに紅潮し、施設の経営者は「児童福祉法ができても私たちは何の恩恵もならないのですね。そんな空文は無用です」と言葉を荒げた。一同はこのまゝで待っていれば政府は何もしてはくれないということを知り、自分たちの要求は自分たちみんなの力で実現させねばならないのだと心の奥底から覚えたのである。

ではどうすればよいのか？　私たちは先ず、私たちの要求——保育施設をつくれ——を中心にした集りを持とう。労働組合で、生活協同組合で、婦人会で、又は労組と地区の婦人団体の共同で、近隣の市民団体、文化団体にも呼びかけて。会合のあとこの問題を協議し促進するための母体保育所設置準備会、保育所をつくる委員会などをつくろう。賛成者の署名をなるべく集めよう。代表者を送ってこの要求書、陳情書を都庁え、区役所え、都会え、区会え、事業主え呈出しよう。

具体的に事を運ぶために、保育施設々置のための土地、建物を物色しよう。

一方、母親たちは理解を深めるために　簡易な野外保育所を臨時開こう。

子供たちの明るい笑顔、みんなで声を揃えてうたう晴れやかな声、仲よく手をつなぐ楽しい足どりなどが「早く保育所を！」とせがんでいる。

四月の明るい陽ざしの下、全国の到る所に自主的な民主的な保育施設が続々生れてくるために、今から用意を始めよう。もうすでに活動を始めているいくつかの経験から学ぼう。そして、その大きな力強い動きの中心となり先頭となり、技術と経験を最大限に生かして、民主保育連盟の会員は働かねばならないと思う。

研究会記録

・対論会・

「働く婦人の生活」

一月十日（土）於日赤講堂　参加者約二百名　玉城肇氏司会の下に先づ榊仁親子氏が「働く婦人の結婚生活」と題して「これからの結婚は男女対等の契約によって行われなければならないこと、結婚しても職場を去らないこと、労働条件を特に無理のないよう組合の力で改善してゆくこと、それまでの切り抜け策としては同僚がお互いに、之をカブーシ合うこと」などについて語られ、又、帯刀貞代氏は「婦人と職業」の題で婦人の職場進出は生産関係が婦人を必要とするに至った歴史的な必然性で、これをおし進めることによって社会の進化と婦人の解放がなし遂げられるのだ」と話を進められた。集った各工場、経営の婦人、学生は夫々、現在の自分たちの置かれた立場について真剣な質問や意見を述べ合い、団結の力を強めることがあらゆる働く婦人の問題の解決に最も必要であることを再認し、夕暮と寒さに迫られて五時散会。

国際婦人デー大会開かる！

三月八日約二千名の労組婦人、婦人団体員が日比谷音楽堂広場に集り、婦人解放と生活の保証を叫んで旺んな意気を示した。スローガンに「婦人に職場を幼児に保育所を！」が掲げられ、首相に手交した決議文には「乳幼児保育施設の完備」が採択された。

・研究こんだん会・

「幼児の音楽について」

一月廿九日（月）於雑誌記念会館　参加者二〇名は幼いこどもたちに與える音楽――特に童謡――がまことに低調である現在幼児保育に携わるものとしての研究問題、又いろいろ困った実情を持ちよった。先づ現代音楽家協会の渋谷　修氏（作曲家）が、日本音楽会の歴史的な経過について語られた後、実際家の発言を中心に意見が交わされた。主なものは、幼児教育はキリスト教の宣教師が多く携わり普及したので、メロディは教会音楽的でほん訳調なものが多いこと。こども自身が「靴がなる」「雨々降れ〳〵」など童謡調や、かな頃の作曲を好み、最近のものは喜ばない様子が見えること。自然現象をうたったものが多く生活をうたったものが少ないこと、楽器が不備で保姆の力が足りないのを如何にするか、などである。専門芸術家と保育実際家の協同研究によって今後も新しい幼児音楽の問題をとり上げ明りかにしてゆきたいとの希望をもって散会した。

・研究会・

「こども会の指導法」

二月一日（日）於　芝浦小学校　参加者二〇名　最近各地区で各団体から要望されるこども会の指導に関心と問題をもつ人々が集まった。その心構えや重点のおき方について討論しあい、続いて紙芝居、うた、あそびの実際についてお互いに交換し、楽しい一日を過した。

研究会

「幼児の童話について」

二月十七日（火）於　政経ビル　参加者二〇名　児童文学者協会　関　英雄氏、作家　岡村たみ氏を囲んで落ちついた話し合いの会であった。主な討議と成ったのは「幼児童の教育性を如何に求めるか」で、事実を曲げないこと、ヒューマニズムに立つこと、現実の生活感情から出発したファンタジイを持つこと、狭い教訓性を排することなどであった。童話作家に対しては、幼児の現実の生活をよく知ってほしい、作文でなくストーリー（構成）あるもの、リアリズムとロマンチズムの綜合されたものを書いてほしいと要望があり、実際家には批判力を持つこと、言葉の教育として扱うこと、消化して與えることが希望された。今後は実際家も創作することに努め、話材集を出すことを約して四時半散会。

（保育施設をつくる協議会）

◐参加団体の活動状況

■横川橋保育所　二十三年度追加予算の中から約十六万円を得たが、新設建物の敷地を区が他所に選定した為、「母の会」は地区東交、教員組合の協力を得て打開に奔走中

■五反野子ひばり会　引続いて建物なしで保育しているが、この度生活協同組合が附帯事業としてこの経営を認めたので、専任保母を置く事を決定、専用建物を得ることに努力している。

■日立亀有砂原社宅　「分会員妻の会」では四月から開設する目標で組合の支持の下に建物、敷地につき、会社当局と地区関係者え希望者二〇〇名の署名を集めて折衝中。その間定期的に戸外保育を行って母親たちの啓発につとめている。

■東芝堀川町労組　目下授乳所（約三坪）を獲得しているが、通勤、労働条件その他で乳児をもつ母親の利用が少いため対策を考えている。なほ、近接社宅地区にも保育所要望の声が高いので労組はこれにも関心を払っている。

■中央電話局労組　乳幼児をもつ婦人のあるこの職場で乳幼児保育所設置の声が大きいが、特別の施設をするのは少人数にすぎるので、同地区の各組合に呼びかけて共同の施設を持とうとの計画がすゝめられている。

■日本光学大井労組　産前産後の休暇を終え職場にかえる母親のための乳児保育所が懸案になっているが、すぐ近接地に四月から開設予定の公営保育所があるので、そこえ乳児部を設ける様運動中である。公営のものえ労組が協力するという事は新しい型を示すものとして注目される。

■日本鋼管川鉄労組　川崎市古市場の集団社宅地区にあるみゆき保育所は規模が小さいため地区の要望に応じ切れないので、この地区にある、東芝小向、ヂーゼル、富士通信、日本冶金、丸通の五労組婦人部と協議会を持ち地区の父母の会、教育協議会、生活改善会、婦人会、住宅組合などえ呼びかけ、協力して新しい規模の保育施設を設置すべく川崎市当局に働きかけている

■東京自由保育園　今までは労組員のこどもだけを対象にしていたが広く地区の家庭の要望にも応ずるために拡張計画を立て、都、区当局に要請中である。なお、近く「相談所」を設けて保育その他に関する一般の相談に応ずる予定。

■大森婦人協議会　大森婦人こんわ会、大森婦人会など十の婦人団体の協議会が持たれているが最近保育所問題を取り上げ、設置運動を起している。

「第四回協議会
保育施設増設の展望について」

一月廿六日（月）於　[illegible]記念会館、参加者約五〇名

厚生省児童局保育課長　吉見静江氏
労働省婦人少年局婦人課長　新妻伊都子氏から当局の方針、来年度の計画案をきいたが、結論としては、政府には大衆の要望に応える丈の準備や力がないことが明らかになり一同民主的な力でその問題の推進を計らねばならぬとの考えを深めた。そのため、来年度予算についての、各都市区えの要請運動、事業主えの要求などを活発に行うことが話し合われた。又、参議員　河崎なつ氏から、全国各地（福岡、広島、岡山など）にこの保育所増設運動が起きているとの報告あり、全国的なつながりある行動を促すことの必要を痛感した。

◐労働部会記録

二月四日（水）於　連合事務局、参加者一〇名
東交都局、日本鋼管川鉄、東芝堀川、全逓中郵、全中地協、日立亀有各労組から活動中の問題を提出、いろいろ討論が行われた。
目下の方向として確認されたのは次の諸点である。①労働組合内部での宣伝、啓蒙活動の必要②労組単独の問題としてのみでなく地区的な同様としてとりあげ市民団体と協議、協力すること③事業主側えと関係各官庁えと平行して要求を出し交渉を進めること④労働組合間での連絡アイケイの必要⑤「保育施設をつくる協議会」など広汎な協議機関を強化すること。⑥全国的な[illegible]・機関紙を活用し、又パンフレットを刊行して具体的な指針とすることなど。

予告

「新しい卒業生の集ひ」

一、日時　三月三十日（火）午後一時――四時
一、会場　教育会館講堂　省線水道橋　都電神保町（専大前）
一、集ふ人　女学校、女子専門学校新卒業生、労組婦人部、婦人団体
一、主催　婦人民主クラブ、民主保育連盟
一、プログラム「新しい社会人となるために」
1、講演　羽仁説子氏、山川菊栄氏、宮本百合子氏（交渉中）
2、自由討論　司会　松岡洋子氏

養成講習会の計画あり

連盟日誌

十二月
一二－一五　「板橋保育友の会」四地区子供会
五、一二、一七、二〇　児童福祉施設最低基準作成委員会保育所部会に参加（塩谷）
一九　「保育施設をつくる協議会」代表都議会学生委員会に要請。
二〇　文連紙芝居こんだん会
二五　民主日本建設婦人大会に有志参加
二六　義務教育協議会こども会（午前）
二七　日本光学労組保育所をつくるこんだん会（午後）
日本民主々義教育協会結成大会
毎週　水曜日四－七　新しい保育の研究部会

一月
九　委任幹事会
一一　すみた母の会
一〇　討論会「働く婦人の生活」参加者約十と○名
一六　文連生活文化委員会
二〇　谷中「母と子の会」、文連常任委員会
二二　幹事会
二三　五反の子ひばり会
二四　少年組織指導者協議会
二五　教育復興会議世話人会
二六　保育施設をつくる協議会「保育所増設の要望について」
二七　山形県蚊村「母親学校」に出張（塩谷）
二九　研究会「幼児の音楽について」
三一　東京こども大会
毎週部会　水曜後四時－七時　新しい保育の研究

二月
二　「恩鶴社宅こども会
四　「保育施設をつくる協議会」労組部会（午前）
一二　文連生活文化委員会主催「労組の生活文化に関する活動について」懇談会
一四　（午後）すみた母の会
一七　大森婦人協議会準備会
一八　研究会「幼児童話について」
一九　青山罹災住宅火災見舞「青山子供会」
二三　「民教協「教育制度、教育財政部会」
二五　保育施設をつくる協議会」
二七　幹事会
文連生活文化委員会
毎週部会　水曜後四時－七時　新しい保育の研究

三月
一　国際婦人デー準備会
二　「教育復興会議発起人会
「保育施設をつくる協議会」打合会
六　文連常任委員会
長野県民主保育連盟結成大会
八　国際婦人デー大会
一〇　「保育施設をつくる協議会」代表都庁、部会へ要請

	前月繰越	収入	支出	月末現在
12月	1528.10	5479.00	5908.50	1098.60
1	1098.60	5337.00	4878.50	1557.10
2	1557.10	2150.00	3259.50	447.60

会員現況（23.3.10現在）

(1) 会員数

	東京	地方	計
普通会員	97	35	132
維持会員	50	20	70
団体	8	5	13
計	155	60	215

(2) 会員種別

学生	5
保姆、保健婦	84
主婦	37
有職婦人	43
保育問題研究家	33
団体	13
計	215

◆連盟へのご援助

一、金五〇〇円也「板橋保育友の会」より
一、「新しき日のために」二十冊　著者羽仁説子氏より

火災にあった
幼い子供たちへ！

一、金五〇〇円也　みのる幼稚園母の会より
右は昨年末、水害地の子供へと託されたのですが母の会の諒解を得て最近の青山罹災者家の火災に遭つた幼児たちへお贈りしました

発行所
東京都港区芝田町４ノ１１
日本精工館内
民主保育連盟

民主保育ニュース

1948・6・25　No.9　民主保育連盟

文化と保育

羽仁説子

子供たちの問題は、文化革命の問題である。文化が一部のひとびとの文化でなく、民衆の文化となるために、子供たちの生活環境、生活條件、教育の問題が重要視されなくてはならないのである。

いままでの政治が、子供の問題や婦人の問題をとりあげなかったわけではない。そのための法律がなかったわけでもない。それにも拘らず子供の問題や婦人の問題が立ちおくれているところに問題があるのである。最近は、児童福祉法をつくって新しいかたちで子供の問題を見直すといっているが、これとても本質的にはいままでの考え方をはなれ得ていないのであって、依然として救済的な立場にたったもので、そこには国民文化の問題として発展する子供たちの問題は浮びあがっては来ないのである。救済以外の子供の問題は、たとえば幼児の場合には幼稚園という名稱をもって託児所と區別し、これだけを程度の高いものとして、文部省が教育の対象として監督しているというのがその実際である。いままでの政治の文化にたいする考え方は、明かに一部のひとびとにたいしてだけ責任をとるところのものであったのである。他の大多数の子供たち、婦人たちにたいしては、あまり悲惨なことになったものは救済しなければめざわりだとしているに過ぎない。今日子供たちの犯罪年令の低下というような深刻な問題にたいしても、救済的な意味においてしか問題をとりあげることができないのだから、五人の浮浪児が收容所に救われればあらたに十人の浮浪児ができるというありさまなのである。救済はひとつの悲惨をも未然に防ぐことはできない。文化のみが、子供たち自身のことに悪とたたかう力をよびさますことができるのである。しかし、文化はどこにあるのか。人間の生命にたいする封建的な差別視が政治の基盤をなしているということは否定できない事実で、一方にたいしては教育、一方にたいしては救済というような政治的つかいわけが行われて来たのである。そこに、民衆の文化が成長しない所以があるのだ。そしていままでは、政治によって文化を保護されることのできなかった民衆は、民衆自身が失望して、文化にたいして自分を見かぎっているというなさけない文化にたいする意欲低下の状態が現われているのである。私たちは、もっと激しく、すべての人間に文化の約束される道のあることを、その道を求める権利のあることを主張しなくてはならないとおもう。新憲法十三條はすべての国民に文化生活を約束しているのであって、民主主義政治においては、文化はすべての国民のものでなければならない。

生命の平等は、幼いときに確立されなくてはならない。生れ出たままの子供たちのゆたかな人間性のなかには平等に文化欲求の意欲がかくまれている。だが、それが、保護されることがないため、小学校にゆく頃には虐げられ、しおれて、ある子供たちだけに文化力があるかのように見られるのである。民衆文化運動のだいいちに、保育所の問題を揚げることを、私は不当だとはおもわない。幼い子供たちの問題であるが、それが新しい民衆文化の運動に致命的なかげを投げている問題だからである。今日まで、国民の一割また二割の人間のあいだにだけ才能が見出され、他の大多数になんといっても実力の培養があったということ

―１―

は、実は重要な幼児期の取扱いの価値ということに過ぎないのである。今日、才能といわれるところのものは、才能というよりはあらゆる国民がもたねばならない水準に過ぎないのである。それを一部のひとびとが独占して、知識だの教養だのといばりをしているのである。多くの子供たちのなかに芽をふく才のことをおもうと、彼らの教育を怠り、そればかりか彼らの生活をさえ保護しない今日の政治のうそを憎まずにいられない。ひとは幼時期に与えられるべき保護を、教育をうけるならば、誰でも豊富な能力を伸し得るのである。その時期を逸したひとほど、もの心ついてから、青年になってから、苦しまねばならないのである。志があっても、基礎の薄弱さの上に過酷の努力を積み上げることは非常な負担である。その努力をするひとびとには深い敬意を表するとともに、その無理をいつまでも勤労階級が負っていることはできないとおもう。

労働組合が、積極的に保育所の問題をとりあげて欲しい理由がそこにある。保育所についての対策がおくれることは、文化革命の実質的成行をおくらせることである。組合における託児所の要求は、ならべられたスローガンのひとつの項目でなく、「文化」というウエイト(重み)がかけられていることをみて欲しい。

幼い子供の問題が文化の成長に重要な意味をもつことは確かであるにしても、その効果があまりは先のことでありはしないか当面の重要問題があるのだからという感念も、全くまとはずれである。保育所は地区の主婦を組織だてるための中心となることができるし、頑迷に役むっている校のひとびとの民主化の面からもとりあげられる価値があるとおもう。

保育所のためにさかれる力は広汎に保育所を囲む母親たちを通して倍加される。新しき文化のための投資ということがいえるとすれば、私は保育所をそのもっとも有利なものとして数える。

(附記。この文は「文化革命」No.7(文連発行)より抜記した。できれば全文を読まれるようおすすめする。)

生活と文化を守るために
民保三次の会議に参加

日本民主婦人協議会

昨年十二月中開催された民主日本建設婦人大会以後、各婦人団体、労組婦人部、婦人関係文化団体により準備をつづけられていた日本民主婦人協議会は三月八日の国際婦人デーに於ける高まりをうけて四月十七日発会の集りを持った。

中央教育復興会議

各政党、各労組、学生団体、P.T.A、文化団体、青年婦人団体によって本年二月以降準備をすすめていた中央教育復興会議は六月十七日(水)教育会館に於て結成大会をもった。

「われわれは明日の日本をになう若い世代のために、教育の復興をさまたげている一切の障碍とたたかわねばならない。日本の民主化をはばんでいる旧勢力の手から教育をとりかえし、これを勤労する国民大衆自分のものにすることこそは教育復興の基本的課題である」。(趣意書より)

日本文化を守る会

「反動攻勢の圧迫から新しく芽生えた幼く弱の文化を守りその健全な生長と共に憲法で保証されている「文化的生活」を営む権利を確保するために、あらゆる問題をとり上げて広く全国的大衆的な運動をおしすすめるために」「日本文化を守る会」が結成された。社会党文化部、産別、文連等が提唱し、広く、団体、個人を結集している。六月十八日、第一回大会が開かれた。

働くものの保育活動

▲葛飾区砂原地区で▼

日立亀有工場の砂原社宅を中心に保育所設置に努力していた「さくら会」は、亀有労組の協力、支援によって、会社から土地（約二〇〇坪）と建物資材を得、その建築費について関係当局へ奔走を続けていたが、最近漸く地域の問題として衛生会がこの計画を引つぎ、公営にうつさせる様努力することになった。その間週一回の野外保育を実施している。

▲すみだ「母の会」で▼

一年以上の母親たちの協力と熱意が効を奏して、三月以来、公営となった横川橋保育園は十六坪の新築建物で感激ふかい開園式を五月　日に行った。然し、保育児は六〇名と規定され地区の母親たちの半数は要望を満たされない状態なので「母の会」では、隔日保育をしても希望者一二〇名を保育することこそ児童福祉の精神に適するものであるとして、数度にわたって折衝したが現在までの所、当局の諒解を得るに至っていない。「母の会」ではこれを解決するには、保育所の増設以外に方法がないとして、その具体的な話し合いを始めている。こゝに公営と民営との運営との相違、及児童福祉法の実施についての具体的な問題が出てきている。

▲横須賀生活協同組合で▼

生活協同組合がひろく生活文化の問題までとり上げてその解決をはかろうとの意図は「生活協同組合法案」にも明らかに見られるが、横須賀生協では主婦の負担軽減をはかり、又協組を通じて日常の社会的活動を高めるために、保育問題をとり上げることになった。現在、保姆の協力を得て汐入、坂元の二支部で、週一回の保育を行っているが次第に主婦自身の経営にうつす方針であり、協組の活動に新しい方向づけをもたらしている。

▲長野県臼田町で▼

臼田町は長野県でも民主勢力のつよい町として有名であるが、この町の民主婦人同盟有志は、先頃から保育所問題をとり上げ、農村と町の主婦たちから、大きな期待をかけられている。ここでは町当局　婦人同盟、婦人会、農業会、佐久病院などの代表者をもって準備会をつくり、町全体の問題として公営にもってゆく計画をすすめている。このような場合には「公営民営」の新しい民主的な形として発展するであろうことが充分予期される。なお長野県下六つの民主婦人同盟は連絡協議会をもって、保育所問題についても同じ歩調をとろうとしており、この面にも、長野民主保育連盟の活発な活動が要望されるに至っている。

▲愛知「保育施設についての懇談会」▼

三月下旬、愛知三口毛所トヨタ労組婦人部の呼びかけで、表記の会が持たれた。集った団体は労組婦人部（十三）保育施設（三）、家庭会（二）などで、婦人の解放のためにこどもの保護と教育のために保育所の設置が強調された。最も具体的には愛知時計で婦人部がこの要望を出しており、同地区に生活擁護同盟の組織があるのでこの主婦たちと協力していけいしてその実現をはかりたいと報告があった。又市の当局者からこのような下からの要望に応じて保育専門家を動員する用意があるとの発言あり、今後に明るい見透しを与えさせている。

▲愛知トヨタ社宅地区で▼

トヨタ幼稚園はこの地区の幼児保育に大きな役割を果しているが、働く母親のための乳児保育にまで手が及んでいない。これに対してトヨタ労組婦人部、消費組合家庭会では三才未満児の保育所を要望して折衝を進めている。

▲川崎市内で保育所設置の要求おこる▼

川崎市の各労組婦人部、生協家庭会、社宅婦人の間では保育所設置の要望が[illegible]かけ、三月八日の国際婦人デーを契機として[illegible]名をもって市当局へ提出した。

▲各地で要望▼

渋谷区代官山アパート、新宿区戸山ヶ原都営住宅、埼玉県朝霞町、南多摩郡日野町などでも、それぞれ保育所設置を要望し具体的に進めるために主婦たちが協議を進めている。

トピックス

社会施設費増額期成会の活動

働く婦人、母子家族のために緊急必要な社会施設―母子寮の保育所―の設置に関する廿三年度予算は当初、民生安定費五〇〇〇万円の中から二五〇〇万円程度として計上されていたが、それでは大海の一滴に等しいと各婦人団体は結束して、右の期成会をつくり起ち上った。

街頭に於ける増額、署名運動・新聞ラジオを通しこの訴えかけ、安本、大蔵省当局などへの要請などが相当活発に行われた。

本予算が未だきまらぬのでその成否はわからないが、公共事業費中から児童福祉関係保健設備費として、約四〇〇〇万円が計上されるやにきいている。但し、これは児童福祉施設設置費（三六ケ所の予定）を先ずとり、その後で母子寮及び保育所の建設費にあてるので、その新設数はいくらにもならないと当局ではいっている。

保育所をつくる協議会 東京都議会へ請願書提出

保育施設をつくる協議会では昭和廿三年度予算編成に先立ち、四月初旬保育施設設置についての請願書を都議会へ提出した。これに参加した団体は、日本光学労組、[illegible]さくら会、大慈婦人会、東京自由労働組合、五反野子ひばり会、などで署名人員は二〇〇〇名にのぼった。なおこの請願書は六月初旬の都議会厚生委員会にかけられ、採択となったが都当局としては、国会の本予算がまだきまらぬためその成否は言明できぬが、都の予算の許す範囲内において、その請願の趣旨にそうよう努力するといっている。また、各参加団体はこれに平行してそれぞれの所在の区役所、区会に働きかけその実現に努力している。

社会事業共同募金の成績とその配分

昨年末実施された第一回社会事業共同募金の実績から摘記すると次のことがわかる

	目標額	実績額	%
全国	678.200万円	584.502.788.35円	86.2
東京	50.000万	19.835.189.36	39.7
目標額突破		19府県	
目標額未満		27 〃	

なお、その配分は各府県共同募金配分委員会によって行われたものであるが（五月十五日現在約廿七府県完了）東京都に於ける配分状況は次の如くである

配分割合	団体数	金額
養老	8	37万円
児童育児	73	247
婦人保護	11	41
司法	15	33
少年保護	13	34
医療	23	151
救護	12	54
宿泊	17	86
其他	23	487
合計		1170万円

これによると児童、育児施設へ最高額があてられているが団体当り最高一〇万円、最低五〇〇〇円で平均三・四万円強にすぎない。其の他の額が四八七万円を示しているのは、東京都民生委員連合会（二〇〇万円）東京都厚生事業協会（一〇〇万円）同胞援護会東京支部（八〇万円）の大口が含まれているからである。なお応募金総額一八五二万円余の中配分されたのは一一七〇万円で約六〇〇～七〇〇万円は募金活動の事業費として使用されたものであろう

以上の事から[illegible]

牛乳乳製品対策委員会で与論調査

[illegible]

全国保育連合会 関東ブロック大会

五月廿三日（日）浦和市で開催、参加者約二〇〇名。新保育の具体的方策について協議（午前）研究会発表（午後）があった。

研究会記録

『アメリカ ソヴエト 母と子の生活について』

四月廿四日、保育施設をつくる協議会と、民主保育連盟共催　出席者五〇名

先ずアメリカについて東時氏は大要次の如に語られた。

「アメリカでは児童保護の問題はずっと私的な社会事業として扱われていた。社会政策的な立場からこの問題がとり上げられたのは、一九三五年社会保障法が制定されてからであり、この点では、ソヴエト、スカンヂナビヤなどよりもおくれていた。一九四〇年には「ホワイトハウスデモクラシー児童福祉会議」が開かれ、現下の児童の生活状態が、精細に明らかにされ、その緊急対策が議せられた。戦時中は母性の雇傭によるこどもの保護が必要視されそれぞれについての施設が研究された。しかし現在でもアメリカに於ては教育や社会施設を国庫で行うことについては反対が多く、地方単位で、有志がこれを経営するものが多い。従って母と子の生活にも完全な充分な保障が与えられているというわけにはいかない。この原因は、社会施設に対する傾向と、労動組合の未発達ということにあるのではないかと思う」と。

続いて、野坂、竜氏　ソヴエトの状況につき写眞などを示しながら話された。「一九一七年革命直後、母子保護政策の研究機関が設けられ一九二二年には浮浪児に対する保護科学研究所がつくられた。一九四七年の予算に於ては全額三八〇億ルーブルの約台が社会施設、教育、母子補助金、医療施設費にあてられた。学校は公立、保育所は国営工場の直接経営に委ねられている。母性と子供の保護は最も大切なものとして優先的に扱われているといわれるだけに働く婦人に対する配慮は至れりつくせりの感がある。

アメリカとソヴエトと二つの先進国の実情を更にくわしく知ることは、日本の現状からも必要である。

（文責　記者）

野外保育についての与論

夜譜保育友の会では、去る五月八日、児童福祉週間中の催しとして、野外保育を行った。その際、集ったこどもの家庭について、輿論を調査したところ次のような結果が出た。このような臨時的なものでさえどんなに待望されているかがよくうかがわれる。従って会員の一人一人が各々の地域で、このような活動をはじめ、母親と子供に民主的な組織を与えることが非常に大切であると思われる。

一、調査総数　三九名

二、集った子供の年令

満三才以下　二名
〃四〃　八〃
〃五〃　一二〃
〃六〃　一五〃
〃七〃　一〃　計三九名（不明一名）

三、野外保育に対する保護者の感想

(イ)こんどのもよおしをどう思いましたか
結構と思う　三八名
不明　一名　計三九名

(ロ)このようなことが度々あればよいと思いますか
賛成　三三名
不明　六名　計三九名

(ハ)毎日、あったらいいと思いますか
賛成　三二名
どちらでもよい　三名
不明　四名　計三九名

(ニ)あってもなくてもいいと思いますか
あった方がよい　二〇名
不明　一九名　三九名

四、野外保育に対する子供の反響

(一)子供さんは喜びましたか
大喜び　三七名
不明　二名　計三九名

(二)子供さんはくるのをいやがりましたか
大喜び　三〇名
不明　九名　計三九名

以下三項目を略す

文連の生活文化委員会の動き

働く人々の生活文化の実態を解明し、実践的な手助けを行うために、生活文化委員会は六月二日の会合で次のことを決定し、準備をすすめている。

一、京浜地区労組及び板橋地区保育施設を中心として実際的な調査、研究、協力を行うこと。

一、生活文化に関する機関紙(当分はニュース)を発行すること。

連盟日誌(三・一一〜六・一〇)

三月

一二 日本民主婦人協議会準備会

一一 一三 ✓保育指導書についての委員会

一六 {谷中「母と子の会」
　　 国際婦人デー「決議文」手交
　　 文連常任委員会

一七 横川稲母の会

一九 都庁へ保育施設増設につき請願

二〇 大森婦人団体協議会委員会

二一 新しい保育研究部会(毎週木曜)

二二 ニュースNo.8発行

二六 芝居集団結成会メッセージを送る

二九 大阪、名古屋地方へ出張(塩谷)

三〇 「新卒業生を迎える集い」(婦人民主クラブと共催)

三一 新保育研究会(第一日)

四月

一 新保育研究会(第二日)

六 文連常任委員会

七 {王反野子ひばり会保育所開所式
　 新しい保育研究部会(毎週水曜日)

八 幹事会

九 横須賀生活協同組合へ保育所設置の件につき

一七 横川橋保育園落成式

二〇 教育復興会議準備会

二一 文連生活文化委員会

二四 保育施設をつくる協議会

二七 文連東京地方協議会

三〇 長野県白田町へ保育所設置の件につき出張(塩谷)

五月

一 「メーデー」文連参加、

一五 新しい保育研究会(毎週水曜日)

一三 児童福祉法改正研究会 各所に子供会開催さる

一八 文連常任委員会

二八 幹事会・婦人団体大会

六月

一 文連常任委員会

二 {生活文化委員会(文連)
　 新しい保育研究部会

四 横須賀生活協同組合へ保育所設置につき

五、京浜地区労組・民主婦人協議会・生活協同組合連合会「婦人会」

七、神奈川県厚生課保育課ゴ会主催農民保母講習会

八、文連主催教育こんだん会

一〇 横川稲母の会有志厚生省保育課へ陳情

一三 日立亀有事務所保育・日立婦人対策部

一五 谷中「母と子の会」

一七 中央保育研究会準備会

一八 [illegible]

会計報告

月	前月繰越	収入	支出	月末残高
3月	447.60	2,972.50	1,641.30	1,386.50
4	1,385.30	2,072.00	4,193.40	1,214.80
5	1,2[illegible]	6,5[illegible]	5,223.70	511.20

会員報告

㈠ 会員数

	東京	地方	計
普通会員	94	48	142
賛助会員	52	19	70
団体	8	5	13
計	154	72	226

㈡ 会員層別

保姆・保健婦	86
有職婦人	50
主婦	41
保育問題研究家	34
学生	2
団体	13
合計	226

連盟へのご援助

一、金参百円也　茂呂靜子氏より

一、金五百円也　志賀暢子氏より

あとがき

[illegible]……におよせ下さるように期待しております

民主保育ニュース

東京都渋谷区上通り三ノ七

1948・10.6 No.10 民主保育連盟

強い美しい協力を
――創立二週年を迎えて――

塩谷アイ

来る十月十九日は民主保育連盟創立二週年にあたる。この機会にお互いまがな批判と展望をのべて次の活動に備えたいと思う。

(1) 一般情勢と保育問題

最近一年間、働く者の生活はますます窮迫してきた。配給の主食すらまともに買う事ができないという主婦の苦しい訴は政治の貧困を憤る心に移っている。何の足しにもならないと知りつゝも一日五円の内職にすら主婦は争って集まって来る。足手まといになる小さいこどもをどうするか。一遊び場がない。不潔なキャンデーやガム、俗悪な紙芝居、止めさせたいかけごとに集まって行くこども達は一体どうなるのか。遊び場が欲しい、保育所が必要だ。何とかこのこどもたちをまもろう。守らなければならぬ。 主婦たちは口を揃えて叫んでいる。農村の主婦たちも本質的には同じ状態である。労働組合、生活協同組合、婦人会、農民市民の組織など働く者の生活を高めるために活動している民主的諸組織では日毎に著しくなってゆくこの「道徳的廃たいと殖民地的無気力の中で今日の明日の日本を負う働く者とその子供達がどんなに心身の向上を傷けられむしばまれているかに切実な関心を示してきているそして巧妙なぎまん的娯楽と文化のはんらんと戦い作ら新しい働く者の文化と教育を身につけ様と努力している保育問題も此一環として取上げられて来たのである。

(2) 民主保育連盟はどう活動したか。

このような深刻な要望に応えてこの一年間充分な活動かなされたなろうか。いろいろ困難な事情があるとは云えいうに足るほどの業績が示されなかったのは誠に残念である。只連盟はあくまでも働く者の立場に立って問題を正しく把握しその進むべき方向に付てさゝやかながら指示、協力することができた事を誇りとしてよいと思う。労働組合、生活協同組合、市民、婦人組織が保育問題をどう採り上げるべきか、この問題を通じてその組織をどう強化して行くか。更にこの問題の強力な進展のためには組織的な協力態勢がどんなに必要であるかに就て連盟はいくつかの具体的な事例を以て之を示すことができた。また乳幼児政策の確立その民主的運営に付ても微力ながら代るべき役割を持ったのである。然し活動の分野はまだ広く拓かれないまゝに残っている。

(3) 今後の活動は何か。

一つは保育問題の正しい意義とその具体的な採り上げ方に付ての啓蒙宣伝である。従来の活動の場は東京或は特定の地にのみ限られていた。この事は貴重ないくつかの経験がそれを要望している全国の働く人々の耳目になく訴へられないまゝに埋もれている事を意味する。連盟は出版その他の活動によってこれを早急に果さなければならない。更に一つは保育問題の具体的な発展につめての研究である。現在のあらゆる不備な条件の中で而も民主的な専門家の少いこの分野でそれはまことに容易な事ではない。而も「働く者の為の新しい文化と教育」がどの様に緊急重要なことであるかを想えばこれは是非為さねばならない任務であろう。

(4) 連盟は伸びる

保育施設をつくる活動は各地域に民主的な組織を中心として盛り上って来ている。そしてこの活動に根をおいて連盟の支部組織はようやく伸びようとしている個々の人々、保母個人、経営者個人、労働者個人、母親個人では如何にあがいても乳幼児保育問題の解決は計りがたい。

それはあくまでも協同の組織の力を以てする社会的な問題としての解決でなければならない。働く人々の生活に根ざした親の欲求が専門家の協力によって広くまとめられ新しいものとして創り出されてゆくその美しい協力と統一を連盟はあくまでも追求しなければならないと思う。そして十月三十一日に開かれる総会はその具体的な方針に付て正しい決定をするだろうことを期待する。

（一〇、二）

新しい保育所をつくる動き

(1) 砂原保育園設置の活動

日立亀有砂原地区の親達は週二回の青空保育を続ける一方建物を作るため各方面えの折衝を重ねている。

最近地域の民主的な団体の協力によって足立区に昨年の水害見舞の残金が一六三万円あることがわかり目下区内の労組、区当局と区会議員による配分委員会が設けられその使い途を協議中である。母親たちはその一部を社会施設費として砂原保育園の設立に配分するよう署名を集めて活動し労組側でもこれに対し積極的に協力している。

又一方区の労働組合協議会でもこの設立を援助する機運が起り母親たちは母の会の結束を固くして大いに意気込んでいる

(2) 北区労働者クラブの保育所

北区の労働組合協議会、勤労者協同組合連合会では今年始めより働く人達の生活文化の向上をはかるために労働者クラブをつくる計画を立て、各労組から選出された建設委員会で着々準備を進めている。約千五百坪の土地に講堂、授産所、診療所（病院）食堂、浴場及び組合員の子供達の為めの保育施設が（約百坪）今七分通り建築がなり保育所は十月末に完成される予定である。

労働者の組織が獲得し、主体となって建設されるこの労働者クラブは全国的に見て最初のものであり今後の推移は意義ぶかいものがある。この基盤に立ってこそ保育所の問題も発展するであろうし又今後起ってくる保育所の困難な問題、労働者の組織をより強めることに役立つよう保育連盟は大きな期待を以て協力をすゝめている。

(3) 足立区新田地区

足立区新田町は地区一帯が工場地帯でそれに附属する寮、社宅が多い。東芝の足立工場の労働組合ではこの地区に保育所をつくって主婦達の生活を軽くすると同時に労働組合と、市民の提携を計ろうと理旅その他地域の五つの労働組合に呼びかけその具体化に努力している。これの進展の方向は北区の労働者クラブ保育所の場合と同じである。

砂原保育園の場合にも母親達はその要求を母親だけの手で解決しようとして永い間種々の困難にぶつかり作ら熱意と努力を傾けて来たが最近前述のように地区内の労組の活動に結び付くことに依って新しい道が展けてきている。保育施設の今後の進展は労働組合、協同組合の自主性にまつところが大きい。

(4) 五反野保育園

永い間の母親たちの努力が報いられて公営となったこの保育園は建物の完成をまって九月二十一日開所式が行われた。けれど定員は四十名と一方的に区で定めたので今まで青空保育をうけていた百二十名の内三分の二は保育を打切られる状勢になった。今まで経営主体である「こひばり会」の母親達は区当局に対して折衝を続けている。もし全部入園させることが出来ない場合は「こひばり会」として再び野外保育を続けてゆく方針が立てられた。然し公営になって見ると今まで努力した母親たちの意見は全く取り上げられず区の方針のみで押えてしまうというこの非民主的な措置は、児童福祉法の趣旨から考えても種々の矛盾をもっている。既に同じ事情で問題になった「すみれ母の会」の横川橋保育園がある。保育施設の民主化は下からの力、働く者の協力の力ではかられなければならない。

(5) その他

代官山アパートの協同組合文化部では九月中旬から野外保育を始めている。

板橋東部生協　婦中「母と子の会」　板橋生活を守る会等、それぞれ保育施設をつくることに自主的な動きを見せている。

附記　これらの活動は日々に続けられ一〇月八日現在それぞれ大きな進展を見せているがこのことこそすべての地区で盛り上げられねばならない。

◎總会予告

一、日時　十月廿一日（日）午後一時—四時

一、会場　若林幼稚園（千代田区立若林小学校内）（省線秋葉原下車　五分／都電万世橋）

一、プログラム

1. 一般報告・会計報告
2. 支部活動・地方活動報告
3. 活動方針討議
4. 規約改正
5. 役員改選
6. メッセージ
7. 懇談

〝会員の皆様へ〟

創立の日を迎えて思いを新たにして居られることでしょう。総会当日は久々に一堂に会してなすべきことを心ゆくまで語り合いたいと存じます。万障お繰合せご出席下さい。尚活動方針、規約役員につき予め御意見お送り頂ければ幸です。どうしても御出席になれない方はどうぞお手紙でご様子をお知らせ下さい。

保育講座ごあんない

一、日時　十月廿日（土）午後一時—四時
　　　　　十月廿一日（日）午前九・三〇—一二時

一、会場　若林幼稚園

一、内容　第一日「新しい保育の方向」

▽子供の見方考へ方　法政大学教授　乾　孝氏

▽母親と心理学　波多野いそ子氏

▽文化と保育　羽仁説子氏

〔第二日〕「幼児文化と絵本に就て」

法政大学教授　松葉重庸氏

日本童画会　初山　滋氏

三人の先生のお話を中心に討論を進めます（藤郷交渉中）どなたでもお誘い合わせて御参加下さい。

記録　保育施設を作る協議会

一、日時　九月十六日（木）午後一時—四時

一、所　都庁講堂

一、参加者　九団体　15名　東京民生局児童課長　黒川氏

(1) 各団体の報告

砂漠保育園、五反野保育園、代々木山幼稚園、足立新田地区自由保育園、北区労働者クラブ保育所、婦人御婦母と子を守る会等から報告があった。

(2) 左の報告を通して出された質問に付て黒川課長より得た回答は次のようである。

(イ) 東京都児童福祉委員会の構成と運営に付て

二つの福祉委員は関係西局に於て選考され官吏としては副知事一名　民生、衛生、教育局長の四名が加っている。この委員会は未だ具体的な事項についての審議を行っていない。

(ロ) 施設拡充に付ての都の方針

具体的な措置としては建物のある地区、集団住宅地区工場　建築資材の得られやすい労働組合などに重点をおいて施設を増して行きたい　今年度の新設個所は七ヶ所で設置場所を決定するには都会の民生委員会の権限が大きい。尚十月一日より保育施設は区当局から都当局に移り運営上の調整をはかることになった。

(ハ) 私経営が公営に移った場合の矛盾に付て

横川橋保育園、五反野保育園などのように母親たちの労苦が効を奏して公営として新発足する様になった場合法規にしばられて今迄の収容人員を半減したり母親たちの経営に対する意見を無視したりする官僚的な経営方針がとられている。これに付ては特に法規（児童福祉法その施行規則など）の適用に巾をもたせ充分民主的な意思をとり入れる様にする尚黒川課長の民主的な団体による経営はなるべく持続して公営に移すことは避けた方がよいのではないかとの意見に対しては各団体からそのために経営に対する補助の保障が必要であるとの強い要望があった。

(ニ) ララ物資の配分に付て

例えば施設備付の衣類などはその使用に付てはっきりした意嚮が示されず「飾り物」になってしまう傾向があることなどの意見がありその配分計画がもっと実際的に行われるよう要望があり考慮が約された。

(3) 種々な語り合の中に真に民主的な保育施設を作るためには単なる一つの母の会　一つの労組だけの動きでは足りず広く地域全体の輿論喚起と民主団体の協力が必要である事が明らかとなり今後の「保育施設をつくる協議会」の動きはこの方向に添って進めるように確認された。

保姆になりたい方
保育の勉強をしたい方
母と子の会、こども会を開きたい場合！
母の会で講演会、講習会を催したい場合
保育所を作りたい場合
その外保育に関することは何でも民主保育連盟え御相談下さい。

東京支部結成準備会

一、日時　九月二十八日　午後二時－四時

一、所　東京自由病院会議室

一、出席者　七名

一、協議のことがら

(1) 支部の単位　行政区によらず保育活動のある地区に会員を中心として支部をつくる

(2) 規約　本部規約に準ずるが左の事項を含ませること。

(イ) 組織対象を更に広く考え、両親、働く婦人保育関係者などとする。

(ロ) 支部役員の中若干名を本部役員に選任する

(ハ) 会費は半額を本部会費とすること

(3) 結成まで　(イ)会員が中心となり労組婦人部生協、保育施設母親等広く地域の関係者に呼びかけて趣旨を徹底させ準備会をもつ　(ロ)結成の集りを開き規約、役員、活動計画などを決める　(ハ)本部幹事会の承認を得る。

尚現在左の地区で支部結成の準備を進めている

東京自由保育園・和敬会を中心とする北部地区

◇みゆき保育所を中心とする川崎地区、

◇太田区婦人協議会を中心とする南部地区

各地区でどしどし支部結成の活動を始めよう！

社会施設費増額期成会の動き

その後の期成会の活動も与って力あり、最初の五千万円に公共事業費の四千万円が追加された。厚生次官、赤松常子氏の発表によればその内容は左の通りである。

二十三年度児童局予算決定額

A、五千万円　児童局予算決定額

B、四千万円　追加予算決定額

A五千万円の内容

二千万円　保護課 ｝保育所八五ヶ所
三千万円　保育課 ｝

B四千万円の内容

二千三百万円　企画課（児童相談所）

一千七百万円　保育課（母子寮二一ヶ所）

期成会では更にこの外予備金一億円の内から四千万円を社会施設費としてまわされるよう交渉中である。

尚各団体代表は九月二十一日厚生省児童局長と会見し、予備金四千万円の確約、又来年度予算編成について聞いたが、確答は得られなかった。

社会事業共同募金はじまる

昨年度はいろいろ問題になった社会事業共同募金が今年も十月一日より一ヶ月間行われる。今年度は民主保育連盟もこれに参加し、その募集及配分に付て公正が期せられるよう協力することになった。

事務所移転

永い間事務所をお借りしていた新世界社が移転致する事になったので連盟も取敢ず左記に移転致しました。常任として塩谷、清水、高瀬の三人が毎日出ています。お近くの節はお寄り下さい。

澁谷区上通三ノ七澁谷駅前元三菱銀行三階です

第二回全日本民主々義文化会議

一、日時　十月廿一日(木)廿二日(金)廿三日(土)　午前十時－午後四時

一、会場　日赤本社講堂（都電御成門、省線新橋浜松町下車）

一、プログラム

第一日　一般報告　労働組合の文化活動報告　質問及討論

第二日、地方文化活動、サークル活動、農村文化活動　市民の文化活動、婦人の文化活動に関する報告、質問及討論

第三日　青年の文化問題　少年文化の問題に関する報告、質問及討論、結語（議長団）

以上

中心議題

一、文化反動の実情とその対策に付て

二、生活権擁護、反ファシズムの為めの文化活動

三、新しい文化の建設

四、婦人及青少年に対する文化の問題

五、文化戦線の統一を如何に強化するか

六、平和と独立を守るための文化活動の任務

一、主催団体

日本民主々義文化連盟　産別会ギ、総同盟、その他文化、市民、労組、四〇団体

◇どなたでも自由に御参加下さい。□

民保参加団体の活動

日本民主々義文化連盟（文連）

七月二六、二七両日文連協議員会が開かれ、規約の一部改正　協ギ員改選が行われた。民保からは引続き羽仁説子、塩谷アイ協ギ員と

して選出され、常任委員は各アイに決定した。各加盟団体は今後益々連絡、協力して民主的な文化戦線を強め文化友動と戦う決意が示されている。

両文連は目下「日本文化年鑑」を編集中であり、別項の如く「全日本民主々義文化会ぎ」を開催すべくその中心となって準備を進めている。

「生活文化委員会」は今まであまり強力な活動が行われなかったが文化会議を期して新しい歩み出しをしようとしている。

教育復興会議

六月中旬結成後直ちに教育委員会対策、教科書対策、教育資材対策、労働者教育対策等に着手し又埼玉教組問題、北陸震災地の教育施設復興等具体的な問題につき活発な動きを示している。両副会長は婦人団体から出すことになっていたが、民婦協すいせんの小松愛子氏に決定した。

十月五日の教育委員選挙に対しては特に対策委員会をもち民主的な選挙の行われるよう努力している。

日本民主婦人協議会

八月十五日に平和確立婦人大会をもち、平和は生活権の確立からとの態度を明かにした。

その後千葉県の石井敷装の女子従業員の争議応援、品川区その他各地区で起った米よこせ運動の実状調査、教育委員選挙対策　文化会議参加等に付て活動を続けている。尚家庭婦人の大きな関心事である内職（授産）の問題を採り上げ、家庭、職場両面から民主的な解決を与えようとしている。

「保母の輿論」

全日保育大会でこの調査で感じたことは、公私を問わず経営が困難になって来ている事である。それは経営の改善を希望する者が全体の八五％あり、その改善策の大部分経済的な面から国庫負担を希っている。

経営難から施設の不備なことと数の少ないことが強くいわれる一方、保母の生活難がこれにつながって問題になって来ている。保母たちが日々の保育に当って今の保育所の在り方に満足していないことは折角「最低基準」が定められ、保育指導要領」が示されて内容の充実を計ろうとしても之が実際の保育から見て机上論であるといっている事からもはっきり出て来ている。

保母はみんな同じような矛盾を感じ乍らこれを打開するために、（共通な問題として）考え合う機会をもった事が今迄にあっただろうか。

約千六百人の保育者を集めた全国保育大会でさえもこの輿の解決は結果としてぼやかされている。保育の仕事をあらゆる意味で重要なこととして益々その発展を考えるならば直接にこの問題に当っている保母達が集って自分のこと、として解決を計らなければならないと思う。そこで働く保母達の与論を反映出来る「組合」が必要となってくる。この調査を見ても八〇％は組合の必要を認め幼児教育者の団結を叫びたいといっている。

今保育施設に対する一般の強い要望に比して如何にその政治的、社会的方策が貧困であるかを毎日の保育を通じて痛感している保母同志が強く結ばれる以外には世論を高め、解決の道を開く方法はないと思う。（高瀬　履子）

（附記）七月中旬奈良で開かれた「全国保育大会」で五〇〇枚の保母の与論調査票を配布したが僅か二五枚を得たに過ぎなかった。回答下さった方々にお礼申上げると共に調査方法その他の不備もあったとは云え真実の声の反映がどんなにむずかしいものかを改めて痛感している。

秋です。よい書に親しみませう

「児童心理学入門」　波多野完治著　国土書院刊　¥125

「子供の見方考へ方」　孝著　社会教育連合会編　¥20

「人形劇入門」（附脚本）　松葉重庸著　社会書房刊　¥70

日刊「教育生活」　新世界社発行　¥35

週間「婦人民主新聞」　婦人民主クラブ発行　一部四・五〇　一ヶ月二〇・〇〇

週刊　文連中央機関紙「文化タイムズ」　文化タイムズ社発行　一部三・五〇　三ヶ月五〇・〇〇

こどもたちの為めに。

旬刊「こどもの声」　週間教育新聞社発行　一部三・〇〇　半年三六・〇〇

月刊絵雑誌「こどものはな」　新世界社発行　¥30

「日本のこども」　国民図書刊行会発行　¥30

連盟日誌

（六・一九～九・三〇）

六月一九日　平和確立婦人大会準備会
二二　牛乳対策委員会
二四　新しい保育研究会
二五　横須賀生協こども会
三〇　平和確立婦人大会準備会
七月一　新しい保育研究会
二、　横須賀生協こども会
八、　長野県民保健懇談会（塩谷）
九、　教育復興会議
一〇　平井村根村保育所見学及び
一一、　婦人会と懇談会
一二、　平和確立婦人大会準備会
一四、　横須賀生協こども会
一五、　ソ聯引揚者出迎え（有志）
一七　新しい保育研究会
一八　東芝町立工場保育所設置の打合会
一九、　板橋生活をまもる会保育所
文連組織部会
五反野保育所「母の会」連絡
二〇　横須賀「母と子の会」
二一、　文連　生活文化委員会
川崎地区懇談会
文連東地協常任委員会
文連協議員会
二七・二八　全国保育大会（塩谷・西也）
二七・三一　七月二十七日より文連少年組織指導者講習会
八月一日
三、　横須賀生協こども会
四、　文連東地協常任委員会
五、　新しい保育研究会
八、　板橋生活を守る会　保育所
九、　機関誌割当こんだん会、教復会議
一〇、　民婦協平和確立婦人大会準備会
一四、　横川橋こども会
一五、　平和確立婦人大会
一七、　用紙割当委員会
一八、　文連東地協　大田区婦人協ギ会結成大会
一九、　新しい保育研究会
二一、　東武杉戸労組婦人協議会
二二・二三　板橋生協（東部）　夏季学校
二四、　用紙割当
二六、　新しい保育研究会
二七、　民婦クラブ田無支部こども会
二八　文連東地協文化活動家こんだん会
三一、　教育復興会ギ教育委員選挙対策
九月一　用紙割当
事務所移転、北区労仂者クラブと連絡
二、　文連東地協常任委員会
三、　共同募金委員会　新しい保育研究会
四、　民婦協民主婦人友の会、教復教育委員
六、　児童組織の会
一〇、　文連常任、用紙割当
一二、　幹事会
一三、　昭和婦　母親とのこんだん会
一五、　社会施設賛助団成会
文連東地協常任委員会
北区労仂者クラブ事業部会
一六、　保育施設を作る協議会
二一、　文連常任委員会
二二、　民婦協
二三　北区労仂者クラブ事業部会
二四、　文化会議農村分科会
二五、　神奈川県生活協同組合協議会
二六　東地協委員会
二八　東京支部結成準備会
二九　労仂者クラブ事業部会
三〇　新しい保育研究会

（会計報告）

	前月繰越高	収入	支出	月末現在高
6月	611.20	2.837.00	3.349.90	8.30
7″	8.30	3.904.20	3.490.40	422.10
8″	422.10	3.190.00	3.213.00	399.10
9″	962.80	8.910.80	8.827.00	83.80

（会員報告）

イ、会員数

	東京	地方	計
普通	102	29	131
維持	53	21	74
団体	8	5	13
計	163	55	218

ロ、会員種別

保母保健婦	83	婦人運動家	17
保育関係者	15	学生	3
保育研究家	17	一般	4
有識婦人	32	団体	13
家庭婦人	34	計	218

—6—

あとがき

秋ばれのさわやかなこの頃、毎月の生活の一そう苦しくなったこの頃、町で、村で幼いこどもたちに取まかれてお互ひに「思いしげき」です

ニュースや総会のお知せがおくれて御心配かけたことをお詫び致します。その分元気のよい二週年号になりました。では総会の日までおめにかゝれるのを楽しみに。

民主保育 

（東京都澁谷区上通り三ノ七）
1948・11・15 No.10 民主保育連盟

第三回總合報告

第三年度の活動に備えよう

（日曜）十月三十一日（日）前日の雨雲を追いやった風が初冬の晴れた空に吹き流れている。会場を賑やかに飾ろうと心こめてもたらされた花の鉢が中心の卓におかれて円形に集った会員の数は四十余名。生活の窮迫から一堂に会することの機会さえ心ならずも見送らねばならなかった多くの会員の方々、そしてその周囲にその背後につながるより多くの母と子の要求を思えば少いとは云え此の総会をおろそかにはできない。真剣な心を傾け合って総会は次のように進められた。

一、議長選出、阿部和子さんが推薦された。

一、報告　1.一般報告、2.活動概況－東京、塩谷（高瀬）神奈川（山田）愛知（梅光）長野、石川（塩谷）3.会計　会員　報告　清水

一、議事　1.活動方針、組織方針（福明）塩谷　2.規約改正（高瀬）3.役員改選　4.財政確立

一、メッセージ、文連（新島繁子氏）文連東地協（小林氏）婦人民主クラブ（小岡ち丞子氏）医療民主化全国会議（佐々木三郎氏）

一、こんだん　河仁統子氏を中心に

夕べの寒さのため途中で応接間にうつり温かい茶菓をいただきながら討議を続け午後八時すぎ名残り惜しい席を立った。お互ひの責務の大きいこと、重いことをはっきりと胸に刻みながら　明日からの活動に思いをはせるのであった。

（討論とその決定は別項の通り）

△働く家庭の主婦、労働婦人、母の家庭の労働と社会的活動をたすけ、生活に余裕と文化を与えるために。

△荒廃した社会、生活の窮迫にゆがむ家庭と、貧しい文化の中で育つこどもたちに明るい、健康な成長をもたらすために。

△働く人々が、次の世代の働き手をどのように、教育しなければならないかを最もよく知っている。幼いこどもたちの新しい人間像をうちたてるために。

△幼いこどもたちの保育のもんだいは、恩恵的、慈善的な形で扱われるのでなく、働く人々の当然もつべき権利として　國の政策にとり入れるために。

×　×　×　×

このように民主保育連盟の活動は各面から待望されている。

資料　△全國保育施設現況

	施設数	受託乳幼児数	
保育所	1.787	158904	（厚生省児童局23.2調）
幼稚園	1.419	192,241	（文部省調査局22.12調）
合計	3.206	350,145	

全國乳幼児總数（満6才以下）12.768.580（22.10推計）

保育施設利用者の割合　2.73％

△東京都内保育施設現況（附三多摩）

	施設数	受託乳幼児数	
保育所	88	8.969	（東京都民生局23.6調）
幼稚園	132	13.421	（22年度推計）
合計	220	22,390	

東京都乳幼児總数　604420人（22.4推計）

保育施設利用者の割合　3.70％

▽　昭和23年度の公営保育所設置計画は全國に85ケ所（東京都99ケ所）である。

活動方針

1. 働くもの、保育施設をつくりひろめる。この活動の主体となるものは労働組合、生活協同組合、婦人団体であるが、特に地域的な連繋による協力体勢をとることが必要である。
2. 保育もんだいに関する宣伝、啓蒙の活動。
3. 働くもの、文化としての保育内容の研究、充実、民主化。
4. 保育にあたる者の指導養成
5. 保育政策の確立とその実現えの努力

組織方針

1. 働くもの、民主的な組織
労働組合、生活協同組合、婦人会、文化団体に呼びかけ、保育もんだいえの関心を高め、その対策部を確立させこれを民保に団体加盟させる
2. 集団住宅地区に保育活動を促進し、保育施設をつくる活動を通じて、母親中心の組織「こどもをまもる会」「母の会」「母と子の会」などをつくり これを民保に団体加盟させる。
3. これらの活動の中心指導力となる個人（母親、働く婦人、保母、研究家など）を専門家として民保に個人加盟させる
4. 以上、個々のきりはなされた団体の動きを連合し地域的な共同活動を推進する
5. 地域的な活動のもり上りを結集し民保の支部として組織する。

第三年度委員名簿

（アイウエオ順）
（○印は常任委員）

委員長 羽仁説子

委員 ○阿部和子 浦辺史 大矢恒子 河崎なつ ○塩谷アイ ○清水岩子 清水喜代 ○庄司とよ子 世良正利 谷川正太郎 帯刀貞代 戸沢きし子 根岸遜子 ○畑谷光代 ○波多野久野 松葉重庸 宮下俊彦 ○山田久江 ○吉崎耕一

支部結成の動き

新しい組織方針及支部規定によって連盟の組織の拡大がはかられ左の三地方に支部結成の準備活動が進められている。

◇東京支部準備会
（連絡先） 板橋区清水町九八
東京自由保育園内

◇神奈川支部準備会
（連絡先）、川崎市古市場二一三八
みゆき保育所内

◇石川支部準備会
（連絡先） 金沢市広坂通り勤労署階上
婦人民主クラブ石川支部内

会員三名以上ひらける地方地区では、準備会をつくって活動をすゝめて下さい。くわしい御相談は本部事務局まで

民主保育連盟規約

（一九四八・一〇・三一改正）

1. この連盟は民主保育連盟といい、本部を東京都におく。
2. この連盟は乳幼児をまもり正しく教育するに必要な保育施設をつくり、ひろめ保育にあたるもの、社会的地位をたかめることを目的とする。
3. この連盟はその目的をはたすために次の活動をする。
イ、働く人々のための保育施設をつくりひろめる。
ロ、両親・保母その他保育にあたるもののために研究会、講座、講演会などをひらく。
ハ、乳幼児の保育政策を研究し、その実現のために努力する。
ニ、出版物を発行する。
ホ、その他必要な活動。
4. この連盟はその趣旨に賛成する団体及び両親、働く婦人、保母、研究家などこの仕事に関係ある個人で構成する。
5. 連盟は毎年一回定期総会をひらく。又必要に応じて臨時総会をひらく。総会は活動方針、財政、役員などを決める。
6. 連盟に次の役員をおく。委員長、委員、常任委員。
7. 委員は総会でえらばれ、委員会をつくって総会で決められたことを行う。委員長、常任委員は委員会でえらばれる。
8. 委員長は連盟を代表し、総会、委員会、常任委員会を招集する。
9. 常任委員会は事務局をおいて連盟の日常業務を行う。事務局の規定は別に定める。

10 委員会の下に専門部、専門委員会をおくことができる。その規定は別に定める

11、役員の任期は一年とし、重任することができる。

12、連盟の財政は会費、事業収入、寄附金などによる。会費は別に定める。

13、連盟は必要に応じて支部を設ける。支部の規定は別に定める。

14、この規約を改めるには総会の承認を必要とする。

支部規定

1、会員が一〇名以上いる処では支部をつくることができる。

2、支部をつくろうとする時は支部規約、支部会員名簿及役員名簿を中央委員会に提出しその承認を受ける。

3、支部は役員中より中央委員若干名を推薦する

4、支部は会費の三〇％を本部に納める。

5、会員が三名以上いるところでは支部準備会をつくることができる。

会費規定

会費は個人会費と団体会費とに分ける。

イ、個人会費　月額　二〇円

ロ、団体会費　月額

団体員	
五〇人まで	一〇〇円
五一人～一〇〇人	二〇〇円
一〇〇人以上	三〇〇円

会員報告

（11.10現在）

(イ) 会員数

	東京	地方	計
個人	160	51	211
団体	11	7	18

(ロ) 会員種別

（個人）------211名		（団体）------18団体	
保母、保健婦	86	保育団体	12
有職婦人	34	婦人団体	3
家庭婦人	34	文化団体	1
保育研究家	38	生活協同組合	1
保育関係者	15	その他	1
その他	4		

予算案

経常費月額　10.000円

（収入）		（支出）	
会費	4.000円	人件費	5.000円
維持会費	2.000円	ニュース代	1.500円
事業収入	4.000円	活動費	3.000円
合計	10.000円	雑費	500円
		合計	10.000円

第二年度　会計報告

（1947.10～1948.9）

収入之部

	総額	一ケ月平均額
会費	25.450.00	2.120.83
事業収入	25.883.00	2.156.91
寄附金	4.404.20	367.02
前期繰越	862.60	71.88
合計	56.599.80	4.716.64

支出之部

	総額	一ケ月平均額
人件費	19.100.00	1.591.66
交通費	7.674.10	639.53
通信費	6.044.10	503.66
ニュース代	7.494.00	624.50
出張費	4.130.00	344.15
団体加盟費	3.085.00	257.08
会合費	2.251.00	187.57
研究会費	1.925.00	160.41
事務用費	1.725.40	143.77
文化費	839.50	69.94
資料費	760.50	63.36
雑費	1.400.40	116.73
合計	56.429.00	4.702.44

差引（次期繰越金）170円80

会費を完納しよう!!

――会費滞納状況――

◇ 会員数　138名（普通55人・維持83人）

◇ 滞納額　25.750円

◇ 滞納率　金額について50％強・会員数について61％強

記録

新しい保育者のための講習会

総会に先立って十月廿日（土）午後、廿一日（日）午前にわたり講習会が開かれた。参加者約五〇名と少数であったが真剣な求める心に、講師の方々の懇切な指導が与えられ有意義であった。

。「こどもの見方、考え方」法大教授　乾　孝氏

幼児に対する自由主義的、こども中心主義的な考え方、扱い方を排して社会的な存在としての幼児をどう把握するか　又どのような新しい人間像え発展させてゆくかという問題が私達の前に提出された。このきびしい課題を困難な条件の下でお互いの研究と実践に依って解決しなければならないとの思いを深くした。

。「ソヴエトの幼児教育」　ソ研　福井研介氏

具体的な一日の保育状況の紹介と幼児教育の法的な規定が話され、社会主義体制の中で幼児教育がどの様に行われているかの一班を知ることができた。貧しい物的条件の下で身を粉にする思いで働いている私たちに新しい希望を与えられると共に現在の政治の貧困が改めて痛感されるのであった。

。「幼児文化と絵本のもんだい」　この方面に経験の深い松葉重庸氏　日本童画会の中尾新氏　絵本編集者二三人を中心にこんだんが進められた。絵について、文章について、与え方について、編集上の苦心について　販売組織について、文化財としての絵本のもつ性格についてなど、いろいろな面から話がはずんだ。

★ニュース　働くもののこどもは働くものの手で！

△労働者クラブ保育園はじまる。働く人々の大きな期待の中で準備中であつ）ガク保育園は十一月十二日開園の祭りを行った。各方面から多数の来席あり賑やかなプログラムを通じて母と子の顔々が明るく輝いていた。満一才から学令までの乳幼児一二〇名を真に働くもののこどもとして保護教育しその母親たちに文化的な生活をきづき社会的な活動を促すこの施設の任務は大きい保母七名はこの新しい発足に張り切っている。

（東京都北区豊島町三ノ二　主任保母　畑谷光代さん）

△砂原保育園の建設近し、もり上る心を一つにして「砂原母の会」を結成した母親たちは迫る冬を迎えて保育園の建設に奔走している。日立亀有旭硝材西経営の労組及び経営者の力強い支持を得て土地、資材、労力すべてが確約されることになった。母親たちはこの施設が母親とこどもたちを守るあらゆる活動の中心となるように大きな抱負をもちながら倦まず準備を進めている。この母親たちの創意、熱望から生れるこの施設に関係者は深い関心を向けなければならないだろう。」

（東京都葛飾区亀有町五ノ二三五（代表者）柄沢きく恵さん）

△東京自由保育園の新しい発展

第二組合の手に依る託児所の設置に依って母親とこどもたちの分裂をもたらした東京自由保育園ではあくまで労働者のこどもたちの十分な保ごと教育を掲げて組合員に働きかける一方組合単独で保育園の経営を行ってきたことの欠陥を自己批判し広く板橋地区の労組、市民団体に呼びかけて共同の力でこれを発展させる方針を立て活動を進めている。（東京都板橋区清水町九八番地

主任保母　左司とよ子さん）

励ましの便り、情況交換のニュースなどみなさんからどしどし送ってあげて下さい。

連盟日誌（10.1〜11.13）

十月
二、授産所ものがたりこんだん会
四、市民文化活動分科会、五、文連常任委員会
六、民婦協委員会、文連東京地方協議会
六〜七、社会事業共同募金に参加
七、生活文化委員会、保育研究部会
八、日立亀有母の会結成会・九、大森婦人こんわ会
「野外保育」、労ク保育園打合会
一〇、すみだ母の会「こども会」一一、少年文化の分科会
東京足立地区こども会　一一〜一三全国社会事業大会
一四、農村文化分科会、保育研究部会
一五、労ク保育園打合会　一八、民婦協委員会
一九、幹事会、文連常任委員会　二〇、文連東地協常任委員会
二一〜二三、全日本民主々義文化会議　医療民主化全国会議
二五、労ク保育園打合会　二八、保育研究部会
三〇、新保育者のための講座（午後）三一、全上（午前）
第三回総会（午後）

十一月
一、東京足立地区こども会　文連生活文化委員会
二、文連常任委員会　民婦協委員会
四、労ク保育園打合会　保育研究部会
五、民婦協物価対策抗議　七、下丸子「母とこどもの会」
八、東京足立地区こども会　九、民保新委員会
一〇、社会施設貸増額期成会
一二、保育研究部会　一三、労ク保育園開園式
文連生活文化委員会

あとがき

総会報告號をお届けいたします。

それぞれの地域でより活動がもり上るようにその具体的な活動で次号のニュースが埋められるように期待しております。

民主保育ニュース

1949.5.14 No.11

発行所 民主保育連盟
港区新橋七ノ十二
文工会館内

巻頭言

羽仁説子

最近、発表された青少年の犯罪の増加りつをみると、おそろしいほどである。戦前の一倍半(二十二年度)、二十三年度には二倍半となっている様である。しかもそれは、七才から二十才までのものと説明されているのである。七才の子供の犯罪というようなことを私たちは平気で考えることができるのだらうか。従来の不良少年に対する、考え方は遺伝とか特殊な環境とかいう、限られた問題であったが、現在では多数の子供の問題として考え直されねばならなくなっているのである。この憂うべき事実に対して、子供を愛するものは団結して力を出さねばならないときである。今にして対策がとられないならば、将来日本国民の素質の低下というかなしい結果がもたらされることは必然である。心配だ困ったというひとは多いけれど、進んで自分がそのために苦労しようというひとの少い世の中である。殊に政府が子供たちの問題に冷淡な日和見的な態度をとっているということは、近代国家としての威正を疑はせるようなみにくい問題である。

それにも拘らず、私たちの周囲には母親たちの切なる教育えのねがいをひとつにして何の経済的用意もたよりもないながら立ちあがって、ぞく〱と保育所がつくられているのである。保育所をつくるために勇敢に、青空保育をはじめているグループがいくつあるかしれない。そこに集る母親たちの忙しい苦しい生活のなかから、なんとか、子供を愛し抜いてゆかうとする純情の目にぶつかるときに私は、日本の将来をたかく評價せずにはいられない。彼女らの心のうちに芽生えている社会的な意識の明さを私はしみじみ感じさせられる。今までの幼稚園の空気とは全くちがった率直な、あたゝかい雰囲気である。保育所で教育できるのは百五十とか二百とかいう子供の数であるにもかゝわらず、この子供たちのかえってゆく家のまわりには多数の子供たちがむれていて、この子供たちがおぼえてくる歌でも、もの考え方を学ぶのである。その意味でもこうした積極的な母親の協力で出来た、街の保育所の使命を痛感せずにはいられない。

志のある保母さんたちが、こういう新しい動きに注目して下さることを希望してやまない。保母さん方だけでなく、凡そ子供たちの問題を心にかけておられる全女性の方々に訴えて芽生えつゝある新しい保育所の誕生をたすけていただきたいと思う。私は子供がないからとか、もう大きくなってしまったからとか、他にもしたいことがあるからなどというのではなく子供の問題は、私たち女性の他に誰が親身になって守ってくれるひとがあるだろうか。積極的に、こうした仕事に支持をあたえて下さるようにと希望したい。保育所をつくりたい、保育所の新しい教育的内容について懇談したい、理解ある保母さんをほしいと、保育連盟に持込まれる、本当に限りない問題の山のなかで、子供を愛するものの美しい団結が一歩々々築かれてゆくことを感謝している。

研究部会抄録

出席者

羽仁説子、図師嘉彦（建築家集団）

相場均（児童研究所）渋谷修（新音樂家協会）乾孝（法大心理学教授）本間清子（民栄）稲庭桂子（民主紙芝居）関英雄（児童文学）奈良正利、谷川正太郎、宮下俊彦、矢野三枝子、阿部和子、杉本絵三子、佐藤道子、鈴木みや、畑谷光代、岩本愛子、福知とし、高瀬慶子、清水岩子、庄司豊子、伊藤佳津子、大村富士子、宮下久代

羽仁説子氏司会のもとに開会

図師氏を中心に「建築物と幼児」の問題につき室の組合せや廊下が子供に及ぼす影響、窓の高さ、椅子机の適當性等について討論、室内反響、音響効果の問題から話題は音樂方面に移り渋谷氏を中心とした、音感と色感、視覚聴覚の連関訓練、動作をともなったり、リズム訓練の話、スタオリー・プレーについての考察が相場氏から提出され、次いで稲庭、関氏から、紙芝居や、おはなしについての説明があり、保母側から、実際誘導の場合の種々な状況が語られた。民主栄養協会本间氏から、給食に関する質問があり、自由保育園から、ララ物資に関する報告があったが、資材の入手難がなげかれた。勿論資材の入手難は給食問題ばかりでなく、玩具遊具から保育教材面にいたる迄での論議が交された。実際保育者と専門家とのつながりが今までなかったのをお互にこれから学びあってゆかうと強い意見の一致があった。専門家と実際家の間の需給のつながりがなくばらばらで喰ちがって居る現状を双方からの努力で打破し専門家も実際家も夫々位置を交換して研究しあうことを約した。専門家側から実際に関する資料の提出が要求されその整理、検討から新しくより高度の民主保育を生み出すことからはじめ様と、力強い拍手を以て閉会。（高橋 記）

研究部よりのお知らせ

1 農村保育所のためのテキスト、幼児にきかせる話 の編集進行中

2 夏季講習会の準備進行中

羽仁説子を中心として種々と話がすゝんでいるが、三日間位とし、衞生、心理、音樂、美術などを保育の実際にいかに取入れるべきかを研究する予定、講師には一流の諸氏を交渉する予定である。

事務所移転通知。

この度左記に移転いたしましたから御了承下さい。

港区芝新橋七ノ十二文工会館内

都電オナリモン下車、（産別会館隣）

この度私ども事ム局常任として仕事をさせていただくことになりました。何卒よろしくお願申上げます。

高橋 さやか
杉本 絵三子
千葉 ゆり

志賀好子

アンケート

左について意見を伺いたく存じます。

一、一九四九年の乳幼児の問題はどういふ特徴を持つとお考えですか

二、民主保育連盟はどの様な活動に重点をおくべきでせうか。

杉並区東田町 勝目テル

一、杉並では昨年の秋ごろから人口の増加に比して、出産りつがぐっと下向線をたどっている。それは生れた子供も育てがたいという生活のきうはくを意味しています。この傾向は全国的にもっとひどくなるでせう。ここに今年の課題があると思います。

二、折角生れた子供をたくましく正しく育てていく諸條件を獲得のことが大事だと思ふ。それにはがっちりした組織と、固く携揚すること、あらゆる民主的な団体に協力させること、又未組織の保育所に筋金を入れることなど。

文部省 山室民子

一、人心も社会も戦争の傷手から追々恢復しつゝあります。本年あたりから乳幼児の問題も一層内容的なものに向ふのではないでせうか。

二、教育的な或ひは文化的な活動に重点をおいて進まれたいと考えております。

山梨県教育利用農業協同組合

—２—

ニュース

❀保育施設を作る協議会は三月二十九日参議院に於て会合をひらき、議員(厚生委員)諸氏の意見をきゝ、お母さん方も種々と実情を述べたが、政府として保育問題に非常に無関心であることがはっきりとわかったので、国会に請願書を出すことに決議した。

❀保育所をつくる協議会の会合で決定した請願書は、署名を多く附した方が効果的であるとの河崎なつ氏の意見をいれて、各保育園の協力のもとに署名運動を展開し児童福祉週間を特に狙って行った。五月七日請願書提出、署名は追加を実行中。

❀長い間の苦心と努力がむくいられた砂原母の会の保育所は四月十八日に落成式を挙行、二十日には入園式を行ひ、その後毎日保育して居る。

❀保育所増設の芽は各地に伸びつゝあり地域連盟でタッチして居る所だけでも左の通り。
本木幼児グループ…週二回実施、代官山…毎日、東芝足立…週二回。この他川口市民生産業アパート、大森日本教具附近、幡ヶ谷居住 etc

❀新教育紙芝居研究会(連盟内)では会員募集中だったが五月十七、八日と土曜講習会を開く予定

❀板橋自由保育園は建物、庭など進駐軍の接収地域内にあったため今まで色々問題がおこりがちだったがついに移転の止むなきにいたり、旧の場所から一丁程はなれた所に仮の園舎をみつけて保育して居る。新築のために保母さん、お母さん達の涙ぐましい努力がつゞけられているが、会員諸氏の御協力を願う次第である。

会員報告

会員数	東京	地方	計
個人	162	55	217
団体	12	7	19
計	174	62	236

会計報告(財政部今後の対策)

収入　8,305 円
支出　7,501 円
残高　801 円　(三月総決算)

働く人々が非常に保育所を要求している今日民主保育連盟の一そうの活動を展開しなければならないが上記の様に財政面が非常に乏しいので、どうしても会員諸氏の会費完納を実行していたゞきたいと思う。今後の対策として、維持会員のきまりをもうけ維持会費をあつめる案が幹事会で決定した。現在までの維持会は大体　名である。1月100円となって居るが会員諸氏もこれに御協力、多数の維持会員を獲得せられんことを願う次第である。この他にも何か良い案があったらぜひ協力をお願したい。

一 文化課　越野　[illegible]江

向食の円滑配給による体力(栄養、健康その他をも含めた)増進

子供のサークルを自主的につくる援助

二 農村都会を問はず働く者たちの保育所設置にあらゆる角度から援助すること。

長野県南佐久郡　若月　次江

一 乳幼児の健康のため。
1 健康診断、診療のため保健婦さんの協力
2 乳幼児用食品の配給
3 衣料品の配給

二 各町村の婦人団体と連絡すること
生活困窮者未亡人母のない子供に重点をおいて保育所に入れる為、民生委員と密接な連絡をとること、保健婦さんも良い相談相手となって下さると思います。

一 人民生活をギセイにする経済再建の強化によって失業者が増大し生活難のため婦人が内職に従事せざるを得なくなり戦前の様な社会事業がにぎやかになるでせう。乳幼児保育問題を労働組合や農民組合で取上げる結果にもなりませう。婦人団体の間においても自ら取上げる様になるでせう。

(前略) いかなる条件の下に如何にして保育所をつくったら有効に労働者のための保育が約束されるか、実証的な研究が必要でせう。従来の研究の貧困さを省みたいとしていくべきです。

(後略)

日誌

二月

三日　常任幹事会

四日　労ク美術教育

五日　保育所をつくる協議会

七日　乳幼児食管法案について
　食生活協議会参加
　民婦協国際婦人デー準備会参加

八日　「子供会のやり方」(婦人民主クラブ)
　講習会参加
　労ク美術教育(以下毎火曜日)

十一日　東芝足立母の会

十二日　研究会「ソ連の母と子の生活をきく」

十七日　生活相談座談会
　常任幹事会

十八日　幹事会

十九日　労ク母の会結成式

廿日　代官山母の会

廿一日　食生活協議会国際婦人デー準備会

廿二日　民自党婦人部「社会施設予算懇談会」

廿四日　常任幹事会

廿六日　研究会　美術教育
　国際婦人デー準備会

三月

一日　研究会打合せ

五日　代官山幼稚園入園式
　婦人の日準備会(社会党)

六日　杉並婦協前夜祭(婦人デー)

七日　民自党社会施設費増額期成会

八日　国際婦人デー　臨時保育所
　常任幹事会

一〇日　財政部会

一四日　研究委員会各専門家を囲み

一五日　幹事会

一八日　社会党懇談会

一九日　財政部会

廿二日　常任幹事会、婦人団体協議会

廿三日　日協主婦の店対策協議会

廿四日　乳幼児食管法案懇談会
　文連財政会議

廿五日　「農村保育教室」編輯会議

廿六日　生活文化懇談会(産別主催)

廿八日　労農救援会懇談会
　文連文化活動懇談会

廿九日　保育所をつくる協議会、議員をかこみ参院控室にて

三十日　児童文化団体懇談会

お願い!!

◎会費未納の方は至急納入して下さい。

◎保育に関心のある方を会員に勧誘して下さい。

会員移動

黒沢きよ子　横浜市港北区

三浦かつみ、　新宿区

塩谷アイ　渋谷区

大夢高市　板橋区　(第一療養所内)

小片桂子　板橋区　社宅

石本佐知子　文京区

虎谷喜恵子　杉並区　寮内

内藤和子　渋谷区　メイジャーズ・ホーム方

名倉慶子　鎌倉市　寺島方

本間千鶴子　新潟市　寮内

お知らせ

五月中の集会

○二十一日(土)四時より職場の保母さんのための研究会、場所は産別会館　時間を守って下さい

○廿八日(土)一時より専門家を囲む研究会　場所は芝児童会館

皆様お忘れない様ふるって御出下さい。

○廿四日(火)幹事会文工会議室　幹事諸氏お忘れなく。

編集後記

会員の皆様ニュース一ヶ月な[illegible]ります。大変おそくなって申訳ありません。今後は月刊として良い物にしたいと早くお手許に差上げたいと[illegible]ります。働く者の子供の為になくてはならない保育所をつくれの声がたかくなって来ました此の頃、当連盟の仕事は益々重大になって参りました。今後とも皆様の御支援をお願いいたします。一言お詫び申上げますが皆様からいただいた原稿中都合で掲載出来ないぶんがありました。これは次号にのせることにし、これからもどしどし原稿をお送り下さい。

民主保育連盟ニュース No.12

発行所
民主保育連盟
芝新橋7の12 文工会館内
1949.8.5発行

民生保育

切実にもりあがる保育所を求める声！

社宅の共同井戸に集まったお母さんたちの中から、「私たちの生活はお父さんの給料ではとても立ってゆかない、たゞでも足りないのに分割払い、チ配がつゞき、私たちが何とか働かねばならない。（四つと二つの）この子たちがなかったら……」という声が出る。皆が合槌をうつ。「父のない家をどうして支えたらいゝのだろう。この子をあづかつてくれる人があったら。もつと割のいい仕事をしたい。このまゝでは母子が餓死してしまう」と云うお母さん。「子どもが出来たのでもう働けない。くらしをどうしよう」と心にない職場放棄にすべりおちて行く女工員

「保育所があったら。安心してあづけられる保育所があったら。安心して働きに出られる為に保育所があったら。」

今こそ生活の荒波の中に切実な保育所を求める声がもり上っている。

生活協同組合と労働組合 手を握り合って

保育所をつくろうという運動をはじめるとき、その力の一番もとになるのは勿論一番切実に保育所を求めるお母さんたち自身だけれども、強くもりあげて行くためには組織された力と結びあわなければならない。また、最近は、生活協同組合や労働組合からも、重大な問題として保育問題をとりあげてきたし、いくつかの組合はもう保育所建設に立ちあがっている。

このニュース二面の民保組織活動の中にそのうごきの実例がみていただけよう。

進めよう！ 民主保育の旗を！

子供の健やかな成長のために 私達の生活の合理化のために

私たち勤労大衆の生活をまもるために保育所はなくてはならないということはこのごろはっきりみとめられて来ている。家の内外のしごとに追われるお母さんは云うのだ。

「あら、洗濯のタライの水にトマトをつけていゝやね。まあいゝよ、いつだったか、ドブの水にポンセンベイをつけてたべたことがあったよ、あれよりやましだね」。こんな生活の中に子供をおいてはおけないし、この事実があまり気にならないような私たちの生活は何とかして早く合理化しなければならないのだ。保育所は私たちの生活の合理化の大きな一役を買う。

私たちの活動をもっと／＼活発にしよう。

組織活動

子供の家

大森日本教員立寮内の一室を昼間だけ開放してもらって、六月一日から始まった経営主体は婦人會（保育所設立のために生れた）、生活協同組合、日本教員労組。

三才以上百名近い子供達に三人の保母は、十畳位の部屋を交替に、炎天下の広場を使いながら困難と斗っている。

お母さん達は経営の問題で都に、区に折衝しているが、此所だけでは力も弱く、大田婦協に持ち込み、巾の廣い運動として展開されるよう要望する。

川口民生産業保育所

寮に住む六十五世帯のお母さん達を中心に風呂場の脱衣場を使って三十人の子供達の週一回の保育が始まった。

自動車の部品を作るこの会社は、給料は手配し人員整理の問題も近く出てくる由だが、今のところお母さんたちは余り問題にしていない。

保育所の問題も生活文化として真剣に考え取り上げられ、今は組合は余りタッチしていないが、当分寮のお母さん達が主体となり、漸次組合の問題として取上げ附近の農村にも働きかけるよう期待している。

足立幼児グループ

昨年六月からお宮を使ってやっている。四月から民保でタッチしてきたが、附近に大きな工場もなく、市民層にくいこんだ保育所としていろいろ困難な問題が横たわっている。

総会後、規約も出来、設立のための建設委員もあがり、民生委員を通じ、土地も獲得できる見透しも出来、お父さんお母さんたち自身でグループだよりを発行したり大いに張切っている。

清瀬村結核予防会研究所保育所

国際婦人デー前後祭に保育所を要求して生れた婦人会（病院住宅、附添い、病院勤務者、引揚寮、地元の一部の婦人など）が中心になっていろいろ運動してきたが、結研の更生施設の一つとして取り上げられ、森を切り開いて近く開園の運びとなった。

地元清瀬村の人口より多い病院村の保育所として、農村との結びつき、子供づれの見舞客の問題、附添いのお母さんの子供など当然昼夜保育

日誌

6月

1日 大森日本教員保育園入園式
　　神奈川生活協同組合保育所をつくる懇談会
4日 研究会 於児童会館
5日 初台工業試験所子供会
8日 千葉ゆり 山梨農繁期保育所へ出発
11日 婦人団体協議会
15日 京橋入舟町婦人会ー子供の問題座談会
20日 神奈川生活協同組合懇談会
23日 民教協主催・子供会指導者講習会開会
24日 婦人団体協議会
29日 民婦協委員会

7月

1日 千葉帰京
2日 民擁同結成大会
3日 本木幼児グループ父母の会
5日 清瀬療養所保育所建設打合せ会
7日 川口民生産業保育園入園式
11日 児童図書推せん組織に関する協議会
12日 アジア婦人会議に関する対策協議会
15日 農婦協打合せ会
18日 小石川共同印刷保育所に関する打合せ会

も考えられ、婦人会の人達も将来清瀬村児童の健康管理も解決したいと張切っている。

目下、結研婦人部が中心となり、設計、規約作成など開園準備をしている。

共同印刷保育所

企業体の中の一つの厚生施設として労組婦人部が要求し、厚生部に働きかけ会社に折衝中。妊娠中のも含めて二十人位の幼児が今いるが、取敢えず厚生部の二階を使い、近くの植物園を利用して開園したいといっている。

石神井吉祥院保育所

吉祥院を中心に保育所の問題が取り上げられ、生活協同組合やあけぼの会などと協力、インテリ層と半農村にまたがる地帯の保育所としていろいろな問題があり、発展のため民保は協力している。

千歳烏山生活協同組合

数回にわたって保育所設置準備懇談会をもち、場所、経ヒ、人手などについて、真剣に考えをすゝめている。

以下次号（杉）

研究活動

労ク保育園の木下繁氏を中心とする幼児の粘土工作の研究、籠孝氏を中心とする幼児心理の研究等をはじめ、連盟加盟の各施設でそれぞれ研究活動はいよいよ活発になってきています。又未経験のまま助手をして保育者になった人たちから生々しい保育のじっさい上の問題について解決を求める声があり、先輩たちが答えたり共に考えたりする会も度々もたれています。残念なことに今の状態ではどうすれば最も集り易く心ゆくまで問題を持ち出し合い語り合う時がもてるか、又そのためのよい場所が得られるかと云う点で困難を感じています。

六月四日には、第二回目の専門家をかこむ集りを児童会館で持ち、専門家たちから保育の実際上の問題をまとめてとりあげ易いように打ち出してほしいという希望がありました。図師氏からは建築に関して、渋谷氏からは音楽に関して、浦辺氏からは家庭生活と保育所生活の結びつきに関して。木下氏の幼児の美術教育が、情操一般から体育にまで影響するという話も興味深く聞かれました。

これらのうごきの他、そのまゝ使える幼児童話集をつくるため関英雄、菅忠道氏等の協力を得て努力がつゞけられています。（S）

21日　民保協拡大委員会
22日　〃
23日　「新建」児童研究会
　　於北区労仂者クラブ保育園
24日　清瀬村子供会
26日　幼児童話集編集会議
29日　文連評ギ員会

報告　山梨

甲府在住の民保会員武野さんの熱意によってこの六月、山梨県の農繁期保育所にタッチする機会を得ました。以下簡単ながらその時の報告です。

☆東山梨郡岡部村山崎

主体は村の婦人会。幼児三十名。期間六月十日より一ケ月間。そのうち最初の四日間民保として開所について具体的に手伝い実際保育にたづさわった。

村民は非常に関心をよせ、毎年春秋二回づつやりたいと云う。婦人会と女子青年と一しょになって幼児保育について懇談会を持つことが出来、常設にしたいというられしい声に大いにはげまされました。

☆中巨摩郡藤田村

地域活動ニュース

自由保育園を中心として板橋の保育会の動きは相当に活発となってきた。自由保育園は前に伝えたように園舎獲得の運動が発展し、母親の生活の問題をも含めて保育所区内十五ケ所増設のスローガンがかかげられた。これに対して同区の保育友の会では共に斗うことを表明し、夏期園外保育を協力して五ケ所にて実行することになった。これは後々保育所を作る素地となるであろうと期待される。又同会では園長、保母をすべて含めて保母資格認定講習と、八時間保育厳守の問題、夏季園外保育に対する補助金獲得、その他の要求をもって五日九時、民生局長と交渉することになっている。（ゆ）

北区

労働者クラブ保育園を中心に子供を守り生活を守る斗いはいよいよ力強さを加えてきた。東芝足立と日本油脂寄宿寮他三ケ所に緑陰子供会をひらくと共に、常設的保育所へ発展させようと熱心な努力がつづけられている。スポーツをさかんにするための施設等も結構かも知れないが、保育所の問題は他の生活の問題と結びついてより一そう切実である。北区にピンポン大会場が設置される動きがある由だが、もっともっと真剣な生活問題を抱いて働く婦人、保母、母親たちは立上っている。

神奈川

神奈川生活協同組合連合会では保育に関して積極的な動きを示し、今県下の保育施設に恵まれない地方に地元の人たちの力による保育所をもりあげ、保育をする人も土地のお母さんたちと民保協力、保母養成講習会を計画中（S）

成果のうちに保育講座は進む！

三日から始った保育講座に山梨から群馬から川口から熱心な講習生が集った。第一日は八十名近く集まったが、保育所、幼稚園の保母の外に今年は労働組合で保育所を要望して施設をつくると同時に組合員の中から保母をと希望してきた受講生や、婦人会で保育所をつくろうとしている家庭婦人などの熱心な参加があり、私たちの仕事の上に更に拍車をかけられた。施設の驚くべき不足さ、経営面でのゆきづまり、保母の労働過重の問題、施設の改善、など討論の中に強く要求され、関係当局への要望と同時に、民保がより積極的に啓蒙運動をおこすよう切望された。

農村にめずらしい常設保育所で、本年の六月農繁期が開所のキッカケとなった由。村長が園長で大変に理解があって中々良い。保母さん方も民保の趣旨に共鳴して下さって、今后越野さんと一緒に前進したいという言葉は実に力強い。

☆中巨摩郡源村

村内四ケ所に開設。そのうち三ケ所で実際保育にたずさわる。愛育村であるため子供のことに関しては皆関心を持ってくれ、特に青年団がよく協力してくれた。保育日数二十日間で幼児は延百七十人位であった。農繁期ばかりやっていると保育の実態がわからないから農閑期にも一度やってくれと云う声も非常に強まったが、保育所のもつ社会的使命がぼやけて、真にあづからなくてはならぬ子供がきていないと云うことは非常に大きな問題で、民保としての今后に何か暗示することと思う。

（千葉）

おねがい

A.左記につき御意見をおよせ下さい

1. 研究会のもち方について
2. 保母養成講座に付て希望すること
3. 財政活動について

B.会費未納の会員は至急お納め下さい

民主保育連盟ニュース No13

発行所
民主保育連盟
芝新橋7の12 文工会館内
1949.11.11発行

国際民主婦人連盟アジア視察団の代表が東南アジア各地を視察した時のことである。インドのある農園の労働婦人は骨ばったげんこつで自分のやせた胸をたゝきながら、「われくはみじめです。ひもじいのです。われくはこのまゝでは、もう生きられません。われくを助けて下さい」と叫んだ。

国際民主婦人連盟はこの叫びを支持して、アジア婦人会議を十二月一日から一週間中国解放地区の北平で開催することにした。

この会議では

一、民族の独立とデモクラシーのためのアジア婦人の斗争（中国提案）

一、婦人の権利擁護（イラン提案）

一、児童の権利擁護（インド提案）

を討議する。参加団体はアジア諸国の民主的婦人団体、宗教団体、農民団体、職業団体などの外、イギリス、フランス、アメリカの婦人も参加する巾広いものとなっている。

アジア各国のみなさま！

よりよい生活を得ようともがき苦しんでいる婦人たち、またその政治上、宗教上の信念にかゝわりなく斗っている婦人たちよ！

あなた達の代表をアジア婦人会議に送り、あなた方の苦しみと、斗争の希望について話して下さい。こうして経験を交換し、相互の理解を深めまた国際的つながりを深めれば、さらにその斗争をつゞけてゆく新らしい力がわくでせう。もちろんこの会議をひらくには困難があります。けれどもあなた方の子供を守るために全力をふるってその困難を克服して下さい」と国際民婦連は全世界によびかけている。

私たちの代表をアジア民主婦人会議に送らう

この呼びかけにこたえて日本では全日化、全銀連、婦人民主クラブ、保育連盟、全医労等約二十団体の参加のもとに、アジア婦人会議準備実行委員会が結成された。

首切と弾圧によって我々の生活は非常に苦しくなり、しかもそれは増大するの一途をたどっている。

斯様な折に、我々も亦アジア婦人会議に参加することは意義深いことと言はねばならぬ。

実行委員会は、

一、各地域で集会懇談会等をもち、職場の要求と家庭婦人の要求を中心に地域的に統一をはかる。

二、その中でアジア婦人会議準備会を地域的につくってゆく。

三、十一月初旬までに、それを基盤に地方ブロック会議をもち、アジア会議への報告書をつくり代表者を決定する。

等の基本的方針を決め、これを参加団体が積極的に実行しているのである。

会員の皆様職場にも家庭にも問題は沢山あるでせう。それ等の問題をアジア婦人会議に訴えるために地域毎に職場毎に集会、懇談会をもって、みんなで相談して報告して下さい。皆んなの問題を世界中の婦人に訴えてみんなの力で解決しませう

アジア婦人会議提出報告書抜すい

我國乳児死亡率は廿二年に六七人（千人につき）廿三年度六一、五人と下って来たのだが今年度に入って六九五人（五月迄の平均）と上昇しはじめた。乳児死亡の三大原因は先天性弱質早産、肺炎、下痢腸炎であるが。本年に入り肺炎、百日咳、乳児結核など予防できる病気が目立って増加している。之は戦後ペニシリン、ズルフォン剤が出廻り死亡率が下降したので廿三年度を境に利用する事も出来ない生活の窮迫状態を示し、又都市農村を問はず死産が増加し人工妊娠中絶の増加は見逃せない（表一）。厚生省四七年度栄養調査では母乳分泌不良が都市三四%、農村二八、五%の高率を示し、大都市の母乳検査の結果から六ヶ月以内の乳児中母乳のみで育っているものは三〇%にすぎず後は母乳不足で牛乳又は乳製品に頼っている。人工栄養児の場合港区を例にとると一ヶ月の配給量は四ヶ月児牛乳一日三合、粉ミルク月三ポンド、代金は一、六六〇円不足分を補うと二五〇〇円位はかゝり、東京都勤労者一ヶ月平均収入（五人家族）一万二千円として二〇%を占める支出である。店頭には品物が積まれ横流しされてる現状であり低賃金、失業は赤ん坊の生存权をおびやかしている。

又都市に於ける体重の比較村四七年度一才未満の標準範囲に入るもの五五%軽すぎるもの二六、九%、五才未満の標準内六三%軽すぎるもの二三%を出している。厚生省四八年度栄養調査により現れた離乳期の摂取食料は穀類芋類が五一%を占め魚肉卵類七%、幼児に於ては穀類二七%、魚肉卵類一一%（郡部に於ては七%）共に含水炭素が大部分を占め郡部に於ては蛋白質が極めて不足している。幼児の食料に対しても全然考慮されず消化の悪いタウモロコシ粉、マイロなど大人並みに配給され、時折ビスケット、キャラメルなど少量配給されるに過ぎない。

児童福祉法には一応どの子供もひとしくその生活を保障され、愛護されねばならぬとうたわれているが、果して実際はどうか？　生活に追はれる母達は表に子供を放出し自由に手足を動かしたい乳児を背中に一日中くゝりつけて働かねばならず、子供を見守る何者もないために、自動車にはねとばされ、池に落ち、買出に出かけた母の留守に火さいたずらして七軒も焼いてしまったという事実、法的に約束された子供のための施設は？　保育所、幼稚園合せて、三二の六、全日満六才以下の乳幼児一二七六八五八の人に対し施設を利用率は二、七三%東京都でみると三、七%でしかない。この僅かな施設が果して働く者のために解放しているだろうか、公認の保育所の入園児の第一条件は、児童福祉法により措置される事になっているにかゝわらず前年度東京都公立保育の措置児は全国児の二六%にすぎず。之は保姆の給料は都で保障されるもの丶他の経費がまかないきれず父兄負担による救援会費にまつ事が多く、或る区では保育料三〇〇円救援会費四〇〇円も徴集しており、保育時間も短く幼稚園化している現状で賃金不払、失業、生活の窮迫に内職を求め街頭に職場を求めねばならぬ主婦の仕事と保育所をの叫びは必至であり民主的経営による北区の労仂者クラブ保

日誌

8月

1日～7日　働く婦人よ　南

2日　常任幹事会（以下毎週火曜）

3日

4日

5日　民婦協総会

（3日・4日）夏期保育講座

8日　神奈川県生協保育所懇談会

10日　幼児童話集編輯委員会

14日　平和をまもる会

15日　板橋区 中丸夏期保育開始

22日　三鷹事件真相報告会

23日　神奈川、川崎市小向、向陽苑保育講座

27日　仝　横浜上大岡支部保育講習

9月

1日　アジア婦人会議準備会

3日　水害地救援出動（事務局）

童話編輯会

4日　水害地出動（事務局）

6日　仝

8日　アジア婦人会議実行委員会

9日　五反野保育園開園式

11日　水害地出動（一〇名）

13日　清瀬保育所母の会

育園など今年度四月欠員十六名に対し百二十もの申込みがあり處置に困まった。福祉法第廿四條、市町村長は保護者の労働又は疾病等の事由により、その監護すべき乳児、幼児又は第三十九條二項に規定する児童の保育に欠けるところがあると認めるときはそれらの児童を、保育所に入所させて保育しなければならない（但し附近に保育所がない等やむを得ない事由がある時は、その他の適切な保護を加えなければならない）というすばらしい法律があり乍ら、大部分の子供達は、はみだされてしまうのである。最も保育所を要求している未亡人、全国一八七万の中乳幼児は五十一万を数え母子寮二二六ある中保育施設のあるもの七二、乳児室は二四、定員僅か八四名、一才未満の乳児にあたっては三名の収容実数でしかない。近頃急に増えた母子心中も母子寮が充分あり、生活が保障され、保育施設がしかも安心して託される施設が充分あったら抗議の出来ない幼児を道ずれにはしないであらう、これこそ大きな児童の人権蹂躙である。

このやうな施設に本年度決定予算額は保育施設増設のために四二五三万円、一二〇個所しかなく母子寮増設費に至っては五七八万である。季節保育所も四六年度に於ては春秋を通じ一二二四〇個所六四八、八一六名を収容したのに今年度の予算は全額をけづられてしまった。

婦人団体、労組婦人部、生活協同組合、生活文化団体が保育施設をつける協議会を組織し民主的な施設をつくり斗っているが、その経営状態は、国家から保障される何物もなく、福祉法最低設置基準にあてはめられた施設のみ一定の期間をおいて措置児を委託され、共同募金の配分が貰えるにすぎない、委託費としても一ケ月へ五〇人迄）一人に対し三三六九円しか貰えず実際にかかる費用は北区労働者クラブ保育園では乳児九〇〇円、幼児五〇〇円もかかり良心的な経営をすれば、する程困難になり保姆の給料は遅配つづきであり民主的保育所は崩壊の一途をたどる恐るべき現象を示している。山梨県に於ても黒字経営なのは共同募金の不当割当を貰った所のみで為は全部赤字であり打解策を強く訴えられている。

以下保姆の生活、状態、各地区の活発な保育施設を中心のうごきは省略す。

報告書は、職場婦人家庭婦人、農村婦人、児童の四部面で民保は児童の中、乳幼児を受持ち、大体このやうな内容を報告した。

(一) 死産率（4人につき）は人工妊娠中絶

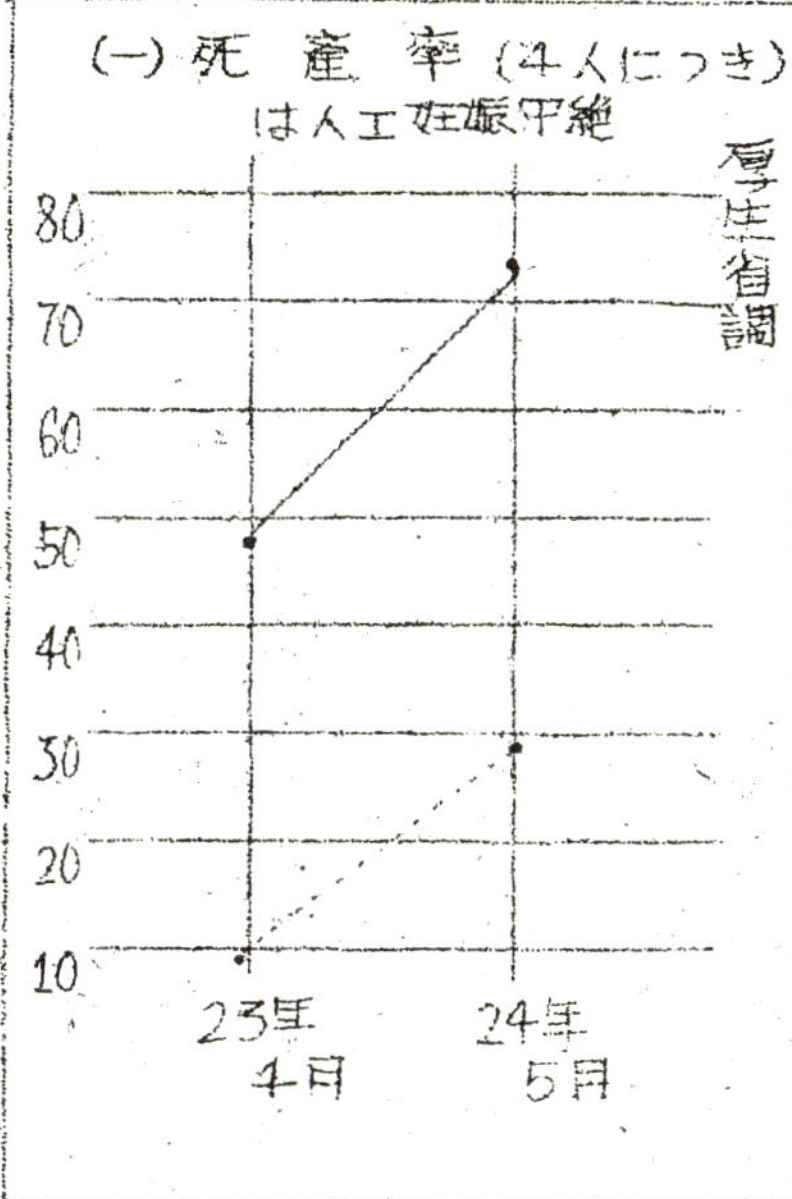

（4頁より）健康診断が行はれ坂下、に市民と労働者が診療所をつくることを決定し餡うりなどして資金カンパを始めている。乳児を守り働く者の誰でも安心して治療をうけることが出来るように積極的に参加しようではありませんか

15日　文連全国会議。アジア婦人会議準備会

17日　婦団協例会

20日　童話編集会議。幹事会

21日　アジア婦人会議、報告書作成委員会

26日　民婦協委員会

27日　神奈川　ツルミ下末吉生協保育講習

29日　文連常任委員会、アジア婦人会議実行委員会

10月

2日　平和擁護大会

3日　未経験者のための保育講座開始。（週三回）

4日　千駄谷、保育所打合せ会、常任幹事会

5日　保育講座、婦人問題調査協議会

7日　アジア婦人会議実行委員会

8日　医療民主化全国会議

10日　文連常任委員会

11日　アジア婦人会議報告書提出、関東ブロック準備会

14日　本木遠足

15日　婦団協委員会

17日　葛西農繁期保育所打合せ

18日　幹事会

21日　アジア婦人会議関東ブロック準備会

26日　平和と健康月間打合せ

28日　民婦協委員会

29日　労働者クラブ西建懇談会

3

総会と懇談会

場所　北区労協クラブ保育園
日時　十一月十三日（日）十時

総　会

一、議長選出
二、報　告
三、議　事

母と子を守る研究懇談会

一、議題　母と子の生活実態と問題の所在。
　産児制限、保健、教育、不良化、あそび、性教育、文化などの面で、現在如何にして母と子を守るか。

一、集る団体と人
　社会党、労農党、共産党、生協、日教組、民婦協、婦人民主クラブ、保育所母の会その他、牧瀬、羽仁、黒滝、渡辺、宮本の各氏
　どなたでもおいで下さい。
整理費として十円頂きます。

平和と健康をまもる月間運動

　十一月五日から月末まで民主々義擁同盟と医療民主化全日会議の共同提唱で。平和と健康をまもる。月間運動が行はれることになり、中央では準備が進められている。
　この運動の目的は今迄健康の問題はすべて官僚にまかされ医療関係者だけのおざなりのものであったが、今度は、はたらくもの一般大衆が自分達で凡ゆる関係団体に働きかけてこの問題を取上げ、国民の生活、健康を破壊する戦争に反対し平和を守る運動を行うのである。
　東京では十一月五日から九日まで行はれる日比谷まつりに合流すると共に重点を地域活動におき協力専門団体と地域の民主医療団体が共同して結核検診、集団検診。検便。相談所開設、講演会、座談会、職業病の調査なども計画し、活発な活動を始めている。医療機関が中心になるのでなく、市民が自発的に自分たちの問題として、健康をまもる会を組織するやう要望されており、板橋区などでは、健康をまもる会を中心に（3頁中段へ）

生活と文化を守る戦線統一！

文連　再建された文連に民保は、生活文化部を代表して常任委員を、書記局員として加はった。再建されたとはいえ、民主々義文化運動の重要な武器である機関紙文化タイムズ経的理由から廃刊したという説さえおきている現在加盟団体の文連に対する再認識が要望されている。

民婦協　民婦協は八月五日、第一回総会を開き新しい規約と綱領を決定した。アジア婦人会議を目標に、婦人戦線統一のため、熱心な活動を続けている。なほ国際民主婦人連盟加盟を申込んでいたが、パリより正式の承認を得た。

婦団協　右から左からのあらゆる婦人団体を網らする婦人団体協議会は新たに規約を決定毎月第一土曜に定例会を持ち、婦人に、子供に関する問題を検討協議することになった。

お知らせ。お願い

　伊藤佳月子さんの無罪釈放嘆願署名等、保釈金カンパに熱心に参加して下さった会員の皆さんに、伊藤さんが九千円の罰金刑の判決を受けたことを知らせします。弁護料等に未だ一万円以上不足となっています私達の生活を守る共同行動として、このカンパを更に推し進めませう。

会員報告

1. 会員数

	東京	地方	計
個人	183	74	257
団体	10	3	13

2. 会員種別

保姆保健婦	99
有職婦人	42
家庭婦人	46
保育研究家	21
保育関係	8
その他	41

3. 団体

団体	2
婦人団体	2
文化	2
保育	9

第三年度　会計報告（五四・一〇・一～五五・九・三〇）

収入の部

	総額	1ヶ月平均額
会費	32910.00	2742.50
事業収入	91165.85	7505.48
寄附金	6115.50	175.79
雑収入	18398.25	1566.52
前期繰越	170.80	
	146840.40	12236.70

支出の部

	総額	1ヶ月平均額
人件費	88700.00	7391.66
交通費	23895.50	1991.29
通信費	23566.00	1130.50
ニュース代	6200.00	516.66
会合費	1735.00	144.58
団体加盟費	3280.00	273.33
研究会費	1720.00	143.33
平和費	2804.00	233.66
資料費	1332.50	111.04
出張費	300.00	25.00
雑費	三一一七・〇〇	二五六・九七
合計	一四六六五〇・〇〇	

差引次年繰越金　三二二〇・八三

会費を完納しよう！

一ヶ月平均滞納額四千五百円162%に及んでいる。一ヶ月一回の民保ニュースを確保するため！

民主保育連盟ニュース No.14

発行所
民主保育連盟
芝新橋7の12 文工会館内
1950.3.6.

国際婦人デーに参加しよう

来る三月八日は、国際婦人デーです。終戦后四回目の婦人デーを前にして、昨年迄とは違つた状勢を誰もが感じています。毎日の新聞でも痛感されるように戦争をおこそうとする力が、やつきになつており、この戦争準備が日本を植民地にする事と同時に行はれています。それは電気料金値上げ、主食値上げ、自由のない職場、教育の植民地化などいろいろの形で現れ、そのために私達の生活は益々苦しくなつてきました。目をおゝいたくなるような親子心中の続出も私達には特別深刻にうります。

戦争反対、軍事基地化反対を叫び、日本の自由と独立と平和を守つて立上りませう。当日の大会に参加する事も是非必要ですが、お祭り的な行事でなく日常の私達の身の廻りの要求をかゝげて一つ一つかちとつていきたいと思います。

先日の委員会では

○ 平和と生活と私達の子供の幸福とのために戦争と窮乏反対のビラをながし徹底させる。

○ 母の会員一人一人々にビラをかいてもらい、戸毎に貼りつける。

○ バッチを園児と母の胸に。

など決りました。保育所毋の会などの要求をかゝげて、地域毎の前夜祭などにいろいろな問題をもちこみその力を中央大会に結集しませう。

保母を守れ

去る二月十三日東京都教育委員会が行つた一方的な整理に教員中唯一人の保毋として会員四谷第四小学校附属幼稚園の藤崎良子さんが理由も明らかにされずに首切りをされました。真剣に子供達の事を考え、父兄にも信頼されており、首きりをしてしまつた後釜の保毋の来る迄とずるずるに手伝いの形となつたり、今になつて不当の首切りだと校長も云い始めたとか。

幼稚園保育所を問はず幼児教育の重要が叫ばれ、まじめに幼（うら上段へ）

中心スローガン

○家をやき夫や、子供を奪う戦争反対。

○ポツダム宣言にもとずく全面講和を。

○原子爆弾・水素爆弾の製造禁止工場では武器をつくるな。

○電気・ガス・主食値上げ反対。予算は生活のために。

○失業反対、平和産業と自主貿易を。

○生活を破かいする重税反対。

○戦争を準備し、パンパンをつくる低賃金と職階制反対。働けるだけの賃金を。

○子供を不良化し馬鹿にする植民地教育をやめよ。

○未亡人の生活は国家で保償せよ。

○国を売る吉田内閣打倒。

○平和を守るためにすべての婦人は先頭に

○平和を守るために世界の婦人と力を合せませう。

児教育の重要が叫ばれ、まじめに仂く人達のための保育所がほしいの叫びは益々強くこの人達の味方になつて仂く保母の少い時にこんな形で首をきられていつたら母親達も安心している子供を預ける事が出来ず、保母の社会的地位を擁護するためにも強く皆さんに訴えてこの問題の所在を明らかにしたいと思います。

進歩的との理由のみで教育を整理することは教育の植民地のあらわれとしても厳重に関係当局に抗議する必要があり、当連盟としても抗議しているが、皆さんと共に益々追いつめられてゆく状勢に子供の幸福を願ふ。

〃教育の植民地化反対〃を強く叫びませう。

童話の研究会をはじめるにあたつて 保姆さん方への要望

川崎大治

こんど民主保育連盟のかたがたが、童話の研究会をおはじめになると承まはつて大変うれしく思いました。連盟もまあ、そんなに大きくなつたのかと胸がどきくくしたのです。

それというのは、こうした研究会の一つをもつことでも、なかなく大変なことなのです。形だけもつことはなんでもありません。けれどもほんとうにその必要を実践のなかから感じて、どうしても持たねばならぬということを発見するのは、よほどその組織が成長してこないと出来ないことなのです。同時にまたそれをやつてのけるためにはそれだけの力をも必要とするからです。

それがこんどようやく出来るようになつた。このことは、民主保育連盟が、戦後いゝようもない困難な事情のなかで、つぎの時代をになう幼い子どもたちを守り、その健康な成長のためにたゝかつてきた大きなごほうびだと思います。

幼い子どもたちへの童話は、なによりもまずそれが子どもたちにとつて、楽しい健康なものでなければなりません。そしてそういうお話をうみ出すためには、なんと云ても保母さん自身が子供たちの親切な賢い、いゝお母さんとしての世話役にならなければダメです。そうしなければ、子供の要求も子供の心理も、子どものいろいろな生活の姿をもつかみとることができないからです。

その意味でふだんの保育を益々しつかりやること、これが研究会をこれから成長さしてゆく第一の条件です。研究会をもつということは、一つの組紘的な勉強です。したがつて童話の創作や研究も、おのずから生活へのあたらしい認識や教育の方法、なぜ今日の子供がこのような実情になつているのかという文化的、経済的、政治的な理由、そして愛する子供達を心身ともに丈夫に育てていくには、どうすればよいかという具体的な方法、そういうこととも関連してやつていくわけです。それにしても日常の保育についてはほんとうにしつかりとやつていただかないと研究のよりどころが全くないわけです。また創作をするにしてもテーマもつかめませんし、表現の方法さえわかりません。つぎにこうした研究は皆さんが中心になつて、ひろくこの仕事に関心をたれる会員外のお母さん方や作家をひろくふくめてすゝめられることを希望します。そうしてそこから皆で幼児のための童話という、このむつかしい非常に高い文化の研究と創造をすゝめてゆき、その仕事のなかで皆もまた勉強させて頂き、ともに子供の幸福と解放のために充分はたらけるよう成長してゆきたいと願うわけです。

—一九五〇、二、一二—

日誌 二月

9日、童話編集委会、於関氏宅

12日　童話集委員会　於羽田書店

13日　民婦協委員会

14日　婦人民主クラブ職組部会　於産別

15日　民保懇親会　於労仂者クラブ

童話部会

第一回　十二月十三日　於労仂者クラブ

講師　菅忠道氏（児童文学者協会）

○保育童話についての懇談

・今迄の童話は？

・之からの保育童話はどうあるべきか？
保母と作家と協力して新しい幼児童話の分野を切開いていく事こそ大きな課題である。

第二回　一月二十八日（土）於東京自由保育園

講師　児童文学協会
川崎大治氏、関英雄氏

○子供によんできかせるお話の本
冬の巻の批判と反省

・どんな話を喜んできたか？・その理由

・日常保育の間のいろいろの問題を取上げてとに角かいて見る事が特に強調された。

第三回　三月四日（土）於労仂者クラブ保育園

講師　児童文学者協会
川崎大治氏、香山登一氏

・夏の巻の原稿を持ちより、之を中心に研究する予定。

童話の原稿を募集しています。どしどし書いて下さい。

送先　北区豊島町三丁目
労仂者クラブ内　福光社

・内容についての注意
1. 保育童話　お話あそび
2. 漢字を余り使はない事（小学校二年程度）
3. テーマをはっきりうき上らせること。

春の号が三月十五日発行されます。お知り合の方に御紹介下さい。

"一施設に必ず一冊備えませう"

音楽部会

民保の音楽部会は、現代音楽家集団の渋谷先生と、響美幼稚園の石本さんを中心にして、代官山保育園で開かれました。この研究会の目的は、

一、よい教材を得ること
二、幼児の音楽教育の仕方
三、保母の音楽性を高める

ことに主眼がおかれたわけですが、研究方法として、

一、各施設の音楽プランを持寄つてお互いに検討し合つて次月の音楽カリキュラムをたてる。
二、それに合せて教材を交流し、よいものをえらぶ。よいもののない時は、専門家に作つて貰うようたのむ。

20日　編集委員会　於羽田書店
21日　平和と全面講和を望む衆院議員館
　　　青年懇談会、子供指導者講習会
23日・水害地慰問
24日　婦団委員会
26日　民婦協委員会
28日　童話研究会　於自由保育園

二月

2日　民擁同委員会
8日　民婦協平和デー準備会　於全本部
9日　民擁同委員会　於産別会館
14日　国際婦人デー準備会　於産別会館
15日　民婦協委員会　於労仂者クラブ
16日　羽仁さんを囲んで保母養成の件
18日　組織部会　於自由保育園
19日　保姆募集懇談会
21日　反植民地斗争デー
23日　音楽絵本研究会
25日　委員会　音楽部会
26日　飯田橋耺安婦人部懇談会
27日　童話編輯会議

"ニュースの発行がおくれましたことをおわび致します。一つの原因は財政面ですので会費未納の方、必ずお納め下さい"

三・前月中の実際について討議して次の教育法に進む。

こうしたことをやり乍ら、具体的に問題を提起し、新しい教育のあり方を学んでゆき同時に保母の音楽性をも高めてゆきたいと願っています。去る二月二十五日に二回目の研究会をもちました。出席した施設は労仂者クラブ保育園、代官山保育園、新小岩保育園、自由保育園等でしたが、三月の音楽プランをたて教材を選びました。次回は三月十五日午后六時より代官山にて。この教材の用い方について研究する予定でいます。皆様一人でも多く御参加下さい。

組織部会

第一回 二月十八日
於東京自由保育園

出席 大谷口保育園、代官山保育園
大森子供の家・新田保育園
足立幼児グループ

○各施設の現状報

○財政的なゆきづまりを如何に解決するか
各施設ともに財政面、運営面、建物などいろいろの問題があり、定期的に会合をもってすゝめていくことになった。

次回は三月十八日（土） 東京自由保育園

板橋友の会のうごき

公立板橋区内の保育所二ヶ所、児童福祉法による施設六ヶ所・月に一回例会をもち、二月は次のような会がもたれた。

○要託費の支払促進についての経過報告と今後の対策

○委託児の増額に伴う徴収保育料取扱について

○共同募金の配分についての園長会議以后の公平配分についての意見

○給食についての献立の発表と研究

○保姆の資格検定のための講習会の件について会場を順番に横のつながりを保つゝ将来は板橋の社会事業協会位にしたいとの意見も出・加入申込みの施設が増加しつゝある。

北区のうごき

労仂者クラブを中心として野外保育の運動を昨年夏以来三ケ所ほど続けて来たが、あまり目立った成果はないが保育の現状を報告して、保育所設置運動の参考にしたい。

1. 神谷町公園の保育（北労仂会議の決議）夏の緑蔭保育から、こゝは理研・東京証券の組合に応援を求めて週三回の保育を始めた。然し現在の母親達の切に求めているものは、このような文化主義的なものでなく生活にプラスになるような長時間保育の要求であった。その為近くの都営住宅の子供達でも参加して、建物かく得の方向えと母親の声はたかまり、地元のしゆきく婦人会、防犯協会も応援してうごき出した。しかしボス的な動きもかなりみえ、民自党吉田きく区議のお声がかりなどもあり署名を作成の上、区会に請願したのは昨年の暮だった。その後区会では正式にとりあげられず吉田きく氏が園長となっている赤羽保育園を認可施設とする事によって、神谷のお母さんたちの要求はすりかえられてしまった。しかし芽吹く春と共に北区労仂組合会議も積極的な応援を惜まないと云っているし、又母親たちの要望は又盛り上ってくることゝ思ふ。

② 希望寮保育（日産油脂工場の寮）

③ 新田保育

の二つの保育の現状報告は紙面の都合上割愛させてもらいます。

第四年度委員

委員長 羽仁説子

委員 乾孝、川崎ナツ、浦辺史、塩谷アイ、大矢恒子、鈴木、高橋、三か盛野恭江

常任委員（組織部）畑谷、庄司、山田、杉本（研究部）井久保、石本、福光、福地、（事業部）井出、志賀、千葉

発行所
民主保育連盟
芝新橋7の12 文工会館内
1950・5・5

民主保育連盟ニュース No15

国際児童デーのために

一、毎年四月から五月にかけて資本家階級は児童保護運動を行っている。法務府、国警の主催する四月の少年保護週間、厚生省と民間社会事業団体による子どもの日、母の日運動へ児童福祉週間しがそれである。今年は内閣の青少年問題協議会が主催する第二回青少年保護育成運動も行われるからこれらが三巴になって宣伝をきそっている。

又五月中旬には厚生省と中央社会事業協会が主催する戦後四回目の全日児童福祉大会が神戸市で開かれ特に今年は児童憲章の制定が協議される。すべての児童に愛護と教養とに充ちた家が保たれなければならないとし又、児童の不良化は親の無理解となおざりの暗い家庭からしと児童愛育の責任を労働階級の親たちに転嫁する事によつて資本家とその政府の児童保護政策の無力を美しく甘い愛の言葉によつて、人民の目をごまかしている。

二、われわれは何よりもまず圧迫された児童の生態と政府の児童保護政策がどのように行われているかに目をむけなければならない。例えば労働階級の母親とその乳幼児の生活はどうだろうか。幼い子どもを抱えた戦争未亡人は健康で文化的な最低限度の生活を扶助するという生活保護法の扶助金が余りにも少いために、赤ん坊を背負い、幼児をつれて日雇いにでかけている。夫の低賃金や失業のために外で働かなければならない主婦たちは一日六〇円、月二千円も使って知合に幼児をあずけて働いている。

児童福祉法の保育所や学校教育法の幼稚園は全国で四千三百ケ所、四四万の幼児を保育しているけれども、いずれも働く婦人のたすけになるものは極めて少ない。保育所といってもそれは看板だけで、その実保育時間が主婦達の労働時間よりはるかに短く、最もあずけたい乳呑児や二三才児は、受託児千人中四人にしかすぎない。大阪市営の保育所は有産階級の幼稚園と化し、失業者日雇労働者などの子どもに門戸をとざしている。又市町村財政の窮迫や経営難のため幼稚園が保育所に切替えるものも少くない。農村の乳幼児は昔ながら放任のまゝで戦時中五万もつくられた慈善的な農繁期託児所も戦後はその数少い。

現在の保育問題は、人々の生活困難から主婦が働くために保育所が切に必要とされながら数が少く形だけは保育所でも内容は幼稚園と大差がなく働く主婦たちにとっては無縁の存在になっているという事である。

三、政府の児童保護運動は、このような現実の保育問題には一向に目をむけないばかりか、労働階級が強く要求しない限り之を解決しようとはしない。我々は訴えをしらぬ幼児たちの圧迫された生活の現状をひっさげて、労働組合、生活協同組合、婦人組織等によびかけて園外保育、子ども会、簡易保育所等の労働階級による自主的保育運動をまきおこし市町村に対して保育所設置を要求する。我々のこの児童擁護の斗争は平和擁護、戦争反対の民主民族戦線の一環であって六月一日の国際児童デーにむかってこの運動を発展させなければならない。

国際児童デーは労働階級が世界のすべての子どもたちのために、生きる権利、保護を獲つ権

利、学ぶ权利をまもるために児童の社会的保護の費用を増すことを中央、地方政府に要求する斗いの日である。（委員 浦辺 史）

子どもを守る各地のうごき

板橋区（東京自由保育園）

保育友の会が中心となり五月八九十日の三日間、区内の各小学校、中学校によびかけて人形劇をみる会を開く、区役所の民生課を後援にし会場の斡旋をさせるなど積極的なうごきをしている。当日国際児童デーのビラをまいてアッピールする由。

北区（労仂者クラブ保育園）

労仂者クラブを中心に希望寮、神谷公園など出張保育をしているが今度クラブの生活協同組合の八百やの店に子供相談所を併設し、お客に子供の問題やら生活の問題についていろいろ便宜をはかり、又サービスカー（生協が日用品を売り歩く）に保母がついていき保育所からもれている子供、母の問題をつかまえ、子供会などしながら組織していきたい由。

武蔵野市（前進座保育園）

毎週土曜日前進座保育園と保母養成会員で二鷹の職安に仂く母と子を守る子供会を計画、第一回は五月六日。

渋谷区（子供の家）

渋谷職安でも仂く母と子の子供会を子供の家と保母養成の実習生とで計画、各仕事場に開くよう目下土建一般労組と連絡中、ここでは保育所を要求して都に交渉して五月中のはテントを獲得する由。

足立区（幼児グループ）

幼児グループ父母の会では与野平和婦人会と協力して子供と母のたのしい運動会を五日に藤倉化学工業の広場をかりて開き、四日夜は幻灯会、六月一日の国際児童デーには各国の子供の写真展、子供会を婦人会、各労組文化部と共に開催する計画をすゝめている。幼児グループでは一年半も青空保育をつゞけ漸く元町会事務所を獲得したが庭がなく児童遊園地設置と併せ署名をとり区に陳情書提出中。

川崎市（日本鋼管鹿島田保育所）

社宅のお母さんたちを中心に母と子の日を計画、母親コンクールをやる。各社宅から三人えらばれるが条件が中々むづかしく、子供達を全部健康に育てあげ、不具者、死産、流産など一度でもあったら駄目、その他いろいろあり、えらぶために中々面白い場面がお母さんたちの間で展開されている。

委員会では各施設が保母養成会員と出張保育、子ども会などを開催、施設の獲得、予算面などの要求をそれぞれに区、都え交渉し六月一日には施設を中心に附近の子どもにもよびかけてたのしい子供会を開くように又中央で開かれる大会にはそれらの母と子を守る斗いが結集されるように決議したが以上各地のうごきで、この中からそれぞれの条件に応じて国際児童デーの方針を打出していきたいと思う。

職業安定所の保育所で

志賀 時子

早く並ばなければ仕事がとれないので六時にはもう家を出なければならず、ねむがって泣く子を無理に起して背負ったり手をひいたりして集るお母さん、父は未帰還母は重病の床に臥す孫にまつわられながら荷車をひくおばあさん、病身の四才の子を唯一人ギブスに寝かせ鍵をかけて出ては来るが後の事が心にかゝって、こんな苦労をする位なら死んだ方がましだと嘆くお母さん、二才に満ぬ幼児をなれぬ手で世話しながら仂くお父さん、このような苦しみをひとり耐えている人々が三〇%三〇〇人もいる仕事場が新宿職業安定所戸山アパートの現場である。しかも子持には仕事を渡さぬと労仂局で言明した現在、是非子供をあづける所がほしいという声が大きくなるのは当然である、こゝに保育所を熱望する母親と之を取上げた組合との一ケ月にわたる涙ぐましい努力の結果新職安保育所が生れ出たのである。本当にまるはだかで生れたこの保育所は、赤土の台地を切ひらいた五〇坪ばかりのがけの上で四人の保母とテントが一つ小さな砂場、古むしろ二、三枚保母が持寄った洗面器手拭い絵本などという状態で始められた。集る子供は四十人、母親から離れつけない子供達はひとり残されると後を追い、泣叫ぶ保母も母親も泣きたい思いで一日を過したのであった。以来一週間子供達は自由に遊び、おやつを貰いゆうぎを覚える楽しさがすっかり気にいったとみえ毎朝保育所に来るのを楽しみにしていると語る母親自身も背中が余り軽くなって変だ、安心して働けるから本当に嬉しい、家に帰えるとゆうぎをしてみせる等、実にうれしそうである。その間再三代表を東京都庁の民生局に出して、ムシロ、絵本、色紙などを得、更に洗面器、救急箱、寝台なども近日中に出させる確約をえている。母の会代表も決り、運営委員会のメンバーも決定していよいよ軌道にのろうとしている。然しいろいろ困難な問題もある。例えば何時も同じ現場がとれないため折角の保育所を利用できない仕事場に行かねばならない、これに対して子持は保育所のある職場にという要求や　子供を持たぬ人も含めた全員の協力の下に現場直行という要求を出している。又、二百四十円の日給からは十円のオヤツ代を徴集するのが精一パイで運営費のない事である。之に対してはさし当り全員組合に加入して組合の援助をうける事、根本的には児童福祉施設としての認可を得るよう交渉する事を決定した、その他問題は沢山残されている。しかもこれが最初に出来た職安の保育所であり職安こそはゆる意味で最も保育所を必要としている所であるから、単にこゝだけの問題としてゞはなく全保育関係者、全母親がこれを見守り応援して職安保育所の據点としたいものである

> **おねがい**
> 皆さんの所で使い古したクレオンや絵本などありましたらカンパして下さいませんか

成長する子供たち

子供たちみんなの要望で、長い間蓄えてやっと求めた二台の三輪車だった。カラカラ、カラ朝早くから広場の廻りを三輪車のワダチの音は、軽ろやかにひびく。「センセー、はじめちゃんはかしてくれないんですよ」「センセー、三輪車のりたいの。」「センセイ、ちっとものせてくれないですよう。」

独占者に対する不満は保母にむかって、吐き出されるのだった。……何とかしなければ、と早速或日の会集に持出した。

「あのね、三輪車にのりたい人たちが一杯いるのに、のせてくれない子がいるのですってね、みんなどうおもう。」「ハーイ、つまんないです。」「のせない子、いぢわるっ子です。」爆発したように不満の声は、あちこちから挙がる。「そうね、ほんとうにつまんないわね。みんながのがれるようにするにはどうしたらいいかしら」「ハイッ」「ハイッ。」まこちゃんは、真面目くさって立上った。「センセイはいそがしいでしょ。だからみんなセンセイのところえいかないで、カワリバンコにのりましょう」「そうよ、そうすりゃ、みんなのれるわア」「サンセー」「イギナーシ」みんなの声は異口同音に響く。「それではカワリバンコにのるのに、まっているところをきめましょうね。」「センセー、ていりゆじょうがいいよ。ていりゆうじょうを作ろうよ。」「うん、あの門のそばがいいね。」みんなはおもいおもいの意見をのべる。「そうー。ではあした停留場を作ってきましょう。そしてみんなで立てましょう。」庭隅の棒きれ、板きれを拾い集めて早速に看板、さんりんしゃ、ていりゆうじょうは、翌日の朝みんなの手で立てられたのだった（前進座保育園）

保母講習会に参加しよう

職安に働く未亡人、工場で働く婦人など至るところで働くものに役に立つ保育所がほしい要望があるが、それに応える青空保育からでもと考えても困難と斗う保母の少いために中々出来なかつたのを解決すべくこの講習会が計画された。

貧しい施設の中でも立派な保育の出来る実力のある内容と来るべき受験（資格試験）に役立つよう、働きながら勉強出来るように考えられ、四月九日開講式以来在籍四十七名平均三十名の会員が飯能、千葉、浦和から二時間近くもかゝつて通つてきている。昼間は工場に、役所に、職安の保育所に働き、又は赤ちゃんを寝かせつけてかけつけてくるなど貧しい会社の方が多難な保育問題と取つくまなければならない私達の陣営に加わり保育運動の推進体になるよう期待している。

期間　三ケ月
　月水金六時―九時迄　受講料三〇〇円
　北区労竹香クラブ保育園（省線王子下車）

5月時間割

3日（水）　子供会の指導について　3時間　児童文学者協会　民主主義教育協会　菅　忠道
5日（金）　粘土と自由画　日本美術会　木下　繁
8日（月）　歌唱指導　民主保育連盟　石本　咲子
10日（水）　婦人問題　評論家　帯刀　貞代
12日（金）　リズム遊び　東京都児童課　益子　とし
15日（月）　保育事業概論　〃　秋田　美子
17日（水）　社会科学　綜合生活文化研究所　玉城　肇
19日（金）　自然かんさつ　民科　元波　尊
22日（月）　心理学の流　民科法大教授　乾　孝
24日（水）　保育所の健康管理　教育家　広瀬　興
26日（金）　調査法、記録法　民科東京女子大教授　南　博
29日（月）　経営論　東京自由保育園長　谷川　正太郎
31日（水）　幼児の心理　民科　世良　正利
21日（日）　自然かんさつ（遠足）　小原　秀雄　九里　聰雄

新しい施設のうごき

飯田橋職安では組合を中心に一ケ月半かかつて準備された簡易保育所が先月出来たが都保育園に斗争の結果各十名の子供会全部無料で予けられることになつた。

仙台市、阿部和さんが結婚と新しい仕事のために三月帰省、日雇のお母さんたちの保育所を開園して奮斗している。

名古屋東邦保育園　東邦学園附属保育所として、五月五日開園労竹香クラブ保育園の岩本愛月さんが主任保母

戦争に追いこもうとする、社会のうごきが子供の生活に反影して、紙を与えればピストル、戦争ごつこ、警官の姿にあこがれ製作に表れた戦争熱。クレヨンで口紅ぬつたり爪をぬつたり、顰めるべき現象があそびの中に出てきた、皆さんの周囲でもきっとあると思いますが、民族の独立、平和を希い、子供を守るための抗議の資料としようではありませんか、記事をお送り下さい。

六月四日参院選挙は

民主民族戦線統一候補を!!

民主保育連盟ニュース No.16

発行所 民主保育連盟
港区芝新橋7の12文工会館内
1950.8.10

保育するもののなやみ

「センセイ、センソウツテマツクラニナツテシマウンダネ」と不安そうな顔をよせてくる子、「ゴーイ、バクダンダゾ、ドカーン／＼」砂あそびや積木あそびがいつのまにか戦争ゴッコになつてしまう子供たち、「ミンナ、ケイジ（刑事）ガイチバンエラインダゾ」と保育所に度々訪れる私服に慣れた子供がいばつてみせる風景―「ミナサン、ワタシタチハキヨウカラセンソウハンタイデス」と国際コドモデーのビラをまきながら呼び歩く子プラカードをならべて「メーデーデス、ミナサンカイニキテクダサイ」と宣伝する子、腕を組み胸をはつて六人の横隊をつくり、うたを歌いながらデモごつこをする子供たち―「生活に即した保育を」と私たちはとなえてきた。はげしい社会の動きの中でしつかりした足どりで生きる子供に育てたいと念願してきた。今私たちの目の前に子供たちはこんなにも様々な姿でたちあらわれてくる。私たちは予期もしない子供たちの反応に目をみはるばかりである。一体どうすればよいのだろう―「そんなことをいちいちしなくともよい。子供たちにとつては『メーデーごつこ』も『おみこしかつぎ』も同じような刺戟に対する興奮なんだから」と云う人々もいる。しかし「子供の反応をひとつひとつ生理的なものに還元してしまうことは誤りである。子供の社会的な成長はどうゆる環境におき、どのような刺戟をうけさせるかによつてきめられるのだから」と云う人々の意見を ち は教育者の一人として支援しないではいられない。戦争と平和のもんだいがやかましくいわれ、原子爆弾の脅威が頭の上にかざゝれている此の頃、子供の問題だけは別だと云うわけにはいかない。前衛美術の赤松俊子氏夫妻が心血を注いで描かれた原爆の図三部作の中「母子像」は見る人の目に焼きつく、婦人民主新聞が伝えたチエコのサデエチテ」には母がいない」の記事は婦人と子供の幸福がどこにあるか、この幸福を守るためには何をしなければならないかを深く考えさせる。うかうかと、「子供だけは別」「日本さばまさか」と云う思いにまどわされてはいられない。子供の福祉をより良く守るためにと今年も例年通り児童福祉大会や、民生委員大会や、全国保育大会が次々と開かれ数十の決議と建議とが行われたけれど、子供たちはますます伝染病におかされ、水に溺れ、火傷で死にヒロポンをたしなむ状態に追いやられている。保育所の窓口には毎日のように幼い子を連れた母親が泣きついてくるのに保母たちは施すすべがないと見すごしていられるだろうか。街頭にたつて車を押し溝をさらう婦人が背中にくくりつけた赤子が首をあおのけて夏の直射しを受けているのを心ある[illegible]は黙つておいていられるだろうか。関係当局では二百万の工費をかけてモデル保育所一ケ所をつくると云う計画があると聞くが、私たちには何かバランスのとれない不安定な感じがする。さすがに東京都では自由労務者などの強力な保育所要求におされて、簡易なテント保育所の開設を急いでいると云うが、これが警察予備隊で後に廻されたり重い地方税となつて私たちの肩にかかつてくるのかと思うと何とすつきりしない『児童福祉』であることか。保育する者の悩みはつきない。子供だけをみつめて その「抑圧をとりのぞく」ことが任務であるといわれるが、その抑圧は一国の政治につながり、世界の動きに伴うものである。保育するものは戦争と平和の問題についても人一倍の反省をもたないではいられない。

幼児保育にたづさわる私たちの当面している諸問題について研究討論をつくしたいと思います。秋からの新しい活動に供えてぜひ大勢さそい合せて御参加下さい。

《夏期保育研究討論会》

第一日、八月廿六日（土）午前十時～午後五時

A「保育の実際もんだい」
1、幼児の社会性
2、簡易保育のもんだい
3、保育カリキュラムのもんだい

第二日、八月二十七日（日）午前十時～午後五時

B、「経営の指針」（午前十時～午後五時）
1、認可施設における経営のもんだい
2、簡易保育所の経営のもんだい。

C「家庭指導のもんだい」
1、父母の会の運営について
2、母親組織の発展
3、家庭調査の実際

D、提案「保育運動は社会事業か」浦辺史
討論には羽仁説子、乾孝、浦辺史、矢川徳光、石橋勝治氏参加

会場　労働者クラブ保育園　電(81)四、六七三
（北区豊島町三ノ二　国電王子駅下車八分）

参加費　会員は無料　会員外は二〇円

職安の保育所

◐ 新宿職安　戸山ヶ原現場の保育所はまたまた建物の取上げにあい、一時はテント張りに逆もどりした。しかし土建労組の協力で戸山ヶ原に立っている一本榎を切りたおしてこれで保育所を建設する話がまとまり、母の会の粒々苦心のカンパでようやくこのほどバラックができ上った。戸山ハイツの現場にも保育所が設けられ、戸山ヶ原の保母二名が交替で協力している。しかし、組合が分裂しているため、折角の母親たちの一致した要望にそむいて、保育所の交流を妨げる力が働いているのは残念、子供を守る母親たちのねがいが組合統一のくさびになることが期待されている。さらに、母親たちの現場が散っているため職安前の広場でもう一ヶ所中央托児所をつくれの声が大きくなってきている。

◐ 渋谷職安、職安からほど遠い神社の境内を借りてテント張りではじめてから二ヶ月余、職安の子供は十五、六人、地域の子供が四、五人で、終日保母二人の世話をうけている。ゴザ、砂場、机、椅子等は事業体から、バケツは区の民生局から、薬品は日赤から夫々かくとくし土地の人々も見兼ねてかたゝみや毛布を寄附してくれた。貧しい設備でも子供たちは草むらの虫をとったり砂をほり返したりしてたのしく遊んでいる。渋谷の職安から保育所までの道のりの三〇分、リヤカーに小さい子をのせ幼児はつきそいで「子供の家」ののぼりを立て造花を車にかざって毎日デモ行進をする。途中、母親たちの作業現場を通るときは盛んな歓呼風景がみられる。しかしこのために保母さんの労力は大変なものである。

◐ 仙台　宮城野職安　≪保母さんからの便り≫

六月二十七日、お母さんたちが赤ん坊をおぶってみんなで県の労働部長に訴えた結果、保母の人件費として毎月一万五千円出すとの回答を得ました。ところがこれが条件付なのです。つまり保育所内で赤の宣伝をしていると云う噂があるが、県が一党一派に味方することになるのはまずい、又現在の学生協会の名で経営するならば、私団体には県の補助は出せないと云い出したのです。明日の運営委員会でこの点はよく相談してこちらの態度をきめることになっています。今夜は仙台に空襲のあった記念の日です。昨夜はおひる休みに太田洋子作「屍の町」をお母さんたちの前で読んでみんなで平和投票をしました。子供会の子供たちは学校へ持っていって先生にたのんでクラス中の友だちに書いて貰っています。東京ではどうですか。（阿部和子）

◐ 福岡職安　福岡市の自由労組では先頃から保育所の要求を出してテント一つとムシロだけでも始めたいと市え交渉していたが、なかなか実現しなかった。市では早速常設の保育所に働きかけ三ヶ所の保育所を開放させることになり子供を二三名づゝ分けて預けることになった。しかし施設が地域的にはなれているので毎朝夕馬車（保育所が提供）とバス（市が提供）に分けて送り迎えをしている。この職安では二五〇名以上の婦人労働者がおり、その半数以上が子供づれなのでこの成果を更に発展させようと活動中、

◐ 京都職安　京都自由労組では現場の近くに保育所の設置を府市に要求していたが、この程上京と下京に二ヶ所づゝ設けることになった、御所の中の児童会館も一つの候補場所になっている。

平和をねがう声々

『日本の婦人は平和を望んでいる』

七月八日、平塚雷鳥、ガントレット恒子、上代たの、野上弥生子、植村環の五女史は、来日中のアメリカ国務相ダレス氏に、「日本の婦人たちは平和をまもるために次のような決意をもっている」と八項目にわたる決議を手渡して婦人の平和運動の先頭にたった。これに対して支持感謝の声々が続々と集り、地域婦人団体聯合会、婦人民主クラブその他の婦人団体でもそれぞれの立場から平和運動をすゝめている。

『国会議員と婦人の平和こんだん会』

七月廿五日、参議院会館で、堀真琴、風早八十二氏等国会議員と東京都内の各職安の婦人、労組婦人、婦人団体の代表が集り、平和と生活を守るためにどうしたらよいか、などについて活発な話合いがあった。目黒の主婦から「子供が戦争ごっこを好むのはどうしてでしょう」と質問がでたのに対して「社会環境ですね。よい子を育てるには平和な世の中が必要ですね」と云う話や、職安の婦人の「生活が苦しいので考える気力もなくなってしまうのですが原子爆弾のことを話すとわかった！と云って平和署名をしてくれます」との述懐があった。この時の話合にも保育所つくれ！の要望が大勢の主婦たちから出された。

『区議会も平和運動を可決』

東京都世田ヶ谷区では婦人団体が結集して「戦争は二度とくりかえしたくない」と相談し、平和投票や、平和こんだん会などで活発に動いているが二人の婦人区議を通じて　世田ヶ谷区議会に平和

簡易保育所たより

足立区新田保育園

東芝足立、理研、太平印刷などの経営のあるいわゆる「島」で、生活をまもる会労組などの協力で始められた。最初は寮の一部を借りていたが野外にうつり、その後母親たちの数度の交渉で老朽バス二台をかくとく八月になって土地の選定もでき落ついて保育ができることになった。最近、一二の有力者が後援を申し出てバラック建設の計画が立てられ、母の会もこの活動を通じてますます強固になっている。

北区神谷町保育園

労働者クラブ保育園の分園として公園の保育所が生れてから三ヶ月余、職安の子供と地域の子供と合せて八十人近くが集ってきた。両親や労組の人々のカンパで材木置場を改造してこゝにうつり、机や椅子も父親の協力でつくられた。こゝに保母さんとして働いている植木さんの手記の一節——

「——みなさんの協力でやっと保育園らしくなったが、この暑さに向って水道もない便所もない、やっと借りた堀立小屋はいつ立退きを云われるか分らない、考えると暗い気持になるがけんめいに活動しています」

前進座保育園の野外進出

夏休み中の活動として、又地域活動にのりだすためにもと、かねてから計画していた野外保育所が軌道にのって始められた。井ノ頭公園のうらにある寺の境内で、週二回の保育を継続してやることになった。土地の婦人会やその他の民主団体の協力もだんだんに得られる予定

地方の動き

神奈川◇日本鋼管の社宅地域にある三つの保育所は、会社の経費切りつめ政策が福祉施設の縮少となってあらわれ、保育所も当然その影響をうけるものと思われていたが、保育所の日常活動の効果が認められて現状のまゝと云うことになった。

横浜市、川崎市では、生活協同組合、労農救援会でも保育所運動をとりあげる機運になり、具体化が進められている。

山梨◇甲府市の県農協は従来から保育問題に力を注いできたが、昨年秋の農繁期保育所終了後の反省会を機会に有志によって農村保育研究会を結成、市の常設保育所保母も加えて毎月一回研究会をもっている。最近では甲府市内に簡易保育所開設の要望があり、研究会のメンバーはこれをとりあげて八月のお盆休みに街頭保育を行う計画

名古屋◇東邦高等学校の一部を開放して東邦保育園が五月に開設されたとき人々はいぶかった。なぜ幼稚園にしないのかと。県教育委員である園長S氏は「まづ、幼稚園と保育園のちがいを分らせることが目下の重要な仕事ですよ」と云われる。名古屋は昔からしきたりの古い町で、保育の内容でもしつけがきびしい。また幼稚園は保育料その他家庭の負担が大きく、保育園は「困った人のやるところだ」として特別な眼でみられている由。労ク保育園から主任保母として転出された岩本愛子さんは、早くも[illegible]を覚えて、新しい発展に苦心している。

なお名古屋市の生活擁護同盟や職安でも保育所運動をとり上げる機運が出ている。

のよびかけを行った。初めは反対の意向もあったが一人の区議が肌を抜いで全身十ケ所の戦争のための傷あとをみせて賛成演説を行ったので、遂に可決した。婦人たちはますます結束を固くして運動を進めている。

『子供たちも平和投票をしている』

(その一)東京都中野区新山通の婦人民主クラブでは、次のような平和投票用紙をつくり積極的に子供たちも投票を行っている。

「戦争は、おりの中のおとなしい象も殺してしまった。目のやさしいアジアの象よ、あのおとなしい象はどうして殺されたか、厚くて強い象の皮は鉄砲の弾もはねかえす。注射の針も通らない。だから水ものまさずひぼしにされた。象が腹ペチャになってシワだらけになって死ぬようなことはもういやだ、このように罪のないものを殺す戦争や原爆はいやです」

(その二)熊本県御船町の井上貞子ちゃん(中学一年)と尚子ちゃん(小学五年)は戦争や原爆の悲惨な話をきいて平和署名を集めることにし、夏休みに近所からまわりはじめ一日で貞子ちゃんは二〇票、尚子ちゃんは五六票を集めた。

(その三)愛知県豊川市の草笛子供会では、みんなで一〇九票の平和署名を集めた。

『世界中の婦人が平和の先頭に立っている』

(その一)イタリヤ婦人同盟では七月九日から原子爆弾反対週間を行い、平和署名を集めている。

(その二)北アフリカのチュニジアの少女連合会に属する二人の少女は、それぞれ一二六〇と、一二五〇票の平和投票を集めた。

記録　保母の養成について

昨年来、ようやく保育所設置の運動が各婦人団体、労組、生協などを中心にさかんになつてきたが「どうもいい保母さんがいないので」と云う訴えがもち込まれてくる。そこで保母養成が民保の当面の急務になつてきた。(一)まず二月初めに新聞広告をもつて「保母になりたい人のこんだん会」を開いたところ、約五〇名の熱意ある人々が集つたが、殆んどが未経験者であつた。ここでの話合いを基にして保育運動の活動家であるにふさわしい実力を身につけ、併せて保母試験を受けるに役立つような講習会の計画が立てられた。(二)四月九日から三ケ月間、月、水、金の週三回午后六時から九時まで 合計四十二日間、一二〇時間余の講習が北区労仂者クラブを会場として実施された。応募者四九名 厚生省東京都当局の協賛を得て養成基準による課程が進められた。仂きながら勉強をすると云う条件と民保の体制の不備から種々な困難が伴つたが、七月九日無事に終了、講習会終了者三十三名 (三)この間自分で保育所を開設したもの二名、既設の保育所その他実際に保育活動に入つたもの八名であつた。他の人々は保母の労仂条件の低さ（経済的・時間的な）から、とに角現在の保母の資格をとりたいと云う考えから すぐには職場をかえると云う決意がつかないのであつた。(四) 保母試験を受けるためにもう少し勉強したいと云う多くの希望をとりあげ八月五日から週一回の「受験のための研究会」を引つづき開催している。ここにも先の受講者以外新たに参加申込が多く、現在三八名を数えている。(五) 保母志望者の中には、小学校卒だけの学歴をもつ人が数名あり、又看護婦から転向したいと云う人、首切りに備えて資格だけはとつておきたいと云う人々が多い。何れも婦人の職業分野としての保母に望みをかけていることは、現在の世相の一端を示すものであろう。それにしても法規上できめられた保母資格が現在では熱心な活動家の進出を阻むと云う傾向がみられることは残念である。民保としては今後とも保母養成のもんだいについて充分な対策をもたねばならない。

せんそうはいやだ。
せんそうはこわい
人なんかころすの
　わたしはいやだ
ころしては　人がすくなくなつて
　さびしくなるよ
かわいそうな人も
　でてくるもの
わたしがなくなつたら　どうしよう
（小学二年生の詩）

母親と子供を守るために
民保の活動を大きくするために
会員を増やしましょう！
会ヒを完納しましょう！

クレヨンと絵本の小包

《職安の子供たちへ》

石川県能美郡山上村の会員室谷好枝さんは「民主保育ニュース」前号で渋谷職安保育所の記事をみて感動し、かつての教え子同村辰口小学校生徒に訴えたところ、みんなは自発的に小さくなつたクレヨンや古い絵本などを集めて「子供さんたちへ」と送つてきました。さつそく四ケ所の職安、野外保育所に分けました。子供たちは大よろこびです。どうもありがとう。やさしい協力で保母さんも励まされています。

新しい認可施設

母の会、労組、生協、その他民主的な団体の力を結集して、保育所を設置し、その整備に努力する一方、当局に児童福祉法による保育所としての認可を要求していた左の諸施設がこのほど認可施設となりました。

陽光保育園　板橋区大谷口一〇四六
代官山保育園　渋谷区代官山一〇　代官山アパート内
望山保育園　北多摩郡清瀬村結核研究所内
子供の家　大田区大森八丁目三、八五三

会員の中からうまれた保育所二つ——

自宅を開放して子供たちと母親のためにその生活向上の擁護をしようと志し、民保の保母養成講習に終始熱心に参加された左のお二人が新しく保育所を設置され地域の人々によろこばれていらします。

北沢保育園　世田ケ谷区北沢二ノ二九　園長　土井　寅さん
白鳩保育園　江戸川区小岩町一ノ三六九　園長　石坪　寛さん

なお北沢保育園は開設後二月足らずで児童福祉施設として認可されました。

あとがき

久々のニュースが大変不充分なものになつて残念です。皆さんからの生きた通信や資料を主にして九月から定期に発行したい心組でおります。民保の研究活動、事業活動も一般からおされてようやく活発になつてきました。どうぞよい御意見をどしどしお寄せ下さい

民主保育連盟ニュース No.17

発行所 民主保育連盟
港区新橋7の12 文工会館内
1950.10.15

子供をまもることは平和をまもること

東京の片すみの小さな焼ビルに四〇世帯もの戦災家族が住んでいる。隣りとの間仕切りがベニヤか何かで、どこかに夫婦げんかや子供のおしおきが起きるごとにビル中にひびきわたってやりきれない。さすがの主婦たちも考え込んで「子供の尻ばかり追いかけまわしていても仕方がない。叱られないですむように『しつけ』の話を聞こうじゃないか」と云いだしている。

ある職安の保母さんは訴える。「床の中から着のみ着のまゝ引たてられてきた子供たち長い行列に並んでやっと紹介票がとれるとホッと母親は一安心、物売りからパンかふかし芋を買って子供と一諸にかじるとこれで朝飯がすんだことになる。この間に幼い子供たちの見聞きすることは荒くれた大人同志の悪ふざけ、ばり雑言。時には警官のこん棒とピストルにおどかされ、けがさえさせられる。こういう子供たちはゆくゆくどうなることだろう」と。そして職安のあるおばさんは涙をこめて抗議している。「私の長男は不良と世間からいわれているが、私は息子を責めることができない。私たちは子供がかわいいからこそ「仕事をくれ」「賃上げしろ」と要求しているのです」と。母親たちは頭でなく体で子供のもんだいは社会もんだいだと云うことを理解し、戦争の危機を示す生活の苦しさや失業の不安と結びつけてこれを解決してゆこうと斗っている。私たちは仂く母親の身内にくすぶっているこの子供への愛情・生活をよくする願い、戦争をにくむ思いを、もっともっと深く汲み出さなければならない。その中からこそ仂く母親とその子供たちに一番必要な保育の内容も、施設の運営も生み出されてくるのである。私たちの小さい知識や技術や経験が「子供をよく保育する」ことを通じて生活をまもり、戦争を防ぐ力になると云うことは何と大きな喜びであろう。

戦争はいやです

私たちはまだまだ小さいのです。これから地球の上でいろいろなことがやってみたいのです。
だから戦争で死ぬのはいやです。
だから戦争なんかおこらないようにして下さい。

（大阪市の小学生の作文より）

どこからあつめられ どこへくばられるか

―共同募金運動の実績―

十月一日から恒例の赤い羽根の共同募金運動が始められた。生活の苦しさの中にいて、又、保育所運営のいろいろなもんだいをもつものとして私たちはこの運動にどう云う態度をとったらいゝのか。次に昨年度の資料をあげますからみんなでじっくり考え合いましょう。（×印のついた個所は特にご注意）

昭和24年度全国決算

1 募金（日赤募金と合同）

目標額 1億221.772万0,500円 100.0%

実績額 1,221.776,1668〃 89％

内訳
- 戸別募金 995,842,627円 ×78.3%
- 街頭〃 122,025,822 ×9.9〃
- 大口〃 30,973,144 ×2.5〃
- 職域〃 8,832,078 0.7〃
- 学校〃 21,780,907 1.8〃
- その他（特殊募金×寄付金 預金利子その他）2.6〃

地域別
- 市 42.4%
- 町 21.4〃
- 村 34.1〃
- 県委直接 2.1〃

2. 配分 共募の収入分 1億01,274,729円

配分金 338,870,666.64
募金費 124,706,774.43
準備金 42,697,288.47

配分金総額 3億3887万0,666円64銭 100.0%

	(受配団体数)	
児童福祉事業	2,947	23.9%
生活保護 〃	2,527	20.5〃
医療保護 〃	302	4.1〃
指導連絡 〃	5[illegible]	5.9〃
社会教化 〃	365	2.8〃
経済保護 〃	109	3.2〃
研究及養成 〃		0.7〃
その他	6,129	39.1〃

昭和24年度 東京都決算

1 募金(日赤募金と合同)

募金総額	177,299,317円74銭	100.0%
天皇皇后皇太后御下賜金	2,800.00	× 0.004〃
各戸募金	46,658,523.27	× 60.4〃
街頭募金	21,432,213.01	× 27.7〃
経済団体	5,036,821.94	× 6.5〃
その他		5.9〃

2 募金処理

配分金	64,000,000円
社会事業団体(540団体)	51,200,000
日赤東京支部	12,800,000
募金諸費	10,511,537円91
予[illegible]	150,000.00
×[illegible]	1,499,570.66
留保金	1,138,209.12
合計	177,299,317.24

ようやく支持されて来た農村の保育所

◇山梨県甲府市外の共成保育園は、農村のため農村のため保育に対する考え方がまだ行渡っていない。「生活保ゴを受けていながら保育所にやるなんてぜいたくだ」と云う民生委員がいたり、「地主さんのやしき内に保育所があるんぢや気がひけて行かれない」と云うおばさんがいたり、「五つ六つになれば子守するのに保育所にやったら不自由だ」と云う声があつたりして子供の数がふえないけれど、保母の千葉さんは、子供の保育に力を入れる一方村のおぢさん、おばさんたちと仲よく茶のみ話をしたり、村の青年男女にコーラスや遊びを指導したり、回虫や地方病のことについて村の有力者に提案したりしてたゆまず努力したので、効果がだんだんあらわれてきた。村の小学校の校長先生は、今年の四月保育所から入学してきた子供が、あんまりきゝわけがよいのでびつくりし、「みんなが保育所を通って来たらどんなにか小学校の質が上るだろう」と云っている。又、村の赤十人会はありがたがり、婦人会でも働く協力しようと云う所まできた。この保育園は近く、農業協同組合の経営にうつされる事に決り、村の生活文化運動の拠点となろうとしている。

◇埼玉県加須町は今が農村部と町部であるが今、町営幼稚園があって二五〇名の来年学校へ行く幼児が午前午後の二交替で保育されている。ところがもっと小さい足手まといになる子供は預けるところがなく、町の赤十人会から要望が大きいので町議の村山さん(共)が町営保育所の設置案を提議した。ところが保守派の町議や顔役がこれに計画的に反対し、二五年度にはとうく実現出来ないことになった。この運動に平行して村山さんは婦人民主クラブ主催の春季農繁期保育所を開設して延八六名の幼児を受託し好評だったので秋期も開設の準備を進めている。

こどもサンセイの平和投票

◇東京都板橋区東京自由保育園では、「こんど先生が皆さんのお家に戦争はいやです、と云う話をしにゆきますよ」と話しておいた。その後平和投票をもつて家庭訪問すると子供たちは「センセイセンソウはイヤダつて話に来たろう、オ母チヤン早くかきなよ」とすゝめる。何処の家庭でも「この子供たちに二度とあんな思いをさせたくないもんですよ」とみんなが署名してくれた。

地方だより

◎ 仙台からの便り――

前略―ある朝、保育所の一人の子が「ゆうべ、先生が雲から落ちて顔がむらさき色になつて死んだ夢みた」と云い、又暫くして「母ちやんがね、戦争はじまつと爆弾おつこつてきて、みんな顔がむらさきになつて死んぢやうつていつてたよ。ほんとう先生」と真剣にきくのです。ピストルのおもちやなとがはやつていますが、子供会の子供たちは熱心な平和運動者です。「八月十五日終戦記念日には「平和子供まつり」をしました。朝鮮少年団と日本の三つの子供会から約一〇〇名が集り「戦争はもういやです」「朝鮮と日本の子は仲よく手をつなぎましょう」のスローガンをかゝげ、平和の歌を合唱し、平和を守る会のおぢさんの話をきゝ、平和投票二三八票を集めて成績の一番よかつた宮城野原子供会が表彰され、ゴムマリを賞品にもらいました。「どうして平和投票をもつと沢山あつめようか」との相談にいろく意見がでましたが、中に「紙芝居のおぢさんにたのんで見に来る子供みんなに投票してもらつたらよい」と云う名案も出ました。保育所では、平和をまもるこん談会をして五〇人程の自由労仂者が集まりましたがお話が下手なのでみんな飽きて途中で帰つてし

東京の江東区のある学校では、三〇年前の鉄道客車を改造した教室があられた。細長い客車で子供たちは落つかない気持で勉強している。東京だけでも今三三〇〇も教室が足りないで三五万の子供が二部教育で困っている。国の教育費は全予算の二％にしか当らない。「P.T.A.」「給食費」「寄附」の名目でとられる金は東京都だけで三五億円に上る。「学校だか税務署だかわからない」とみんな不平を云っている。

一、独立と平和のための教育を!!。
一、教育費は全部国庫から!!。
一、無料でおいしい給食を!!
一、よい先生をやめさせるな!!

六〇〇カロリーを補給すると云う「完全給食」は始める早々に中毒事件をおこした。また、東京新聞の年輪調査によれば「給食はきらいだ」と云う者が一二％もあり、五〇％以上は「まづいものはミルク」と答えている。それで月に一六〇円もとられている。十一月十日の教育委員の選挙には、こんな状態をなくし、日本の独立と世界平和の為に教育を立てなおす決意と実行力のある教育委員を今度こそ選び出そう。

保育所をもつとつくろう!!

――参議員でこんだん会――

九月十六日午後一時から参議院会館で民主保育連盟、婦人民主クラブ、生活協同組合、労農救援会の共催で「保育所をつくるこん談会」が開かれたそれぞれの傘下から約五〇名が集り、とくに職安の婦人労働者も多数参加した。先づ、保育所を要望する実情が交々述べられ、民保側から、保育所をつくった実例や経験が語られた。次いで、二五年度の設置方針を 東京都民生局、母子係の方から左の様に説明された。

一、職安婦人の子供を対象としてテント保育所を十五個所つくる。（予算通過） 二間×三間のテントで五〇人の幼児のみ預る。保母は二名、予算は一ケ所一〇万円（テント代、おやつ代備品、人件費すべてを含む、十月から実施する。

二、都内に八ケ所の常設保育所をつくる計画。ただしこれは補正予算を当にしているので成否は不明、予定地は豊島、新宿、杉並、中野、墨田葛飾、品川、江戸川等。

なお厚生省児童局保育課からは、出席がなく全国的な計画は聞けなかった。都の方針に対して熱心な質問意見が出た。主な点は働く婦人に必要な乳養児保育所がない。今の保育所は衛生保育方針等が不満だ、保育料が高すぎる。民間で新設したいが土地や融資を都であっせんしてほしい。書面里親制度を活用するために、委託費をふやせ、共同募金や救援物資を認可基準に満たない施設にも廻すべきだ。職安保育所はテントでは無理だ、予算をふやしてバラックにせよ等。最後に主催者側のあいさつがあったが、労農救援会の川崎氏は「保育所の問題は婦人のみの問題ではない、働く人々が力を合せて真剣にとりあげねばならぬ社会問題だ」と強調、次回は十一月初旬に国会再開を目ざして開く事にし、五時過散会した。

しまったのは大失敗でした。職安のお母さん達方はこの頃四日に一度ぐらいしか就労できず、生活擁護の斗いが真剣にとりあげられるようになってきました。産児調節のもんだいも真剣です―後略

◎ 徳島市では、職安の登録婦人が約八〇〇人いるが大部分が子持です。しかし子供を連れては仕事ができないし、さりとて近所の人に預けると一日五〇円から一二〇円もとられる。また面倒みる人がないと子供が学校に行かないと云うので困っていたところ、婦人民主クラブの人たちが托児所をつくろうと提案し、希望者を募ったら一六〇人もあった。母親たちはアブレの日を利用して市や県に交渉し遂に托児所をつくることを確約させた。今は診療所をつくれの要求を出している。この活動を通じて平和署名が約四〇〇集められた。

◎ 大牟田市では「子供連れは使わない」と云う達示がでたので日雇労組は市当局と交渉、九月一日から市内東本願寺の托児所を開放させ毎日約二〇名の幼児を預けているが、母親たちは「私たちのことは組合にばかりたよらず私達の手で片づけよう」と九月四日母の会を組織した。

「平和のために」の移動子供会

東京児童文化連盟の金沢嘉市先生たちは毎日子供会や、日赤本社の後援を得て九月から日曜毎に都内各地域を巡回「平和のために」を主題にして移動子供会を開き多くの参加者を集め喜ばれている

労働者と市民のていけいで保育所づくりの運動すすむ

△世田谷郷で。　東京都世田谷区には約三〇〇戸の引揚者、戦災者の住居にあてられた元兵舎がある。この世田谷郷には約四〇〇名の職安労働者が住んでいて、その中の約二〇名は子供をもった婦人である。　郷内には二つの保育所があるが、三才以下の子供は預らない。保育料が高い、時間が短い、満員だと云うわけでおばさん等は子供の処置に困っていた。職安にはテントの保育所がつくられたがこれから冬に向うのに寒い。遠くてつれてゆけない、どうしても郷内に造ってもらいたいと云う話になった。それに郷内には大きな用水堀があって、昨年一年で七人も子供が死んでいる。ついこの間も又七人の子供がおちたのでここの人たちからも、安心して子供を預けられる保育所をつくれと云う声が大きくなった。そこで職安のおばさんたちが中心になって相談し、区議の森田さんや、世田谷区平和婦人会の人たちも協力して区会に申入れることになった。なお、平和婦人会では「保育所つくれ」の他に「用水堀にフタをしてくれ」「赤痢患者の消毒を完全にしてくれ」「流しが不潔だ設備をよくしろ」「生業資金をだしてくれ」等、日頃の要求も一諸にして強い運動を進めることになった。

△神谷町で。　公園のバラックでやっていた保育所も、この頃のようにうすら寒くなると心配でたまらない。今まであまりお互に親しくなかった職安の組合と町の防犯協会の人たちそれに生活協同組合、保母などが一諸になっていろいろ相談した結果、職安では都で確約したテント保育所の実施を促進する。町の人々は土地の選定と募金カンパの活動を進める。そしてお互いにできる丈けに協力し合うと云う固いていけいが出来た。今四十人余の子供たちが嬉々として集っている。

悪い玩具や紙芝居をつくらせない……

青黒い背に派手な腹で何にでもピタッと吸いつくとかげ、爆弾のような羽根がついて先がとがった投げ矢　黒々と艶出しをかけた大型ピストル等、この頃のおもちゃは、どれもこれも子供の本能的な好奇心や冒険心におもねるようなものが多い。又街頭紙芝居の低俗さはますますひどくなっている。西部劇の三角関係やゴロツキのヒロイズムがくりひろげられているのを幼い子供たちは目もそらさずに見入っている。

東京都では、九月中旬児童福祉審議会が「児童に悪影響を与える文化財対策要綱」と云うものを出し、一般の人々の声を聞いて「児童福祉法第八條により製作者又はその関係者に勧告する」ことになった。これをまつまでもなく、婦人民主クラブの支部では「悪い玩具をつくらせない運動」をとりあげているし、民主紙芝居人集団では　専門家の立場からよい紙芝居運動をすることになっている。

―保母さんの生活はこんなに低い―
私設保育所の保母さんこんだん会

二ヶ月に渉って開かれた東京都の保母認定講習には、八月第一期約五〇〇名、九月第二期約一五〇名と多くの保母が集った。ところが公立保育所の保母は出席率もよいが私立保育所の保母は勤務條件のわるいのを反映してか、だんだん出席が減り又出席表の不正があったりした。そこで私立保育所の保母こんだん会を九月廿四日開いたところ参加者八十名、日頃「聖なる天使」として黙々と働いている保母さんたちも生活問題となれば初々若として次々と切実な意見がはかれた。問題になった主な点は経営者対雇傭者への保母の立場の弱さ、給與の低いこと、病気になった時の生活の保障がないこと、勤務以外の雑用につかわれること等であった。このこん談会を機として今後も私立保育所の保母の集りを続けてゆきたいとの要望が出て世話人が選ばれ具体的に進めることになった。

資料

新中國の托兒所

新中国の人民政府は大陸の解放後、特に児童の保育工作を重視し積極的にこれを推進するため国庫から資金を支出し、都市および広大な農村に「保育院」「托児所」「児童営養たん」および児童の医療衛生施設などを設立させている。この中でも、「托児所」の成績がもっとも良好である。つぎに新中国の二三の托児所を紹介してみよう。

(一) 北京北海の「実験托児所」は目下の中国の経済的現況に則応した児童に関する経験を研究しようとするもので、七十四人の児童は四班に分れ、小班は二方から二方半までで、児童たちは保育員から玩具積木を与えられ、砂遊び、歌おどり、歌うたいなどを教えられる。中班は二方半から三方半までで、大班は三方半から五方まで、識字課にのぼり算数をならい、団体的遊戯を学ぶ。児童たちの栄養は毎日二回のご飯、二回のオヤツ、一回の果物を与えられる。児童たちの日常生活は主として労動、祖国、領袖に対する認識を培養するためにくまれている。

(二) 同じく北京の「中山公園児童倶楽部の托児所は、各種各様のがん具が備えられている外多くの美しい庭園がつくられており、児童たちの自然の美に対する認識を深めようとしている。

(三) 南京市民主婦連籌委会は三つの「托児所」をつくっており、児童に対する保育工作を重視している。入所前の児童は一人一人厳重な体格検査を受け、入所後は児童に充分な栄養と睡眠を与えることに注意し、児童は毎月一回の身長と体重の検査を受けて発育の成常か否かを見られる。病気の起った時は、特別に看護と治療を受ける。教育方法は、単元教育の方式をとり、一週毎に一つの中心課題を選んで、その一週間はすべてこの課題を中心にして教育を進める。例えば、交通機具を中心課題として選んだ場合は　この一週間は「小弟々出門」、「解放軍南征」のようなこれに関係のある歌をうたい、自動車や飛行機の切り紙をつくらせ、汽車のおもちゃを遊ばせ、電車の運転ゴッコをやらせる。これと一諸に「舟」「車」等に関連のある字を教える。また平常から児童の労働観念を養うため、御飯時には輪番にサジをかけさせたり、御飯をつがせたり、イスを運ばせたり、教室内に小さなホーキ、ゴミトリ、ゾウキンを備えて、小児たちに教室を掃除させたりする

このように托児所では、児童の労働観念、独立性のある性格創造力、児童の個性の正常な発育がなされるよう注意している

(四) 広州婦連では、四つの托児所をつくっている。省人民政府工作人員の托児所もつくられ、旧来からあった托児所は人民政府の援助の下に漸次拡充され、新解放地区も普遍的にこれを設立しつつある。

世界中の人が平和投票をしている！

中国	一三、八二三万票（全人口の約六八%）
ソ連	一一、五二八〃（全人口の約五五%　成人の九五%）
アメリカ	二五〇〃
フランス	一、二〇〇〃
イタリー	一、四六四〃
イギリス	七九〃
朝鮮	五六八〃
日本	三六二〃（全人口の約四、五%）

私たちも平和投票に参加しよう。

◎共同募金は六日からとれ

板橋区では保育所をはじめ公私立の社会事業施設が結束して九月下旬区社会事業協会を結成、地域での民主的統一組織の先べんをつけた。その保育部会では共同募金について協議した結果左の二点について区の共同募金委員会に申入れた。

(1) 区内の経済団体から大口の募金を集めること

(2) 受配団体の代表を配分委員会に加えること。

なおこれについて区内の労組　婦人団体にも呼びかけることが進められている。

記録 夏期保育研究会記録

第一日　八月二十六日（土）　参加者四十九名

A　保育の実際もんだい・

一、簡易保育所のもんだい・

（報告）1、野外保育所　北区神谷町保育園（天野）

2、監安保育所　新宿区監安保育所（志賀）

3、農村保育所　山梨県共成保育園（千葉）

（討論）△施設の條件が悪いため社会性の訓練がしにくい。その基準を研究する事が必要だ、

△家庭や地域の封建性が強いため利用度なども左右される。保育もんだいは生活全体の問題の中にある。

△簡易保育所の常設化を目的意識的にやること

二、社会性のもんだい・

（報告）1、集団意識と行動の成長について
労働者クラブ保育園（高瀬）

2、自由遊びのもんだい
大森子供の家（萩原）
みゆき保育所（山田）
前進座保育園（福地）

3、自然観察の経験から
名古屋市東邦保育園（岩本）

（討論）△、いわゆる自由保育と一斉保育をどう考えるか・自律か他律かによって評価する

△　社会性の学習の機会をどうつかまえるか。

△　子供の欲求を小さい社会人にするためにどう指導するか。

△「禁止」は抑圧ではならない。創意性の発揮に転化させる。

三、カリキュラムの現状ともんだい
みゆき保育所（宮下）

第二日　八月廿七日（日）参加者四十三名

B、保育施設経営のもんだい

（報告）1、認可施設の場合　東京自由保育園（谷川）

2、簡易保育所の場合、北区神谷町保育園（福光）

（討論）△民主的な維持組織をつくり一方で公的補助を要請する運動をもりあげる。

△、ガラス張りの経営を厳守。但し“公正”は禁物

△．補助基準の引上運動をする。

——第五回総会——

一日時　十二月十二日（日）午後一時開会

一、会場　労働者クラブ保育園（北区豊島町三ノ三国電王子駅下車）

一、日程　1、あいさつ　委員長　羽仁説子氏

2、第四年度報告（イ、活動報告　ロ、会計報告）

3、第五年度活動方針討議

4、綱領・規約審議

5、役員選出

6、メッセージ

一、講演「新中国の婦人と子供」
日本中国友好協会理事　島田政雄氏

一、こんだん

——以上——

C　家庭指導のもんだい、

（報告）

1、父母の会の運営　東京自由保育園（庄司）

2、母親の組織について　労働者クラブ保育園（畑谷）

3、家庭調査から　みゆき保育園（山田）

（討論）

△　どんな悪條件にも父母が積極的に保育所を守り抜こうとする強い社会的な自覚と結集をつくりあげる。これは行動することによってのみできる

△　家庭訪問の重要さを認識する

△　母の会はあくまで子供のもんだいを中心にして運営される。おしつけは絶対にいけない。

D、提案「保育運動は社会事業か」（渡辺）

（討論）

△　保育運動はぎせいや慈善の上に立つべきものではない。子供の正しい成長をたすけ、婦人解放に役立つものでなければならない。

（この研究会の成果は追補して別に報告書をつくる予定です）

〰研究部会日誌〰

九月

△組織・経営部会　九月七日（木）午後　於労働者クラブ。参加者十四名（試題）一、委託費事務の扱い方、一、保育所設置のための運び方など

△保育技術研究部会　九月十日（日）午後　於労働者クラブ　参加者十五名

（主題）生活訓練のもんだい　歌と集団遊戯

△保母試験をうける人のための研究会

毎土曜日夜、於民科会議室　参加者（五〜二五名）

十月

△保育技術研究部会　十月一日（日）午後　於労働者クラブ（参加者八名）

（主題）十月の保育案について

△組織・経営部会　十月七日（土）午後　於東京自由保育園（参加者）八名

（主題）、一、共同募金対策　一、新設保育所対策　一、地域的な施設協議会をつくる対策

△童話部会　十月十四日（土）夜　於労働者クラブ

（主題）幼児のお話教育について

あとがき

次々と生れる新しい働き手に支えられて民保も満四年の足跡を残したことになりました

ニュースをもっと力のあるものにするため記事を送り会費を完納して下さるように　では十二月十二日総会でお目にかゝるまで

民主保育連盟ニュース No.18

発行所
民主保育連盟
港区新橋7の12　文工会館内
1950. 12. 1

こどもの生活を直視しよう

葛飾区亀有の町では、幼児までが「チョイト、兄さん、あそんでらっしゃいよ」と遊んでいる。夜の中に散らかされたうす桃色のはな紙を拾い集めて、花などを造っている。風呂やで性病をうつされた子供も沢山いる。板橋や北区の子供の間では「チョーセン人はかわいそう——」という二十数年前にはやったぶべつ的な歌が又、誰からともなくいいふらされている。みんな仲よく遊んでいた保育所に、駐安の子供だけ入れるというテント保育所がつくられた。町の子供達はこの差別待遇に「いじわる、けちんぼう！」と、役人をとりまいて抗議しなければならなかった。長い間一諸に遊んでくれたやさしいせんせイが明日から保育所に出入りしてはならぬ、とクビきられて、こどもたちはさびしそうな顔をしている。

子供の世界は楽園だ、子供には差別はない、と説く人々。又そうあれかしと希っている人々は、こういう現実をどう解釈することだろうか。

私達は議論だけでなく、思索だけでなく、保育活動をさらに前進させることによって、これに対するはっきりした答えを出さなければならない。それには子供たちを、単に保育所の中だけでなく、彼をとりまいているすべての環境の中で、何が必要とされているかをつかむことが第一であろう。保育技術はもちろん大切だけれど家庭訪問の時間を惜しむことはすまい。

この日常活動の中からこそ、保育所の新しい社会的役割——子供達の目前の要求に応えることと子供を守る巾広い運動の結び目となること——が見出されるのではないだろうか。保育所は日本の独立と平和をまもるための一つのパン種子にも例えられる。おいしい誰にもよろこばれるパンをつくるために、よく醗酵するパン種子は、人に大切にされ、保存されるが、ふくらます力がなければ、コチコチに干上り、捨てられてしまうばかりである。

『人民の子供に仕える』

中国の保育工作のスローガン

◎◎◎

中国の民主婦人連盟では保育事業部を設けて、広く保育工作にあたっている。その中心スローガンは、次の三つである、と。

1、私たちは人民の子供に仕えましょう。そして人民に仕えましょう。

2、固い信念をもって困難にうち克ちましょう。

3、対内的には団結、対外的には協力。信仰、思想、生活、習慣を超えてすべての保育活動家は固く団結しましょう。

総会における島田政雄氏講演より

第五回総会報告

十一月十二日（日）午後一時三〇分、北区労的者クラブを会場として会員六十余名出席の下に開会。（司会者―福地とし子、議長―畑谷光代）一般報告（前号の草案参照）に引つずき、会計報告、地方報告あり、これを承認。ここで、日本鋼管の保母三名のレッド・パージにつき報告と訴えあり、芝山保育園からの斗争経験が述べられ、緊急動議によつてパージ反対とカンパ活動が決められる。

続いて活動方針の討議にうつり、草案を中心に活発な討論が交され、「日常の私心なき保育活動」と「地域の協議組織をつくる」ことの必要が強調され、父母の会の結束を強め、与論を換起するためにも、ニュースの発行・強化が主張された。そして、これらの活動はすべて日本の独立と平和をまもるための一翼として進められるべきことが拍手をもつて決定された（別項参照）

更に綱領・規約の審議に入り、綱領は従来通り承認、規約について日、組織の主体を保育者（保母、研究家）と父母の会、保育園におくことなどが討議され、その他数項が改正された。（規約、綱領は別紙「民保のしおり」参照）

次いで役員改選で別項の如く選出、更に、予算案を審議の上、活動強化による財政確立が申し合わされた。

以上で総会を終了。時に六時五〇分。

ここで「新中国における婦人と子供」につき、日本中国友交協会の島田政雄氏より講演をきき、後、パンとコロッケとミルクの夕食を共にして、こんだんが続けられた。つきぬ感激を明日からの活動に生かすことを約して、八時三十分散会。

なお、別室では研究組織の確立について、話し合いがつづけられた。

第五年度活動方針

(一) 保育活動を日常の生活をまもる運動との密接な結びつきをもつて実践する。

(1) 家庭訪問の活動を重視する。

(2) 「父母の会」の運営はあくまでも子供のもんだい、保育所をまもるもんだいを中心として行う。

(3) 「父母の会」を地域的な運動とのつながりをもたせる。

(二) 地区的な保育施設の連絡、協議機関をつくり、強化する。

(1) 至営、研究など共通のもんだいを中心として、地区内の公私保育施設の連絡、協議機関をつくる。

(2) これは、子供をまもる運動のセンターとなり得るように運営してゆく。

(三) 保母の生活保障のもんだいを積極的にとりあげる。

地域的なこんだん会から始める。

(四) 研究活動の強化。

(1) 各施設はそれぞれの条件に応じて継続的な研究を行う。

(2) 研究部会の実質的な運営

(3) 研究成果の発表

(4) 出来るだけ他の専門団体との協力によつて行う。

(五) 保育所をつくりひろめる。

(1) 集団住宅地域、職場などを中心に、地域的な力を広く結集して簡易な保育所をつくる。

(2) 簡易保育所に公的な補助をとる。

(3) これをなるべく早く公認施設にさせる。

(4) この活動のために必要な保母の短期養成。

(5) この活動のために必要な資料、手引の刊行。

(六) 以上の活動はすべて広汎な平和運動の一翼としておしすすめる。

（以上）

新委員名簿

◉ 委員長　○ 常任委員

◉羽仁説子　河崎なつ　乾　孝　菅　忠道　谷川正太郎　千葉　誠　佐藤　○井手ナホ　○井久保了子　戸沢貴志子　○山田久江

○石本佐兵子　○近藤　操　鈴木ふさ子　鈴木静子　○志賀晴子　○庄司豊子　○堀谷アイ　○福地とし　○福光えみ子　○畑谷光代

（地方の委員）

岩本愛子（名古屋）　高橋さやか（福岡）　阿部和子（仙台）　千葉ゆり（山梨）

（専門部責任者）

△組織部　谷川正太郎

△事業部　福光えみ子、福地とし

△研究部　畑谷光代

第二回保育所をつくるこんだん会

記録

日時・・十一月二十日(月) 午後一時半－五時
会場・・参議院議員会館会議室
主催・・民主保育連盟、婦人民主クラブ、他三団体
参加者・約六十名

臨時国会閉会を間近かにして「保育所つくれ」の与論と運動をさらに拡めるため開かれた。このこんだん会には都内各職安の婦人労働者、保育所関係者、婦人団体の人々に、当局側として、都労働局と労働省婦人少年局、それに各区から児童福祉司の方々も見えて盛会であった。

話題は切実な要求に応じて設置された北部のテント保育所が、日雇労働婦人にとって極めて不満であることから始められた。都の労働局からの発言に対して、婦人労働者たちは交々に涙を以て実情を訴えたのであるが、官庁機構の枠と法理論を楯にする返答は、日本の保育政策が、真に働くものの立場から実施されていないこと、児童福祉法も、死文になろうとしていることをひしひしと感じさせた。又、児童福祉司からの「乳児保育施設がないために、一年半の間に一五〇人余の乳幼児を母の手から引はなして養護施設に送らねばならなかった」との訴えは、日本の母子の悲惨な境遇を新たにさせたのであった。参会者一同はこの問題を大きな与論とするために、それぞれの宣伝を強めること、又、国会えの陳情、請願を引つづき行うことを申し合わせ、出席の共産党議員、田島、岩間両氏からも、協力、げきれいの言葉があって、午後五時散会した。

なお都合により当日出席のなかった各党議員、厚生省当局を招請して近く第三回を開く予定。

進歩的な保母の追い出し

去る十月二十三日、日本鋼管では、いわゆるレッドパージを強行したが、川崎製鉄所の社宅地区にある三つの保育所では、保母さん三人がこの不当な追放にかかった。その一人、鹿島田保育所の山田さんは、この保育所開設以来四年間も献身的に働いて来たので、母の会では、団結して、会社やこれを呑んだ組合に交渉した。そのため家庭争議までおきたほどであったが、「さわげばこんどはお前の番だぞ」という圧迫と不安から、遂に、「先生には気の毒だけれど――」と交渉は打ち切られてしまった。山田さん他二人は、八〇数名の組合員と共にあくまで拒否し、連日、社宅を戸別訪問して斗っている。

夜預ってもらいたい保育所

足立区大谷田町の引揚者寮(五〇〇世帯)では、保育所がほしいという声が大きいので、すぐ近くの砂原保育園の母の会の人たちや婦人民主クラブの人たちが、運動をはじめている。

ところがここでは、亀有楽天地などの特飲街が近い故か、午後三時から十一時まで預って下さい」という母親の声が出ているので、みんな今更のようにびっくりしている。

五頁左下、要求事項よりつづく。

必要に応じて就労手帖を持っている人の中から保母を補う、又その場合は現場に直行出来るよう便宜をはかる。

以上

民保は十一月二十九日、左記要旨の請願書を衆参両議員に提出した。

請願の要旨

一、乳幼児保育施設々置のため国家予算を大巾に引上げること。
一、乳児及び三才未満児の保育を重視すること。
一、保育所保母の待遇を国家保障すること。適切な給与基準の設定と全額国庫負担による、健康保険、失業保険の設定。
一、児童福祉法の完全実施をはかるとともに簡易な保育施設を国庫負担によって設置すること。
一、昼間里親制度を拡充し、小規模の集団保育を普及すること。
一、民間諸団体による自主的な保育活動を積極的に助成すること。

デマを追い拂った 井の頭保育園

夏休みに寺の庭を提供して貰い、一日五円で試みた青空保育が、その後母親たちの要望によって、一週三回午前中だけの保育を続けることになった。

経費も母親達で相談して、保育料を一日七円にし、一口二十円の維持会を設ける事にした。次々と母親が宣伝して子供を集めて、現在六十余名になった。井の頭保育園と名ずけられた。保母一人の手不足を見かねて、婦人民主クラブからと母親からと、二人の手伝が加わった。

この間、この青空保育に対していろいろな噂がとばされた。維持会は強制寄附だ、共産党への献金だ、というデマも流された。場所を提供してくれた寺の住職は、檀家から、役場から、町会から共産党にのっとられると忠告され、批難され、つらい立場におかれたが、困難な青空保育を常にみまもり理解してくれていた。

誠実な保育活動が続けられている中に、母親の支持は高まり、何時かデマは消えていった。その中に母親たちの、建物がほしいという声が大きくなり、住職も保育園設置の為に積極的にのりだしてきたので、町としても協力の動きが起ってきた。

これを促進するために、先日、母親、保母、住職、市会議員、町の有力者等を交えて協議会をもったが、資金の点で行き悩んでいる。

最近町から昇格した小さな市としては財力もなく、こうした施設は当然国家がなすべきだから、都にぶつかろうと、母親、町の有志は、共に陳情を行うことになった。

建設進む新田保育園

都から拂下げられた古バスを使って保育をつづけていた新田保育園は、母の会、生協、足立生活を守る会などが中心に、各工場長の好意ある助力によって、今年中に建設の見通しが出来た。借り受けた土地の権利金、その他建設のための資金カンパに各社宅・商店等え呼びかけたり、運動会の時の売店、人形劇を見る会、靴下売り等、いろいろな形でカンパ活動が始められ、すでに一万円余りが集められた。

又一方、地域内の四〇の各工場に連日訪問して協力を申し入れているが、始めは好意的であった工場懇談会（各経営の集り）が最近の社会状勢を反映してか、仂く者の組織的行動を阻止しようとする動きをみせて、成行が注目されている。

新町公園の保育所

畑の中の小島のような世田ヶ谷区新町公園で、十一月十九日から、週一回の野外保育が始められた。五円を持って八〇余名の子供が集ると、紙芝居、お話、共同遊び、歌がくりひろげられる。公園のドングリ拾いの競争も楽しい。

近くに都営住宅があって子供がウヨ〳〵。毎日の保育所があったら、と母親も子供も望んでいるのである。寒くなったらどこかの家を借りても続けようと、保母は意気込んでいる。

婦人部の力で授乳所ができた

熊本県　水俣新日窒の婦人部では、乳児を持つ約二〇人が中心に授乳所を要求し、団体交渉の結果、工場東門につくることを確約させ、寒くならぬ中にと建設を急がせている。これで午前午後三〇分づつの授乳時間が安心して使えることになり母も子も大よろこび。

昼間の里親保育

京都市では、仂らきに出られない未亡人が、外で仂く未亡人の幼児を家庭で昼間だけ預るという新らしい保育の試みを始めたという。多数の応募者の中から、健康、愛情、教養などのテストで、二〇名の里親を選定して保育講習を受けさせ、一ヶ月委託料五〇円で、委託児希望者を募っている、と。

昼間里親制度の活用については、多くの婦人から要望が出ているが、これを共同化して、利用者の負担を軽く、里親の生活を保障する措置が充分とられるならば、急速に普及すると考えられている。

保育所給食にもんだいがある

板橋区の社会事業協会では、十一月十八日（土）、板橋区の養育院内で「ララ物資使用の給食献立」についての講習会をひらいた。参加施設は十九ヶ所三〇人、厚生省栄養課からの講師の指導により実習を行つた後こんだんに入つた。問題になつた主なことは、「一食四円では規定の一七〇カロリーは何んとか出せるが、蛋白質がとれない、給食[illegible]上げる必要がある」「使用に困るミルク、粉[illegible]のララ物資が割当てられるが、何とかしてもらいたい」などで、今後もこういう集会を持つて、データをつくり与論に訴えることが申し合わされた。

五〇〇人の幼児の運動会

十一月三日、文化の日、板橋区内の保育施設七、母の会一、養護施設一、が合同の大運動会を行つた。万国旗や三色旗が頭上にひらめき、動物の可愛い出場門が設けられた志村第三小学校々庭は、約五〇〇の幼児と約三〇〇名の父兄や土地の人たちの笑顔と歓声で埋められた。午前中は幼児たちの遊ぎや競技。午後はお母さん達もはだしになつて、裾もあらわに競技に熱中した。午後三時過ぎ、区長のあいさつでお土産をたくさんもらつてみんなニコニコで散会した。

職安のテント保育所をめぐって

●王子職安では――

王子職安では職安の組合と町の母親達が一緒になつて、度々都に交渉した結果、やつと持つて来られたテントなのに、町の子供は一切入れてはならないという。そこで町の母親の代表は職安のおばさん三十人の応援で区長に面会し、ぜひ町の子供達も入れて欲しいと要求したが、すべては都の命令によるもので区には権限がないとはねられた。都は都で、あくまでも職安の子供だけ、それも満二才以上の子供だけだ、とガンバツている。これをめぐつて職安労働者と町の勤労者の間ではすでに対立感情が表われている。

●三鷹職安では――

七月から組合で経営していた保育所へ、いきなりポツンと「保母」二名が都から配置された。母親達は今まで苦労してきた民保の国分さんを保母として続けて採用して欲しいと要求したが、役所では色々と条件をつけてボイコットしようとしている。母親たちは安心できる保母さんがいなくなるなら子供をやらない、といつて今まで三十数名預つていた保育所が十四五名に減つてしまつた。

組合では保母のもんだいで散々交渉の末、十日間の臨時保母として二〇〇円の日給をカクトクした。しかし、市役所では国分さんをこつそりよびつけて「やめろ」と勧告している。

●渋谷職安では――

今までやつてきた保母が子供達と一緒に都のテント保育所え行つた所、都から三人の保母が来ていて、民保の保母は必要ないから子供だけ引取るというて来た。こんど来た主任保母はいはゆるアネゴで、話がつかなければ血で勝負をしよう、とタンカを切るさわぎ。全くこんな保母を採用した都に責任を取つてもらおうと、他の二人の保母も組合に同調して動き出している。

●新宿職安では――

四月から自主的に経営していた組合の二ヶ所の保育所はみとめないと、職安の所長があくまでもガンバルのでまだ話がきまらず、テントも来ない始末である。母親たちは「二才未満を預らない、オヤツも出さないテント保育所に用がない」とそつぽを向いている。

●飯田橋職安では――

民保の保母が都で預らない二才未満の子供九名を預つていたところ、そういう子供をつれてくる母親の名前を調べるという圧迫を加えている。これは「首切り」の前ぶれなので母親たちはビクビクしている。

要求事項

各職安では十一月三日相談会を持ち下の要求をまとめ都及び国会に請願することとなつた。

①二才未満の乳児をあづかること。
②テントを冬期に耐えられる様、ストーブその他の設備をする。
③町の子供達も要求に応じて入れる。
④給食を無料で与える（お八つ）
⑤母親の代表を運営に参加させる。
⑥今迄やつていた子供に馴れた保母をそのまま採用する。（三頁下段へ）

十二月の保育研究会

▲研究報告会

『幼児の社会性をどう発展させるか』（報告者）労ク保育園 天野章、ほか

一、日時　十二月九日（土）午後一時－四時

一、所　労仂者クラブ保育園（北区豊島町三ノ二　省線王子下車七分）

▲保育技術研究部会

『年末年始の子供会のために』

歌、集団あそび、劇あそび、人形芝居など、そのまま使えるものを発表交換します。

一、日時　十二月十日（日）午後一時－四時

一、所　労仂者クラブ保育園

一、会ヒ　会員二〇円　会員外三〇円

▲組織、経営部会

保育所をつくりたいが、その運営に困っているかたたちの集りです。

一、日時　十二月十六日（土）午後三時－六時

一、所　東京自由保育園（板橋区清水町一八一　都電清水町下車三分）

保母試験に合格

民保の研究会で勉強された十数名の人々が、神奈川、埼玉、東京各都県で保母試験を受けられたが、この程埼玉県の発表があった。伊藤初子さん他七名が全部合格、おめでとう！　これから新しい保母として大いに活動して下さる様に。

読書案内

『保育のための文学』

会員、高橋さやかさんの著。幼児期が、人間性格の基礎になる事は、保育者として常識のことではあるが、特にその人間としての豊かな成長のためにとの観点から、文学を取り上げてある。

乳幼児の成長と言葉のはたらき。幼児とともなる文学。保育者のための文学、と分けてあり、著者の真面目な研究心と、その高い教養とが、すみずみまでゆきとどいた親切さで示してある。ただ表題の「保育のための文学」が一般の保母にどう受け取られるかが疑問であり、文章は理論的すぎた固さの恨みがあり、内容をもう少し整理してほしかった。しかし、これだけのものを体系づけた高橋さんの努力には大いに敬服する。是非一読をお奨めする。（福地）

（フレーベル館発行、定価一三〇円）

『乳児及び幼児の教育』

フランス予防医学研究所のムトーリス（？）の著書を関郁博氏が訳出されたもの。

「よき活動がよき思考をみちびきだす。よき思考がよき行動をみちびきだすのは、ずーっと後のことだ」

この著者の基本的な見方が、「生理学と心理学とは、分離し得ない一つの対象――人間を研究の対象としているはずだ」という主張による具体的な叙述を通

保母の危機

夕刊朝日は十一月十九日付で次のように報じている。全国保育所数二、八七一施設、乳幼児収容数二四九、一六六人に対して、保母総数は一一、九二三人。乳児二〇人に一人、幼児四〇人に一人の割合で、最低基準をはるかに上廻っている。しかも十時間以上勤ムで月収平均三五〇〇円という過労と薄給で、保母は続々と倒れるか、他に転職して、現在でも約二〇〇〇名の人員不足になっている。厚生省では、この保母の補充のため、来年度七ヶ所の保母養成所を新設するという。

しかし、いくら失業時代だからといっても尊い人間を次々に「使い捨てる」のをやめにして、母と子供のために献身的に働く保母に、人間並み（せめて公務員なみ）の待遇を与えることを考えてもらいたいものである。

して、はっきりと示されている。幼児の社会性の発達にふかい関心をもつ保育者は、一読して大きなふかい示唆をうけとるにちがいない。―塩谷―

（新教育協会発行　定価三五〇円）

あとがき

年を越すためにどこもかしこも忙しく暮れていきます。総会のあとのハリキッタ活動の模様をお伝えしたいと心がけましたが、不充分です。次号は特に地方の方々の通信記事をお待ちします。では残りの日々を惜しみなく活かすように。（さ）

民主保育連盟ニュース NO.19

発行所
民主保育連盟
港区新橋7の12
文工会館内
1951.1.24

日本の母と子のために平和と独立をねがう！

―年頭の思い―

巷に日毎狂燥的な気分があふり立てられ、そのうらには、生活苦が一日一日濃くなっている。戦争のためとしか思えない貨物の運輸が目立ち、あそこでは空襲警報の訓練が行われた、朝鮮から日本人引揚者の遺骨が帰ってきた。徴用のための前下調査がやられている。などの噂がとびかっている。平和をもたらす為の講和が、単独や個別で行われていいのだろうか？・再軍備が憲法を無視して、反対するだろう日本婦人の知らぬ間に強行されていいのだろうか？ ミシンや醤油が高くなるといわれるように、すでに生活にひびく中国貿易を国民の意見もきかずに止めてしまっていいのだろうか？ 政治に対する関心がこんなに高まっている。

子供を抱え、苦しい税金に重くなる家計をやりもりする婦人のすべては、「戦争にまきこみ税金の重くなる再軍備は反対です」「どの国とも仲よくなる全面講和を早く結んで下さい」とねがっている。

疎開・体力の低下・孤児の激増など子供の世界だけは原子爆弾もよけて通るなどと誰も保障してくれてはいない。母親のねがいと一つ心になって保育者は「再軍備反対」「全面講和の締結」をよびかけなければならない。一九五一年の年の初めの思いはこれである。（S）

全面講和の愛国運動おこる

一月十五日、参議院会館で、「全面講和全国代表者こんだん会が開かれた。盛んな討議の結果、「全面講和愛国運動協議会」をつくり、地域的な高まりをもとに一大国民運動をおこすことになった。また七千万名を目標に、全面講和の署名運動をすること、ダレス氏に公開状を出すことが決められた。

一月十九日、日本婦人平和こんだん会では、右の趣旨の実践について会議をひらき、ダレス氏に要望書を出すこと、芦田均氏に抗議文を出すこと、全面講和をわかりやすくといたビラをつくる、ことなどを決めた。

民主保育連盟もこれに同調します。各地で創意ある運動を展開してまいりましょう。

世界にアピールする！

十二月十八日、日本婦人平和こんだん会は、他の十数団体と連署で左のアピールを出した。民主保育連盟もこれに賛同し委員長羽仁説子氏の署名をつらねています。

> 日本のあらゆる婦人のねがいをこめて、私どもはいま次のことをあなたにおねがい致します。
>
> 一、人類を不幸と困苦におとしいれるしかない第三次世界大戦を阻止して下さい。
>
> 一、再び原子爆弾が使用されることに反対いたします。
>
> 最初に原爆の惨禍をうけた日本婦人の義務と責任をもって、世界平和のための最善の努力を祈ります。
>
> 一九五〇、一二、一八、
>
> アメリカ大統領トルーマン様、英国首相アトリー様 ソヴエト同盟スターリン様
> インド首相ネール様 国際連合事務総長リー様

国会に平和請願

十二月十九日、日本民主婦人協議会は、国会に平和に関する請願を行った。加盟団体である民主保育連盟も、母と子を守る立場からこれに参加し、左の要旨の請願文を提出し国会議員の協力を要請した。一、日本を戦争にまきこむような政策に反対せよ。一、原爆禁止の要望を世界に表明せよ。一、平和と生活向上のために国家予算を使うこと。

―働く人々の支持の下に―

東京自由保育園の斗いの記録

終戦後、東京都北区稲付出井頭一八〇〇番地の元陸軍兵器廠は、進駐軍作業所となり、日本人労務者約三〇〇〇名が就労していた。この労働者は数次の生活要求を掲げての斗いを通じて、全日本進駐軍要員労働組合（産別加盟）に加盟し、東京自由分会を結成した。この作業所では、銃器の手入れその他に婦人労働者が必要とされていたが労組としては戦争未亡人などを優先的に採用させる方針であつたので、幼児を抱える婦人労働者が最初は約五〇人であつたが、後には約五〇〇人にまで及ぶに至つた。早朝七時就業、四時作業終了まで一旦入場したら出入の出来ないこの作業所では、とくに子供達の処置が母親の心配であり、託児所を要望する声が大きくなつた。

㈠　一九四七年四月頃より、組合婦人部ではこの問題を取上げ、生活協同組合の協力の下で具体化が進められた。（すでに病院が設置されていた）構内の戦災家屋を手入れし、民主保育連盟よりあつせんの保母一名を保母助手として、一九四七年五月一日、メーデーを期して、東京自由保育園の名をもつて開設した。最初の保育児は組合員の乳幼児十六名であつたが、日を追うてその数はふえていつた。保育料は無料、おやつ代実費が一口一円、月に一日分の労ム加配米と二円の維持費とお保育所によせ、又運営委員会は職場代表、母親代表、保母、組合代表で構成され、直に働くもの〻手による最初の保育所として発足し、関係当局への交渉なども活溌に行われることになつた。

㈡　この保育所の活動は、地域市民の関心をひき、託児希望者が続出してきた。運営委員会は労働者と市民のていけいの実践として一般市民の幼児も収容保育する方針をとつたので、保育児数は一躍上つて一五〇人を数え保母六人を擁するに至つた。保育児の母親を結集した「母の会」は婦人労働者と市民の主婦との相互啓発と共斗のくさびとなり、保育所は、子供を中心とした行事を通じて、地域活動の據点の一つとなつていつた。

㈢　敗戦後の打撃からようやく立直つた日本の反動勢力は労働者の力の昂揚をおそれ、その分裂を策して、労働組合内において「反共」「組合民主化」をスローガンとするいわゆる「民同」を育成してきた。一九四八年前半頃より東京自由分会内にもその活動が活溌に行われだし、進駐軍作業所という特殊な條件の下で、一そう強力に促進されたのである。一九四八年六月、第二組合が無理おしにつくられた。第一組合員からも脱退するものが出たが、その大部分は職制の圧迫と首切りの脅威に抗し得ない婦人労働者であつた。その結果保育所の母親一一七人中一〇〇人までが第二組合に加入を余儀なくされたのであつた。

こうして組合の分裂は、当然保育所の運営問題におよび、母親たちは、第二組合にありながら第一組合の保育所に子供を託するという立場になり、第一組合は激減した組合費から、多額の保育所維持費を出すことが不可能な状態になつた。「第二組合員の子供を拒否しろ」「今のかかる乳児を預かるな」の声が激昂した第一組合員から出るようになつた。しかし保育所はあくまでも母親の子供をまもりつゝ、労働者の統一をはかろうと努力した。保育所をめぐつて啓蒙と宣伝が展開された。しかし遂に少数の母親しか復帰させ得ず、大多数の母親は、職を堵しても斗うまでに強く成長してはいなかつたのである。

この推移をみた第二組合は、この保育所に子供を託させておくことの危険を感じ、第二保育所の設置を策するに至つた。職制の大きな援助の下に、一九四八年九月九日同じ構内にある自動車々庫を改修して第二保育所が開設されたのである。次いで子供の「引き抜き」が始まり、さすがに母親たちはこの保育所の分裂を支持せず、又単に「保育なんて子守にすぎない」という第二組合の保育所運営方針に不満をもち、子供を托するものは、ほんの少数にすぎなかつた。しかし「にらまれ、首にされる」ことが恐ろしく義理と人情にはさまれていつそのこと、どつちの保育所にも預けない、と家に子供を放任してくる母親がふえてきた。かくて子供は完全に、分裂主義者のぎせいになりつゝあつた。

これに先立ち、一九四八年七月一日、東京自由保育園は、第二組合がわの妨害にも拘らず、その実績によつて児童福祉法による認可をかちとつていた。

しかし、分裂によつて縮少を余儀なくされた保育所は、一般市民の幼児を収容する方針をとり、一そう地域の施設としての性格を深めていつた。

この分裂主義者との苦しい斗いを通じて、母親たちは政治的な自覚と、働くもの、統一戦線の意義を理解しはじめてきた。しかし一方では脱落して行くものも出たのである。

(四) この苦難な斗いはそれ以后も続けられ、同年十二月には、労組の事務所は構外に出るよう至上命令として申渡された。この斗いの中でもたれた年末の母と子のクリスマスは緊張と結束の中に盛大に行われたのであつた。

一方、第二保育所は、全く大衆の支持を失い、衰微の状態にあつた。これに焦慮した民同は更に策動をつゞけ、明けて一九四九年一月十三日、部隊の責任者名をもつて「東京自由保育園は閉鎖する。園長は追放する。新しく母の会主営として開設を許可する。保母の採否は母の会に一任のこと」という一方的な言渡しが行われた。

この緊急事態について母親たちはいく度か協議と交渉を続けたが、こゝに至つて彼女たちは、何が自分達の権利を無視し、生活を脅かすものであるかをはつきりと知ることができたのである。両方対時のまゝ、この状態は続けられたが、又々、二月七日「園長は園に出入りする事を禁止する」の命令が出され、遂に四月廿六日には軍の徴用により「園舎を即時明け渡せ」の命令が出たのである。母親たちは保育所の財産を一物たりとも渡すな、と徹宵して、取りこわし運搬に立ち働き、とりあえず近所の戦災空工場（板ばし区清水町一六四）に移転した。

(五) 何んの保健設備も保育設備もないガランドウの建物に移つてからも母親たちの再建の努力は続けられた。しかし、資金はなし、数度の斗いの疲れは出てくる。しかも梅雨期にかゝつて保育状態の惨めさは日ましに甚しくなる。一方、追出し後の園舎を乗つとった第二組合は、豊富な資金資材をうけて、立派な保育所をつくり上げている、という情報が一そう母親たちを滅入らせるのであつた。遂に活動の中心になつていた母親の一人はこの悪条件にたえきれず、自分の子供を第二保育所に移した。これは他の母親たちに大きな心理的影響をもたらし、最大の危機が見舞いつつあつた。しかし、この時期にも母親たちを支え再び斗いに起ち上らせたのは保母たちの不断の決意であつた。「働くもの、保育所はどこまでも守りぬかねばならない」これが保母と母親たちを強くむすびつけた糸であつた。

丁度この頃、保母の一人が「平和ようご」に関するビラを作業所入口でまきながら、保育所の危機を労働者に訴えたが、これが進駐軍の意術にふれて逮捕され、軍事裁判にまわされるという事件がおきた。この保母の無罪釈放運動と救援カンパは、母親たちの保育所をまもる活動に政治的な観点を与えるきつかけとなった。沈滞していた母親たちは再び活発な動きを見せてきた。結局、この保母は禁固刑を免ぜられ罰金刑のみで無事に帰つてきたのである。

(六) この事件の結末についで一九四九年九月に幾ケ月かにわたつて土地、建物の斡旋に腐心していた保育所に朗報がもたらされた。清水町一八一に所在する中工場主金泰甬（朝連所属の人）氏が、この母親たちの苦斗に同情して自分の遊休工場の一部を開放し提供してくれることになつたのである。即日、改修の作業がはじまり、早くも九月廿四日には移転が完了した。二十余坪の園舎、一〇〇余坪の遊び場、そこには、みんなで運び出したブランコや遊動円木も無事にうつし据えられ、母親が苦心のカムパで購入したオルガンも保

嵐をついて限りなき前進を！

育室におさまった。新しい自分達の保育所が、秋陽の和やかさの中に誕生したのである。ここでの保育児数は八〇余名、保母は四名であった。

（七）ようやく一応の安定がつき、昨年にまさる盛んなクリスマスが終ると、一九五〇年に入った。東京自由保育園のこれ以後の努力は専ら、家庭に、地域に浸透することであった。母の会の運営、家庭訪問。更に父親の組織に力が傾けられた。大衆の支持と力によってのみ伸びるもの、保育所はまもられ、子供をまもる運動は発展するということが数次の斗いで一そう明確にされた。ここから地区内の保育所の普及と整備がもんだいとなった。すでに、民主保育連盟の協力によって、大矢口町には陽光保育園が活動をはじめており、又、風の子保育園も形をつくりつゝあった。又、日精寮その他の労働者住宅地に青年保育や子供会がはじめられ、これらの協力が、東京自由保育園の大きな活動になっていった。又、一方、板橋区内の公私立保育施設（九）母子寮、養育院、その他の施設を糾合して板橋区社会事業協議会をつくる努力がなされ、十一月三日文化の日には合同の大運動会がもたれた。志村第二小学校々庭には約五〇〇名の子供達、二、〇〇〇名に及ぶ父兄、市民があつまった。区役所から寄附金をとりPTAに後援させ、地域の大きな活動となった。以后、この協議会は相互研究や施設の拡充について活動をはじめ地域の子供をまもる運動を推進する強力な統一戦線がなりつつある。

このようにして、東京自由保育園の迎える第四回目の一九五〇年クリスマスは母と子と市民の笑顔をもって盛大に行われた。人々は苦難の歳の吹き去った思いをもって、希望ある新しい年を迎える心組みを語り合った。

しかし、その数日後、十二月廿日早暁二時、隣接工場（前記　金本申氏所有）から出火して、保育園の建物は全焼の災厄にあったのである。

（八）まだ、やけあとのくすぶっている廿日午前、母の会は緊急班長会議をひらき相談を続け、又、社会事業協議会も役員会を召集した。焼あとには近所の人々の手による炊き出しが行われ、焼け出された保母たちへの見舞品が続々と届けられた。子供たちはあとかたもなくなった園舎をおしみ、焼け死んだ、山羊や兎を可愛そうがり、ナナ（犬の名）や運び出されたオルガンや、焼けこげた自動車を「ヨクツタネー」となつかしんだりした。多くの人々の決意の中に元旦と三日は過ぎされ、一月三日には、父母の会員全員約五十人出動して、焼あとの取片附けに立向った。翌日から「バラック十坪が、金はもんだいじゃない、徹夜強行でやろう」という大工さんの手で建てられはじめた。四日には区役所や都庁に対する再建資金の請願署名と街頭募金の許可申請の運動が母親たちの熱意によって行われた。区役所や都庁の役人が、正月のトソ気分で名刺を携えて見舞に来た時、池袋公安の労働者たちは材料運搬その他に積極的な協力を示していた。また三广板安の母の会では[illegible]なカンパ千数百円をあつめて代表が見舞にかけつけてくれた。板橋区の和教会母子寮の子供たちは自分の正月の小遣いを集めた三九六円のカンパと、たどたどしい字で書いた署名簿をとどけてきた。

このように働くもの同志の心あふれる同情と協力は何にもまして親や保母を強く感動させたのである。「私達はもっと立上らねばならない。この大衆の支持に応えるために！」母親の一人は手のかかる乳呑子を実家に預けて「さあ、身軽るになって働きましょう」と、全く無私の態度を示している。一月十日現在で三万二千余円、一月廿六日現在で四万九千余円のカンパが集った。バラックの他に十八坪の本園舎の建築の目あてもついた。

同じく十二月二十九日午後、半焼した同区内の志村第一小学校については、三十日に臨時区会をひらいて対策が協議されたが、まだ焼跡にすら手がつけられてなく、父兄は「区役所は何をしているんでしょうね、又、寄附がとられるんじゃやかなわない」とぼやいている。これに対照して、大衆に根をおろし、働くものに支持されている東京自由保育園は、この大きな災危をのりこえて、一そう新しく発展しようとしている。

母の会の人々は口々に「私たちは決して落胆しません。私たちは団結しているし、どうしても必要なこの保育園をつぶすことはさせないという決意をもっているからです。こういう時こそ働く人々の力強い協力や、無能で誠意のない役所のしくみがよくわかります。今までお古の建物にばかり入っていた保育園も、今度こそ真新しい立派なものになるでしょう。子供達と一しょに三月初めの落成式を今から楽しみにしています。」と明るく笑っているのであった。

（一九五一、一、十〇、記）

母と子とともに

保母の日誌から

—三鷹臨安—

一九五〇年四月頃から保育所がほしいとの母親たちの切実な願いを取り上げて土建中組では、各現場で託児の活動をはじめたが、転々とする現場定まらぬ子供の顔ぶれでは、母親を安心させる保育はとても出来なかった。

そこで固定した保育所をつくりたいと度々三鷹市役所に、東京都庁に交渉に出むき、ようやく市に場所を提供させたのである。

八月廿九日、私は保母として迎へられた。母親の中から一人のお手伝いが出て、市役所前児童遊園地の一隅にある野外劇場の建物を使って保育所は始まった。都や市から、バケツ、洗面器、折紙等をカクトクし、おかしは開設日のために七〇〇円のおやつ代をカンパさせたのだった。多くの母親たちの喜びと感謝の中に三十余名の子供の保育は続けられていった。遊園附設の便所が遠いこと、車の往来のはげしい道路に面して囲いの柵がないことなど設備についてもいろいろ問題がある。子供たちは殆んど三才未満なので母の手から引離されると泣き続けて、背負ったり抱いたりで手がはなせない。

十月十一日、毎日の交渉にも拘らず保母の就労手帳は未だ交付されず毎日のおやつ代の餘剰を人件費にあてているが僅かな額で、運営委員会では、アメ、パンなどを売って基金に当てることにしている。坂本組（民間の組合）で保育所をつくろうと出てくる。私に対して手帳はボスで交渉をすぐとるからと頻りに誘いかけてくるが、応じなかった。一方東京土建組合側では、都の労働局まで行って再々手帳交付を交渉したがまだ渡されない。苦しい生活が続く。保母の抱き込みに失敗した坂本組はしばしば都の民生局に行っては、あれは赤い保母だからやめさせろ、と妨害している。東京土建が中心になって全都職安の婦人労働者のため要求を続けていた都のテント保育所施設がようやく実現するという報道が入る。「母の会」では早速、私を都の保母として採用するようにと嘆願書を市の民生課を通じて提出した。

十一月二日　都から関係技師が保育所調査にみえる。私に対しては、組合とはなれて仕事をするか、民保に参加しているかなどの質問があった。私としては母親たちとともに都の保母として採用されるものと安心し切っていたが、その後なんの通知もない。職安の掲示板に保母募集のポスターが貼られているのをみる。早速問いただすとさきに市に提出した嘆願書は、課長の机の中にしまい込まれていた事が解る。それから、母の会は度々保母を採用してくれと都に頼みに行った。ある時は雨の中をずぶ濡れになって足を運んでくれた。

十一月十三日、都では母親たちの熱心な願いを入れて、一般はすでに終ったが特例で受験させるとの話で、朝早く都に出むいて行ったが、話が行きちがっていて受験出来なかった。あとで聞けば私が時間までに行かなかったから採用の機会を失ったのだという口実をつくっている。

十一月十五日　都よりの配属だといって臨時保母が二人くる。母親たちは怒って市長、民生課長に抗議した結果、私に十日間の給料を出させることを約束、その間組合で手帳交付の運動をしたがうまくいかない。

十一月二十六日、十日間の期限がきれたから出てもらいたいと市から云ってくる。母の会は、それなら技術も無い保母に子供はまかせられない、とつっぱね、私にはぜひいてくれとの頼みなので、私としてもこれまで頑張ってきたこと、働くものの立場に立つものを除ければ、この子供たちは守れないとの信念を母親たちに語り、あくまでふみ止まることを決意する。これまでの母親たちの懸命な努力は市長、民生委員も認め、世論をゆり動かし、民生委員会で正式議題として、この問題をとりあげた。この頃、朝日、読売新聞紙上にもこのいきさつがのせられ、広く人々の関心をひくに至った。

十二月上旬　都の技師より紹介されたと、立川の某保育園長がきて、自分の園の保母として来て欲しいとの話、テント保育は三月で打切りだから、転職についたがよいだろうという持ちかけである。母親と相談の結果、引ぬきには反対、あくまで留まることにする。

十二月廿四日　このもんだいで都の役人もまじえて、市の民生委員会が開かれる。民生委員や市長は都の措置は不当だと認め、母の会代表や私には非常に好意的に出る。技師と市の民生課長は私を立川の保育園にぜひやってくれと手をついて母の会の代表に懇願する。又、今まで母の会が保母の人件費にあてた組合への借金一三、〇〇〇円は都から出す、との条件を申出る。これまで委員会上でいろいろ苦労してきた母の会でもこの条件について賛否両論が出てもめる。私の生活のおもいやりや、又、母親の負担のことなどで長い間決論はでなかった。

十二月下旬、板橋の自由保育園から応援にきてくれる。働く者の保育所としてあくまで持ち続けることに母親たちの態度ははっきりした。「私達の作った保育所、真剣なよい保母はよそにやれない」と母親たちは泣いて決意するのであった。

一九五一年に入ってもこのもんだいは持ち越している。嵐の中で母親と保母は子供を中心に、どこまでも固くむすばれている。

（小林　ヒデ）

—5—

保育所ニュースを発行しよう！

保育もんだいが正しく解決されるために、保育所と家庭、保母と父母とがよりよく結びつき、共に活動するために、保育所ニュースが各施設で積極的につくり出されてきた。今年は、この機運をもっと強めたい。そのため、民保にとどいたニュースからいくつかを紹介する。

本『ミヤギノ』（仙台市宮城野原建設工事場保育所発行）

半紙二つ折四頁のプリント刷り、週刊。すでに五号を出している。「幸福なルーマニア」「哀れなイタリヤの子供」「ワルソーで平和大会」など、世界の話題から、組合の越年斗争、子供の保健衛生、保育所経営状態の記事、それに連載の童話までのせてある。漢字はふりがなつきで、阿部和子さんの懇切丁寧な編集ぶりが偲ばれる。ひる休みにニュースをかこんで話し合う職安のおばさんたちの様子が眼に見えるようである。

本『緑の家ニュース』（品川区大井庚塚四六八六、緑の家保育園発行）

同じ体裁のもので、第一号が十二月二十五日に出た。セツルメントだけに、診療所の活動から、保健部、子供会、児童図書館と多面な活動の記事があふれている。お母さんの声ものせてあり、保育報告もくわしい。ゆき届いた編集であるが、字が細かすぎて、読むお母さんが苦労じゃないかと少々心配である。

本『ほいくえんだより』（板橋区大矢口町一〇四六、陽光保育園発行）

十三号となっている。半紙½両面の小型ニュース。「テント保育所のお友達を訪ねましょう」との呼びかけ、クリスマスの通知、暖房費のことなど。他の保育園との交流に気が配られているが、まだ「連絡だより」の域をぬけてない感じがする。

本『托児所』（渋谷職安・駒沢グランド子供の家発行）

一月十日第一号、半紙½両面のプリント刷り。字が大きくカットが多くて読みやすい。トップにかかげられた「共同募金一万五千円配布」の記事がうれしそう。「足袋は買えないお正月」「托児所にやりたいが電車賃がかかるので」など、ぎりぎりの生活を語る記事と共に「楽しかったクリスマス」には母と子の笑顔が明るく描かれている。はり切って続刊されることを望む。

本『保育園だより』（北区豊島町三ノ二、労働者クラブ保育園発行）

第二号は半紙½で八頁の重量感あるニュース。各クラス毎に担当保母がそれぞれ意見や所信を述べているので保育の研究面に力を入れていること、の様子がうかがわれる。ただこれだけでは、保育園の枠内のみで、問題が見られているようで、社会的にもんだいが投げかけられていない、のが物足りない。その面は別なもので補うという計画であろうが、やはり渾然とした編集に期待をかけたい。それと、あまり完全を望まないで、もっと度々発行してほしい。

本『保育所ニュース』（北多摩郡清瀬村、芝山保育園発行）

経営主体が結研なので、昨年秋のレッド・パージに際して保育園閉鎖もんだいまでひきおこしたが、設備に対する意見、保母の待遇もんだいなど保育園をあくまで守ろうとする運営委員会の決意がうかがわれる。この斗いにうちかって一応安定した現在、ニュースはどうなっているのだろうか。

本『保育園だより』（三鷹市牟礼四四六、井之頭保育園発行）

半紙両面にかわいいカットを入れて、お父さんへ、お母さんへと呼びかけている。保育報告、子供のうたっている歌、会計報告などもぎっしりと埋まっていて瀬知さんの活動が

共同募金が来ました

五月以来、十二月廿二日共同募金の配分があった。これについて運動してきた民保の加盟施設にも薮ヶ所三十五万円が配分された。とくに野外で困難な保育を続けていた転安の三保育所に夫々一万五千円が来たのは、型やぶりのことで働く人々の切実な要求を無視することが出来なかった結果である。ただ三广転安は手続がおくれたため、前進座保育園に対しては再調査を要す、ということで配分されなかった。両施設では、その後も共同募金委員会に交渉を続けている。

僅か一万五千円でもかくとくした喜びに、転安保育所は勇躍している。これにつけても、切実に必要な所に共同募金の適正配分が行われることを期待して止まない。

建設すゝむ保育所

☆櫻ヶ丘保育園（世田谷区世田谷五丁目）

今まで、自宅を開放して不自由な保育をしていられた吉田京子さん、近隣の人々の協力と支持で、十坪の明るい保育所が新築された。前方は見渡す限りの麦畑、オルガンに合わせてリズム遊びをする二十数人の子供たちの顔があかるい。

☆新田保育園（足立区新田）

バスの保育所で冬の寒さにめげず、活動が続けられていたが、今、廿八坪の新しい園舎が落成に近い。この建設のための母の会の協力、篤志のH氏、生協の助力など、苦心談はつくせない程。

☆井之頭保育園（三广市牟礼）

大盛寺の大きな厚意によって秋以来続けられてきたが、この程、境内の樹木を伐って建設資金にするという大英断がなされて、作業が進んでいる。一方建設資金を三广市に要求するための署名も母の会の手で進められている。

転安保育所のお友達に

お年玉を

設備のゆき届かない簡易保育所で冬を迎えた転安保育所の小さいお友達に、お年玉を贈ろうと各保育園ではお母さんや子供たちと相談して、お菓子、絵本、おもちゃなど、とりどりの心をこめた品を持っていきました。楽しい美しい交歓でした。

東京自由保育園から、三广転安保育所へ
陽光保育園から　新宿転安保育所へ
労働者クラブ保育園から神谷町保育所へ
代官山保育園から駒沢グランドの　転安保育所へ
大森子供の家から芝園橋転安保育所へ

りが如実に示されている。ただし、連絡ニュースを脱して来ないので、今後の発行に望みをかける。

☆その他、神谷町保育園（世区）みんなの力保育園（新宿転安）などの「ビラ」や「お知らせ」が多数きている。

何か問題がおきるとニュース活動が活発になるのは当然だけど、日常的な問題をとらえて、たゆまぬ努力で発行を続けたいものです。

（保育所ニュース、母の会だより、その他発行されたらぜひ民保事務局にもお送り下さい。又各施設でも交換されるようにおねがいします）

農村からの便り

（前略）――農村の切実な問題は託児所の設置で、その必要はまず小学校の先生方にみられます。春があければ農村のあらゆる所で要望されますけれど、部落があちらこちら散在している田舎では、一ヶ所に集まることは子供達の足には無理で、ここに第一の難関があります。それと農村は、一銭でも金を出すのが惜しいので、金がかかるのでは、自分の体にむちうってでも田甫へ連れてゆく、というのが一般で、ここに第二の難関があります。

（中略）――ところで、私の村では村立中学校の一隅に村立託児所という名目でコンクリートの建物ができかかっています。しかし、そこには二里半に及ぶ長い山上村の中央で、とても子供達は歩いてゆけません。また、建物のすぐそばに巾二間余りの大きな川が音を立て、流れているのです。毎年この部落の子供が一人二人は流される危険な所に建てたわけです。しかもこれは決して託児所にならず、村のボス達の集る場所になるらしい。私が東京から村へ帰った時にはすでにこのプランが村会で可決されていたので、本当に残念に思っています。（中略）――農村の婦人に進歩的な人は仲々みられません。農村婦人連盟というのが、ドッカと構えています。この冬中に私の体を全快させること、農繁期託児所をひらく準備をしたいと思っています。（抄録）

（石川県能美郡山上村字三つ屋　奥谷好枝）

一月の集会お通知

※「保育の実際研究の集り」
・日時　一月廿四日(水)〈見学午前十時～三時　討試　午後四時～六時〉
・会場　大森子供の家＝大田区大森八ノ三八五三
(京浜梅屋敷下車　一〇分
国電大森下車バスで警察下車三分)

※「母の会の苦心を語るこんだん会」
・チューター　乾孝氏(此の会は毎月施設を巡回する予定)
・日時　一月廿七日(土)　午後一時～四時
・会場　労仂者クラブ保育園＝北区豊島町三ノ二
(国電、都電王子駅下車七分)
・内容　母の会の代表が集り今までの活動の経験、生活の苦労を話し、子供を守るにどうするか、など話し合い今後のつながりを強める。

※「社会福祉事業基本法について聞く会」
・日時　二月一日(木)午後一時～四時
・会場　参議院会館会議室(都電三宅坂下車)
・講師　厚生省社会局施設課長　黒木利克氏

※「音楽部会・童話部会は別に通知します」
(部会に出たい方は事ム局にお申出下さい
研究会のもち方について御意見およせ下さい)

研究会・記録

保育報告会　十二月九日(土)午後、於労仂者クラブ参加者約三〇名。労仂者クラブ保育園での研究テーマ「幼児の社会性の発達について」が(A)基本的方針(B)集団生活における子供の問題(C)生活表現の指導について、の三つに分けて報告された。

報告がやゝ固く省略されていた故もあるが、討論は全く不活発で各施設での研究活動がまだ軌道にのっていない感がふかかった。従って会試の後半は、研究体制を整えるための討試が交され、研究巡回実施、調査表による実状調査などをきめた。

年少子供会のための研究会　十二月十日(日)午後、於労仂者クラブ、参加者十五名。現普協会須川久氏。プークからの応援を得て、子供会の素材と指導法について交換した。しかし、保母からの発表が少なかったのは、この面での研究の弱さをあらわしていた。

組織、運営部会　十二月十六日(土)午後　於自由保育園　参加者十五名、各園の当面する運営もんだいの後へとくに、三鷹慰安、神谷町の保母のもんだい、陽光子供の家の増築もんだい、慰安の子供にお年玉を贈ること(別項)共同募金配分についての要望、地域の保育施設協議会について、などが討試された。

読書案内

マカレンコ著「愛と規律の家庭教育」　岩田みさご訳

小関茂英

多くの教育に関心を持つ世のお父さんお母さん並に教育者にとって此の本が訳された事は非常に有益だと思います。

併し訳者が云う様にソ連と日本とは国情が違うと云う事と、現在官僚主義がありとあらゆる所に根を張る。国にとっては大分誤解される点があるのではないかと云う心配があります。それで用語の訳註も日本の現在の考へ方との比較を考慮しながら多少ながくなってでもつけるべきだったと思います。

今迄ソ連教育を赤い教育とか云って見向きもしなかった人々とか、現在の戦争宣伝による一方的教育に毒されている人々にとって、この本が偏見をときほごすよい材料である事を強調して、以下三巻が早く出る事を切望します。　定価　二二〇円　三一書房発行

トールス「乳児及び幼児の教育」

フランスの教育の貧困と風習の浮薄をおそれる事から此の本が出されたと、著者自身が第一頁に書かれて居るが其の解決の方法として教育学を生物学に還元する事を強調するのでは一歩も教育の貧困を是正する事にはならないし反って教育の貧困を促進するだけである。

確に乳幼児の生物学的基礎を重要視する事は必要であると言え、乳幼児の社会生活から切り離して生物学的なものを強調するのは社会的人間を機械論的生物学に還元するに過ぎない。現在の生理学主義のあやまりを此の本でもおかしており、此の様な方法はもう二番手の使いふるされた系にすぎない。

又、條件反射を強調するかたわら教育の技術に迄これを引用する辺り、地下のパブロフおじさんも驚いているにちがいない。結局現実の社会生活の中で子供を育てている者にとって、この本は社会的人間の生理学への還元の好い例としかうけとれない。従って、前号での本書に対する紹介文は改めて批判されねばならない。

※乾・孝先生の追放に反対
――大内法大学長に申入れ――

学園のレッドパーヂの先がけとして法政大学に教授追放問題がおきている。民保の委員として研究を指導していられる乾・孝先生も、その該当者と目されて居られるので、民保は十二月　大内兵衛学長に追放反対の申入れを行った。

※東京自由保育園に再建カンパを!!

別項のような斗いの足跡をもつ東京自由保育園が十二月廿日全焼しました。園自体の立ち上りはめざましいものですが、私達も夫々の力に応じて大衆向きなカンパを起しましょう。より大きく再建するために仂く人々の協力とは何よりの力です。直接(板橋区志村清水町一八一)でも民保事ム局でも扱います。

―あとがき―

一九五一年の民保は「嵐よ吹け!わが瞳を洗え!」の決意をもって歩み出します。輝かしい朝の母と子の笑顔を待ちのぞみつゝ。今年はとくに地域的な活動と、研究面に力を入れたいものです。

民主保育連盟ニュース No.20

発行所
民主保育連盟
港区新橋7ノ12
文工会館内

春に歎く母と子

保育と政治

『ぽかぽか暖い三月十七日、保育所の大きい子供が四人、いつの間にかいない。驚いた保母が現場の方へ探しにいったらオーバーのポケットに口までいっぱい古釘や鉄くずがおしこまれてあり、それを探しながらどんどん遠くまでいってしまった。「拾ってどうすんの？」「お母ちゃんにやんの。これ売って何か買うんだ」これを聞いた母親たちは『ほんとにこんなまねさせたくないんだけっど食うためにはねえーおこることもできない』と歎いている』。

この宮城野ニュースの記事は、何と今の社会相、母と子の生活実態を写していることだろう！　仂こうにも耺はなく、一日二〇〇円たらずでは食べていけない。子供はごじきのように塵(ごみ)をあさっている。母親を㐂はせようという可憐な気持からだが、その鉄くずや古釘は戦争のための資材に使われて仂くものの生活を更に苦しめているのだ！　この力弱い母と子が、痛ましい矛盾に苦しんでいるとき、四月十日からの婦人週間は『社会のため役立つ婦人となりましょう』と呼びかけており、五月五日の「子供の日」には十五カ条からなる児童憲章ー「すべての児童はひとしく一人格として尊重せられ、その生活を保障せられ、愛護されなければならない。すべての国民は児童が心身ともに健やかに生れ、かつ育成されるよう努めなければならない」（オ一條）がおごそかに制定されるという。又、五月オ二日旺の「母の日」は「お母さんありがとう」の声を国中にまき起すのであろう。

子供と母親の幸福を願うことは誰にも異存ないだろうか、唯それを実現するためにどうするか、そこに政治のありかたが読めるのである。日本の政治がことばや形式は飾られていても、母と子の幸福をふみにじっていることは身まわりの実状をみればわかる。地方選挙のポスター・拡声機が「うまいことばかりならべたてている」が、本当の母と子の幸福は日本の真の平和と独立につながれるものであることをもう一度考えたい。大勢の母親たちと共に考えねばならない。

「子供を救え！」と叫んだ中国の作家魯迅の思いと行動力に私たちも深く学ばねばならない。

今日も子供たちは血まなこになって悲しい釘ひろいをしているのだ。

〔資料〕

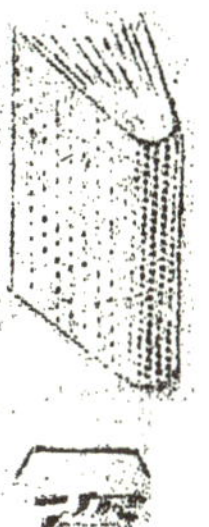

A．昭和廿六年度・児童福祉関係予算

児童福祉事業関係費	一、一三六、八二千円
補助金	一四九、七七八 〃
施設整備拡充費	五六二、〇〇〇 〃
ユニセフ関係費	三九八、〇〇〇 〃
肢体不自由児その他	一〇四、〇〇八 〃
★児童措置費	一九七三、九七三 〃
★地方関係職員費	二四一、七三三 〃
児童的運営費（職員費）	一一、六五八 〃
その他（略）	〃
合計	三〇三八、一三六 〃

（備考）

一、★印計二三二五六九五、〇〇〇円は平衡交附金として計上されている。平衡交附金では実際に有効な予算とならず昨年度もこれについて各地方から不満陳情がでている。

一、児童福祉法改正による予算、措置はない。

一、厚生省児童局では最初一〇〇億近い予算を要求したがこれが削減された。

一、総額として昨年度より約八億円ふえているが、それは物価高による自然増加で直接児童措置に有効なものではない。

（資料Bは、5頁にあり）

みんな斗っている 保育園ニュース

☆「東京自由」

板橋区志村清水町一八一

早くも復興を知らせる「挨拶の言葉から——（前略）都内各所から、更に遠くは仙台名古屋石川山梨福岡からはるばる差しのべられた温い救援の手によって、焼けてから二十三日目には十坪の假園舎に子供を迎え入れることができました。二ヵ月余りの間によせられた再建資金は一、三〇〇人余、一三万余円に達しました。三月初旬には新しい園舎も使用できるようになりました。皆さまから寄せられた大きな支持に応え、働く母と子供を守る運動をおし進め、子供の幸福と平和のために新しい社会をつくるために努力をすることを、ちかっております。（後略）

☆「井之頭」

三鷹市牟礼三七九

心ない人々の策謀から楽しい保育園を追われた子供達を守るため母親と保母は起立って、苦しい粘り強い活動を続けている。窓ガラスもない空工場に、ムシロを仕切ってぶら下げている。何の遊び道具もない。でも「ボロボロの幼稚園」は子供達の力強い守り手です。三月中旬から三鷹[illegible]や、日本無線の協同組合との提携ができ子供達もふえて五十余人になった。今の空工場も[illegible]ので新築するためカンパを行っています。桜の美しい井之頭公園に出かけられたら、ぜひ訪ねて下さい。

☆「神谷町」

北区神谷町神谷公園内

都営のテント保育所とのイザコザですっかり強くなった母の会は地元の有志や附近の経営に呼びかけて協力を得、「建設準備委員会」を作った。古いバス一台を買い入れて都営テント保育所の隣りに据え神谷町保育園として独立した。建設準備委員会では、理研圧延、理研鋼鈑などの組合員が給料天引で今後六ヵ月間、月に三五〇〇円をカンパすることが決定し、又赤羽診療所が健康管理を無料で引うけると申出でがあり母親や保母を感激させている。神谷町公園の都営テント保育所と働くものの手によるバス保育所とは彩やかな対比を示しながら附近の人々の関心を深めている。

☆「武蔵野」

武蔵野市、市役所前

三鷹職安むさしの保育園では三月廿一日は第一回の修了式を行って七名の子供を小学校に送り出した。当日泥まみれのままかけつけた父親、母親達に「立派な働く人になって下さい」というきれいなおめん状や、筆入れ、クレヨン等を貰った卒業児を中心に、和やかな笑顔を写真にとった。この日のために各現場からのカンパ、又市長、市会議員からも寄附数千円が集められ、運動靴が市役所から贈られた。式が終ってから民保、東京自由保育園長も加って今後の運営について懇談会がひらかれた。●現在都営となっているが、組合の支持する保母は未だ認められずその人件費を生むために「保育園後援会」を作ることが進められている。婦人の手帖取上げが緊急の問題になっている今、更に保育園をかためていくことが必要だと、新しい園児の募集、運営委員会の強化などがきめられた。

☆「みんなの力」

新宿区

新宿職安「みんなの力保育園」でも三月廿一日正午修了式の集りをもった。この日労働者クラブ保育園の修了児たちが作った人形劇団「ポッホ座」がお祝いの出演をして集った親と子を楽しませ働くものの交歓を行った。この保育園は今後地域的な基礎を強める為に都営住宅内にある保育所としてていけいしていくことになっている。

☆「鳩の森」

渋谷区千駄谷四の七四

千駄谷婦人民主クラブの有志が中心になって進めていた保育園が発足した。元印刷所の建物（約四十坪）を改造して三月廿日から十日間は無料保育、四月二日から規定による保育を始め現在五十余人の子供達が嬉嬉として集っている。設備その他を整備しながら認可をとるべく申請中。母の会はすでに準備期から活動を始めている。

☆「東戸越」

品川区東戸越町

戦前「戸越保育所」で活動された菊田さきさんが、娘さんと共に一生の仕事としてはじめられたもの。場所も昔なつかしい戸越公園近くで新築十八坪の積木のような建物です。今後の活躍が期待されます。

☆「新町」

世田谷区新町

昨秋東京都が世田谷区に開設した農繁期臨時保育所の一つが、戦後母親たちの切望と地元有志の厚意によって常設になったもの。元町会事務所を使っているので玩具箱をひっくり返したようなさわぎですが、母の会の活動家を中心に区都の予算をまわして貰おうと対策をたてています。

★「新田」　足立区新田上町

「島」にも春がきて新田保育園は廿八坪の新装なって少少モッタイない位の立派さです。認可申請中ですが、これから荒川辺りの散歩に一度は訪ねていきたい保育園。

★「興野（おきの）」　足立区興野町九五

「狭いのに申込が多くて」と永い間悲鳴をあげていられたこの保育園は、園長、地元有志の方方の肝入りでこの度増築ができました。間もなく認可もとれる事でしょう。

★甲府市元城町で

結婚された風間ゆりさん（旧姓・千葉）からの元気なお便り――「今までの共成保育園をそのまま続ける傍ら、今元城町内にもう一つ保育所をつくることになって活動しています。地元の未亡人の方方と一緒になって三月廿一日から臨時保育所を開きお母さん方の声に応じて本格的に作ってゆく計画です。カンパも相当に集っています。そのうちよい報告ができることと思います。（後略）」

★「労働者クラブ」　溢れる申込希望者をどうするか――

「ぜひ入れて下さい」と申込んでくる家庭が日毎にふえて三月中旬で一二〇名を越えた。それも四才以下の小さい子供が多くて、どうにも今のままでは入れきれないと、三月十九日申込児の母親と母の会とのこんだん会をひらいた。九十余名出席。「保育所が足りないのだからもう一つ豊島町に作って貰はう」と、さっそく労働者クラブ理事会に申入れ。理事会も応援を約した。廿四日、第二回こんだん会を開き対策を立てた。その後の動きは次の通り。

(一)三月廿日の区議会に陳情・保育所増設を訴えて、全員一致で賛成を得た。議員のカンパ五、〇〇〇円余。

(二)クラブの倉庫を改造して会館としての保育をはじめた。（六十余名）

(三)区会の選挙にもかかるので、保育所問題で努力してくれる人をと固めかたがかたまっている。

(四)労働組合が力をかしてくれること強味だからと、日産化学労組に、ぜひクラブに加盟してくれと、母親から働きかけが始まっている。

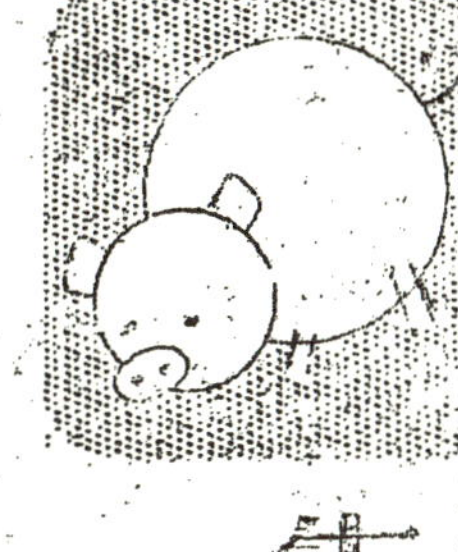

生活表　労働者クラブ保育園

◇一才児の生活表

七、〇〇ー九、〇〇　登園
九、〇〇ー九、三〇　健康調査
九、三〇ー一〇、三〇　自由あそび
一〇、三〇ー一一、三〇　午前食（用便手洗）
一一、三〇ー一二、三〇　午睡準備
一二、三〇ー一、三〇　午睡
一、三〇ー二、〇〇　寝台かたずけ
二、〇〇ー三、〇〇　午后食（おやつ）用便、手洗
三、〇〇ー六、〇〇　迎えまで自由あそび

◇二才児の生活表

七、〇〇ー九、〇〇　登園
九、〇〇ー九、三〇　健康調査
九、三〇ー一〇、三〇　朝の集会
一〇、三〇ー一一、三〇　自由あそび・自由画その他
一一、三〇ー一二、〇〇　用便・手洗
一二、〇〇ー一、〇〇　昼食
一、〇〇ー二、〇〇　午睡
二、〇〇ー二、三〇　自由あそび
二、三〇ー三、〇〇　用便、手洗
三、〇〇ー三、三〇　おやつ・
三、三〇ー四、〇〇　帰りの集会
四、〇〇ー六、〇〇　迎えまで遊び

◇五才児の生活表

七、〇〇ー九、〇〇　登園
九、〇〇ー九、三〇　心身への注意
九、三〇ー一〇、〇〇　幼児組集会
一〇、〇〇ー一〇、二〇　組別への準備
一〇、二〇ー一一、三〇　組別保育
一一、三〇ー一二、四〇　昼食準備（各係りリーダー当番の活動）
一二、四〇ー一、三〇　昼食（午前の反省午後の計画、お話など）
一、三〇ー二、〇〇　後かたづけ
二、〇〇ー二、三〇　自由あそび
二、三〇ー三、〇〇　おやつ
三、〇〇ー三、三〇　帰宅（特別保育児のみ残る）

保育プランノート

一月の巻 子供の家

主題。"寒さに堪える"—寒さの為に物事に消極的になりがちだから これらに留意して身体と室内の保温に注意すると共に寒さにたえる精神を養う。草木の冬の生活、冬眠する動物の生活に注意をむけさせる。寒さにたえる精神は規律を守り、せっせいある生活にたえる事に通じることが考えられる。又家にとじこもりがちだから意識的に外に連れ出して運動を忘れぬよう、それから保温のため火を使うが、火の危険、火の大切なこと等を取材したい。

▽健康保育△ ●うがいの仕方を教えて実行する●新年で暴飲暴食になりがちなのでこれらに対しての注意 ▽生活訓練△ ●当月は食事中のお行ぎに重点をおく・1坐って食べ、すむまで席を立たない。2すんだらごちそうさまを云う。3食べながら大声で話さない。●火をおもちゃにしない●ストーブをいじらない●当月はみかんを多く使うのでそ●食べ方を教える

参考—子供の家"保育方針(抄)

1勤労者の父母を持つことを誇りとする雰囲気をつくる。2自ら考え自分で判断できる自主的生活が出来るようにする。3団体の規律を防害する者に対し大衆討討をなす。4軍国的封建的思想を養成する言動、歌、手技の排除 5男尊女卑の思想の排除、女のくせにの言葉の禁止。

二月の巻 陽光

目標。春と云ってもまだまだ寒い日が多いので寒暖の調節健康に留意する。タンポポ組は学校の身体検査面接などがあるので進級入学という感じがあふれてくるから最後の仕上に心掛ける。暖い日など散歩して草木や町の生活などにもふれさせる。

▽社会的訓練△ ●協同生活、集団の中の一員であると云う自覚をしっかりともたせる（特にこの月に徹底、共同製など多くとりいれる）●自分達のことは自分達で●弱い者いじめをしない●告げ口をしない ▽実際保育面△ ●タンポポ組は姓名を完全にはっきりと発表しかけるように、お遊びにも頭を働かせるような記憶遊びなどをとりいれる●チューリップ組はみんなで一緒にあそぶこと、はさみのおけいこ ▽健康方面△ ●うがいのてってい●ひび・しもやけの手入、清潔●ごはんを残す子

従って絶えず集団と個人の関係を強調し"みんなで力を合せる"という方向に子供たちを指導する。（物の管理、当番制、リーダー制）▽あそび△ 社会の悪影響に対して共同作業、共同製作（集団あそび）によって個人と集団を平和な方向に指導してゆく。▽個人的習慣△ 手を洗うこと、はなをかむこと等、集団を通じて自主的にできるように指導すると同時に、他人に相談しながら集団の習慣をつくりかえるよう指導する。年少組—▽年長組のすすむ方向に個人の身体と習慣を発展させ変えてゆく。▽一年間のしめくくり（今迄の日常社会習慣を特に子供たちの中ではっきり示し積極的にこれが生活化するよう指導する。▽特に季節の移り変りを考えて健康と身体の変化に注意し、その変化を子供の考えの中に入れてゆく。

参考—"労働者クラブ"保育方針（抄）●どんな悪い環境にあっても強く平和を愛する人間に育てる。（全人格的人間）●平和のためにお互いに手をつなぎ力を合せて行動できる人間に育てる。（協同できる人間）●常に平和のために積極的に創意を生かし努力していく人間を育てる。（創造性）……以上のことを実施するための保母の用意●叱り方—小さな年令から大きな年令に発達するに従い子供の叱り

母の会できめた保育プラン　与野保育園

一月より三月まで

▽徳育 1自分のことは自分でするとの徹底、2自他の物の区別をはっきり体得する。3強い子からしいられても正しくないことはやらない、4物事を最後までやりぬく。▽知育 1自分で考え行う習慣をつけること。2発表する力を養う。3常識を養う（雪の降るわけ、火について、冬眠）4自分の名前が書けるように、5ひらがなをよむ程度 6数字をよみ数えられるように（4.5.6は本年度入学者）▽体育 1爪切り、洗面、はみがき、うがい、薄着の習慣をつける。2日光によくあたる。3伝染病の予防、4蛔虫駆除

一月—カルタ、カレンダーを作る

二月—買物ごっこ

三月—卒業生は大工、炊事の実習 発表会

○当番をおき子供達で責任をとり自治訓練をする。

〔資料〕

B. 社会福祉事業基本法の問題点

法制定上の六原則といわれる総司

●遊びの後のおかたずけ、お集りの椅子の整理を子供達がする。▽ゆうぎ、唱歌△ ●雪やこんこん、たきびだ、雪はお空の塩かしら等 ▽観察△ ●氷、霜、雪、木の芽、常緑樹 ▽手技△ ●折紙、自由画、紙細工、豆細工。▽社会的訓練△ ●人に迷惑になることをしない●小さな子供を可愛がる●おならびを早くする●帰宅によりみちをしない●棒を持って遊ばない●戦争ごっこはしない ●散歩（町の観察）▽行事△ ●母の会新年会●誕生会●保育研究

供の食事の量と健康に注意●疲労を訴える子供の観察 ▽生活の訓練△ ●下駄のせいり、せいとん ●オーバー、手袋のせいとん（忘れものをしない）●おそうじのおけいこ●おかたずけのてつだい●行事－お誕生会、豆まき、保育研究会、タンポポ組の身体検査面接重点。

▣三月の巻▣ 労働者クラブ

年長組－▽規律、社会的訓練△ 幼児の自立の最大限までもってゆく予定で、組織の分業協業を細くわけながら、全体の積極的な行動と責任を発展させてゆく。

方を集団的なものに移行する。●お話＝戦争をたくさんの人が心を結んで防いだ話、平和のために一生をなげだした人の話。●あそび＝画、粘土の創造活動を共同製作に発展させ、共同製作に当っては材料の用意、役割を大衆的にきめる。はっきりとした共同のできるような主題を与える。（机と先生の位置の考慮等）、積木等の構成あそびも戦争ごっこの利用にならぬよう、あそびの内容を平和な方向にもっていく。（電車ごっこ、お家ごっこ等）

議長ごっこ

前進座保育園

午后の日だまりの部屋で食後自由に積木を取出していた子供達の中、真太郎突然に

「議長ごっこしようよ」と云い出すと周囲にいた十名程の者が集って机の周りに椅子をよせて座をしめる。

真太郎「ボク議長！」

誰も異議なく黙っている。真太郎中央の場所に位置を移す。

やがて健三、元気のよい声で

「議長！本はよくよみましょう。タンポポグループ（幼児組）にはよくよんであげましょう。」

議長なるほどとばかりうなずくが他の者はポカンとしている。

その次は誠、

「こまは遊ぶもんだから、あそぶんだよ。あそばない時はハイって先生にかえしましょ」友達の一人がよくこまをいじり廻してポケットへ入れてしまうのでその注意なのだ。しのぶが興味なく傍の保母の顔をのぞいて

「おやつなあに、ね、おやつなあに」

ときいているのを議長みかねて

「皆さん、しのぶちゃんみたいにおやつなんて云わないで、なんか云いましょう。」

議長思い出したように

「せんせい、かいといてね」

つまり書記を命じるのだった。

「ハーイ」圭介が手をあげる。

「あのネ、おうちのなかで白墨を廊下にかいていいこととおもいますか？」

みんなめいめいつぶやく。

「わるいことです」

「いけないでーす」。

健三、

「議長、白墨ぼくだい、ぼくだいととってしまわないで、ちゃんとわけた方がいいと思います」

「さんせい」

「いぎなし」

みんなここぞとばかり大きな声して叫ぶ。テーブルの上のコスモスが、かすかにゆれているような、ひるさがりのひととき。

部の指示をうけて立案されたもので(1)保護行政を一般行政から分離する、(2)福祉地区をつくり福祉事務所を設ける、(3)社会事業における公私を明確に区別する。(4)公私社会事業団を糾合して協議会をつくり統制する、(5)専任職員をおき、訓練を充実する、等の主旨がもられている。保育施設関係者として特に問題となる点は「社会福祉法人」の規定によらせるため、統制は強化される、又、補助規定（災害復旧の場合など）があるが「公けの支配に属せざるもの」は除外される。共同募金会を地域毎につくり社会福祉協議会と密接な連携を保って組織活動をはかる。などで特に簡易な保育活動（野外保育、基準に達しない保育所）は今までのより一そう大きなハンディキャップをうけることになるのではないかと思われる。（今国会に提出、制定された）

〝リーダー〟の選挙

（労働者クラブ）

年長組で毎週月曜にその週のリーダーを男女各一名づつ各係から選出する。前週によいことをしたものがリーダーとして尊重される。積極的にものごとを自分達で処理してゆくために――

研究会報告

◉ 実地保育研究会（毎月一回巡回実施）

（第一回）一月廿四日（水）於大森子供の家保育園、参加約十五名。昔造りの建物に手を入れた保育室。庭は広くて起伏があるが、雨どけは使えない。オルガンが唯一というような條件の中で四人の保母さんが苦心して保育している。討論された主な点は、保育内容に新味がない、若い保母の創意性が乏しい。保母のチームワークの問題など。（別項保育方針参照）

（第二回）二月廿一日（水）於板橋陽光保育園、参加約三十名。十五坪余の保育室に五十名の子供があふれるようだ。元気のよい保母さんが、始終子供をひっぱっている感じ。――それも無理がない。狭い上に庭は泥んこで遊べないのだ。熱心な母の会の方方も加はって討論は発展した。子供の自主性をどう育てるか。保母の権威と抑圧の問題、保育方法の類型化について。共同工作と個性の問題等々。多くの反省をもたらすよい集りであった。

（第三回）三月十二日（月）於北区労働者クラブ保育園、参加約三十名。民保関係の施設で最も條件のととのっているここの子供たちは考えさせる多くの発展の芽を見せている。就学児のクラスの徹底した協調自治の生活、監督制、集団あそびの発展など――これらに対して学校式すぎる、画一的だ、という批判もでた。「平和に向って」の保育（別項保育方針参照）に異論はないが、その具体化には今後の研究が残されている。

◉ 組織・経営部会

（第一回）二月十四日（水）於品川緑の家保育園、参加七施設十名。降りだした大雪をよそに火鉢を囲み、温いうどんをいただきながら進めた。(イ)衣料配給の要望について――要請書を出すこと、「生対協」に協力方申入れなど。(ロ)簡易保育所の経営について――財政的基礎をどうするか、子供の受託條件、常設化の方策について。(ハ)措置費の交附がおくれていることについてその対策。(ニ)保母配置の問題、など。

（第二回）三月九日（金）於東京自由保育園。参加十施設十五名。各施設の報告から話題が出された。(イ)認可申請について、(ロ)新学期の園児募集の條件について (ハ)保育連合会対策、(ニ)低学年の保育、(ホ)ユニセフ、ミルクの問題、(ヘ)入学など。特に問題になった点は、(イ)募集の條件として、①地域的な施設から周囲からとる、②労働者家庭を優先に（生活保護家庭のみをとることは運営上不可）③保育所の綱領をもちこれを父母に承認して貰うこと。④一年保育はなるべくさける。（母親指導の上からも）⑤なるべく多く入れて拡張の積極策をとること、(ロ)保育連合会対策として、①総会の役員改選に際して積極的に加盟すること、②ブロック別組織をもって委員選出に当る、ことなど。民保としても地区ブロック組織の強化は急務であるのでさらにこれを積極的にすすめること。品川区、北区、渋谷区にもその動きが出てきている。(ハ)ユニセフ、ミルクは認可施設には使い切れぬ程配給され、一方欲しい簡易保育所には及んでいない。これをブロック組織で調整してより多くの子供に与えられるように運

公立幼稚園保育園のこんだん会

二月十四日（水）午後
於 教育会館

日教組幼稚園部主催の会に民保はオブザーバーとして招かれた。幼稚園側から「最近目立って保育所的な要望をもつ申込がふえている。幼、保は隣接して設置されることが望ましい」保育所側から「現在の社会状勢では幼児の九五%は保育所の対象である。幼稚園としても長時間保育できるような設備と給食の要求を当局に出して欲しい。保育園側も協力する。そして一般から幼も保としての役割をもつことを認識させ、実質的な幼保の一元化を計ることが緊急ではないだろうか？」との発言あり、民保としては「私立幼保の保母は殊に底賃金労働強化で、生活保障もない。ぜひ健保、失保等が得られるように公立の保母の支持協力を求めたい」と申入れ諒承された。

絡をとることが要望された。

◎マカレンコを読む会

二月十二日（月）於労仂者クラブ保育園、参加約三十名。「愛と規律の家庭教育」をテキストにマカレンコの概略につき説明があって後、各章毎によんでいった。とくに権威の問題について意見交換が多く、引きつづいて才二回をひらくことになっている。

◎音楽部会

保育方針はともかく、具体的な保育資料が欲しいとの要望に応えるものとして、音楽部会では毎月の子供のうたを募集しプリントで頒布することになりすでに二月、三月四月三部が発行された。研究部会は毎週木曜日午後五时から労仂者クラブ保育園で開き、テキストを中心に、扱い方、実施状況の調査、次の月のプランを立てる。少人数ですから継続的な研究がすすめられます。ふるって参加して下さい。

◎保育プラン研究会

一月から実施された実地保育研究会の実状を通して、民保としての系統的な保育プランの必要性が痛感されてきた。そこで三月廿七日東京自由保育園で各保育園よりの一日をさいて研究会がもたれた。約廿五名集り、午前中は民保の各施設の保育現状を基としての批判と反省が行われ、午後は保育方針の討論にうつる。一応の結論として「平和に向って子供を育てる。平和をかちとる力をつけさせる」という方針がきめられた。つづいてそのために、日常の保育内容をどうするかを、陽光保育園で出された四月の保育プランについて検討、主題「楽しい保育園」は「みんなの保育園」と訂正された。まだ自律的な生活に高めるためには常に「問題を投げかける」ことの必要。又習慣ずけにはその発展を（①教える。②形の発展、③規則を変えるの如き）見通して指導することなどが強調された。この研究会は毎月末に開き、一ケ月の批判と次の月のプランをたてることになった。

◎社会福祉事業基本法についてきく会

二月一日（木）於参議院会議室。廿五名。厚生省社会局事務官より法案主旨について伺い質疑応答があった。（解説参照）

◎母の会の苦労を語るこんだん会

（才一回）一月廿七日（土）午後、於労仂者クラブ、十施設の母の会から三十七名集り、交々に保育所の必要なこと、保育所をつくる苦心談。子供をまもるにはどうするか、母の会間のていけい、などを語り合い、涙ぐましい母親の熱意にお互いに胸うたれた。今後隔月に開く予定。

（才二回）三月十五日（木）午後、於東京自由保育園。廿三名。困難なった東京自由保育園の新しい畳に坐って語る。母の会と地域の労仂組合や、団体とのていけいが強調され、保育所をつくるには自分たちの身はかり削るのでなしに区や都に要求して公営でどんどん造らせることを申合せた。

民保ニュース
を斗争の
武器とするため
報告
をどしどしおくろう

今後もこの集りは続けることになって散会。

私立保育所保母さんの懇談会

一月十五日、東京都社会事業協会保育部会主催の保母こんだん会が開かれた。三十数施設から約五十人の保母さん出席。自己紹介の後部会に対する要望として、談話部会をもっと開いて欲しい。心理学部会を設けること、などの保育研究に関するものと一緒に、保母にも健康保険が欲しい、スモック（作業衣）をやすく買入れてもらいたい。又給料問題など生活保障が真剣に訴えられた。今後地域別に保母さんの集りを開くこともきめられた。

四月研究会案内

★第二回マカレンコを読む会
○四月十六日(月)午后五時ー八時
○労仂者クラブ保育園(北区としま町三ノ二国電王子駅下車)
○チューター　乾　孝　氏

★実地保育研究会
○四月廿日(金)午后三時まで見学
午后四ー六時討議
○みんなの力保育園(新宿駅安四丁地区現場、国電大久保下車)

★保育プラン研究会
○四月廿九日(日)午后一ー五時
○鳩の森保育園(渋谷区千駄ケ谷四の七一四国電代々木駅下東ガード下)
○四月の各園のプランをもちより相互批判、五月の立案

★音楽部会
○毎週木曜日午后六ー八時
○労仂者クラブ保育園
○テキスト「四月のうた」を中心に五月の立案

母と子を守れ

国会図書館で資料展

婦人週間の行事の一つとして母と子に関する資料展が開かれます。民保からも困難な保育所の事情を伝える資料・写真などを提供いたしました。

予告

○母と子の日の集い○　五月中旬(十三日(日)の予定)各施設の子供と母親が集って楽しい力強い交歓をしたいと目下準備中です。

○保育研究報告「題未定」刊行すすむ○　労仂者クラブ保育園での民保と民科の幼児の社会性に関する共同研究の中間報告書。

近刊紹介

○「塔の上の旗」(上巻)ソヴェトの児童教育家、A.S.マカレンコ著作集の一部で「愛と規律の家庭教育」に次いで出版された。コムーナに於ける教育活動のありのままの姿が描かれている。(三一書房刊、二八〇円)

○「子供を救え!」ー「新教育その批判」で現在における教育の進路に鮮やかな標式を与えた矢川徳光氏の小著で、各国の児童教育の理念と方法を簡潔に描写しつつ、日本の教育の実情を鋭く批判している。真に子供を救うものは国の独立と平和であることを万人の胸に訴える。(ナウカ社近刊)

お知らせ

★国際婦人デーに際して—要望書を提出

三月八日国際婦人デーは屋外集会が禁止されて去年のような華やかな行事はできなかったが各地域からそれぞれの団体が陳情書、要求書をもって国会に集った。民保は「児童福祉予算を増額せよ」「民間団体の保育所を補助せよ」「保母の生活補償を」等数項目の要請書を政府及び国会議長に提出した。

★保母に労務用衣料配給きまる!
保育所乳幼児へさらに要望をすすめよう

民保は一月以来労務用衣料配給について乳幼児保母を認めるよう全国労仂物資対策協議会へ申入れその協力を得て交渉を続けていたが、この程保母を対象の枠内に加えることが認められ労仂省から地方物対に通達が出された。

(備考)一労務加配米をうけていない未認可施設の保母を含む。(民保でとくに強く要望)　二至急各府県別の人員数を回答することになっているので、近隣施設に呼びかけて府県連合会に申入れること。なお保育所乳幼児に対する特配の要望を強化する必要があるので、労仂大臣厚生大臣宛要望書、陳情書を続々書記局あて送って下さい。

★保育所用の楽器、運動具は免税になりました

昭和廿六年二月三日附で厚生省児童局から府県知事宛通牒が出ています。(品目)ボール、蓄音器写真機、オルガン、ピアノ等。

会費完納に
会員倍加に
御協力下さい
ニュース記事を
どしどし送って
下さい!

あとがき

ニュースが大変おくれました。特に地方の会員の方々は心配なさったこととお詫びします。民保は困難にめげず活躍しています。地方でもどしどし運動をすすめて下さるように。(る)

民主保育連盟ニュース No. 21

発行所
民主保育連盟
東京都北区豊島町3の2
1951.9.30 発行

全国教育大会の準備すすむ

十一月初旬日教組が主催する全國教育研究大會の準備は着々とすすめられている。この大會開催の趣旨は、次の様に述べられている。

「・・・・（前略）しかるに朝鮮動亂を境界線として、世界的軍備擴張計畫が急速に表面化し、自主權を與えられてない敗戰國日本はずるずると必然的に軍擴の枠に、組み入れられたために政府は、戰後いち早く打ち立てられた、民主的諸政策を改變せざるを得ない狀態に立ち至つたのである。教育政策も事例にもれず、一連の時代逆行的文教政策が強行されようとし・・このような教育の、あらゆる偏向性は祖國を再び過誤と悔恨のルッボに投入せんとしており・・われわれはこれらの是非を眞劍に考えざるを得ない段階に追いこめられている。このような、全國的な熱意が具体的に結集されたものが本年度「第一回全國教育研究大會」であると。

「幼兒教育の現狀とその改善方策をどうするか。」について一分科會が構成され、講師團として山下俊郎、羽仁説子、功刀嘉子の三氏が決定している。

この大會について、新日本教育研究會では、「全國教育研究大會とわれわれの立場」を表明し、（教師の友八月號）各分科會の課題について意見を提出し、「平和四原則」を再確認し「平和をまもる斗い」とならべて「教育文化斗爭」を大きくうち立てた日教組の方針に賛意を表し、民保も保育者の立場から、積極的な討議參加をしたいものである。

国際児童擁護会議開かる

九月十八日から二十三日まで、ウィーンで國際兒童擁護會議が開かれる。

日本民婦協にあてた正式な招請狀は未だ届いていないので詳細は不明である。「戰爭」「平和」に導く二つの体制が世界に明らかに現存し平和をまもろうとする、民主勢力が日増しに強くなつている時子供たちの擁護がとくに婦人母親の側から強く叫ばれ、實践されつつあることは心強い。

日本でもこれに呼應して、十月か十一月には兒童をまもる會議を開き、又子供達の自主的な集會（文化祭を兼ねる）を持つ計畫が進められている。

各地にすすむ保育園建設の運動

みどり保育園　（葛飾區大谷田町）

東大セツツルメントでは熱心な働き手が各地に據點を持つて診療活動、子供會活動などをしている。その一つ、葛飾區大谷田町の引揚者寮では今度診療所に加えて地域の要望から保育活動につき、民保に協力を求められた。

先づ寮の一室を開放してもらう交渉から始り八月十日に、廿三名の幼児（三才未滿児十二名）が集つた。寮長、寮委員、婦人有志の方々の協力が得られ若い働き手二名の努力で毎日保育が續けられる。

寮内の保育は、近所に迷惑がかかるので舊浴場の脱衣場を開放してもらい、急ごしらえの砂場もでき、こわれかけているがオルガンも備えつけられて、ようやく保育園らしくなつてきた。

まだ働く母親の利用がそれ程多くないし、引揚寮内にありがちな、寮内の對立なども保育所をめぐつて、表面化したりしているが、良心的な人々にまもられて、發展して行くことと思はれる。古い繪本やクレヨン等のカムパをして上げて下さい。

本田職安保育所　（立石町）

本田職安のテント保育所は、立石町[illegible]田神社境内で開かれているが、五〇人が定員のところ、最近都から三〇人に減らすといつて來た。保母さんは組合に何とかしてくれと申入れて來ている。

この保育所では、保母さんの、勞働がひどい上に給與が惡いので退職したいと云うのを聞いて、お母さん達は、奮起して、早速母の會をつくつて相談した。一日五圓を積立して、月一〇〇〇圓を保母さんに出したらどうか、と云う案も出たが、皆も苦しいのだから、都に出してもらおうと交渉して、成功した。區では、この保育所の無理に協力してくれず、境内からも追い立てようとしているので、母の會は結束して、保育所をまもるために斗つている。

最近ここでは、勞働時間の延長が實施され一方では手張ともよ上げをほのめかし、一方では民間へ行つた方が給料が良い、と云う勧誘が行はれて、軍需産業への方向が明らかになつてきている。お母さん達は「今に保育所もとり上げられるのぢやないか」と不安がつて來る。

ひまわり保育園　（足立區本木町）

園長川下松雄氏は、早くから地域の青少年の指導にあたつておられたが、今度は、自宅八疊の部屋を開放して、夏期保育をはじめた。

ひまわり保育園の看板がかけられ、せまいながらも庭には砂場とブランコと遊動圓木がすえられて、約四五人（三才以下六人）の幼児が集つて、楽しく遊んでいる。

一日十圓、五圓材料費、五圓を人件費にあてる豫算だそうだ。

夏の間だけのつもりが近所の母と子の要望でずつと續けられることになつた。附近はベタ屋町であり商人も多く働く家庭からよろこばれている。ただ保母さんの手が十分でなく勞働が激しい事と、經驗のある働き手がないことで困つていられる。（塩谷）

本號に「勞働者クラブ保育園問題經過報告（第一回）」及び樂譜を別添してあります。

△九月に行つた研究會

十四日

「秋の運動會音樂ゲームの研究會」

ふだん余り姿を見せない會員も珍らしく見えたりして内容ある會でした。（詳細四頁）

十五日

「研究部會」

さし當つての各研究會の方針と具体策について討議。（詳細五頁）

十九日

「保育案研究會」

北區の神谷保育園で實地研究。場所の違いせいか集る會員少くそれに「ほめるばかりでちつとも批判がなかつた」と福光センセイがつかり。

二十二日

「研究部會」

子供の新しい見方についての研究發表と討論

讀んでおきたい本の紹介

〃山びこ學校〃　青銅社

いまの子供を正しく理解する爲に是非全ての人がよんでおきたい本、子供を正しく指導すれば正しい考え方や態度に現在の暗い社會でもなり得るという確信をもたせる。表面だけを見てものを云う大人達や、子供達を物質のごとく考えている大人達等現在のムジユンだらけの社會に對して一つの生き方學び方を教えている作品として全ての人々大人も子供も讀む必要がある。本の内容はあまりにも有名なのでここで深くつつこんで書く必要はないと思うが、とにかく現在の社會に於いて正しく大人が指導して行けば子供達は大人の導きと様々なムジユンを通じて正しくものごとを考え生きぬいて行くという見本を作文にしてまとめあげたものであり大人の理性的認識によるいまの社會のまちがいをちがつた角度で感性的なものを交えて見ていく點なかなか參考になる點が多いしことに、江口江一君の母の死とその後という作品は誰しも感激せざるを得ないのではないか。子供達の現實に對するみかた、自然發生的な考え方へ之れが眞の正しい意味の自然なみかたをただ山元村中學二年生だけに限らず全ての日本の子供達がもつているという確信とその働きかけをどんな困難な状態でもやらなければならぬという勇氣を持たせる必讀の書として皆さんに御知らせします。

（下段より）一般の會員は、このままではただ會費をおさめて年一回の總會にでる位のつながりしかもてない。もちろん研究會や講習會はあるでしようが、保母さんはそんなに毎回出席出來るほどの時間がありません。その人達に對しても方法を考えて欲しいと思うのです。委員の方達の御一考をわずらわします。

（民保會員　服田幹子）

勞ク保育園問題に關連して

「民保」にのぞむ

――「民保」は私たちのためにもつと積極的に動いてくれると思つていましたのに。。。だつてそうでしよう。「民保」が入れた保母がくびになつたのに、すぐに抗議もしないで何度か委員會だの總會だのを通じて三ケ月もたつてようやく結論がでて理事會に申入書を出すなんて。でも「民保」にはこれからはほんとうに私達母親のために力になつて貰えるようにして欲しいと思います。（勞ク父母の會、早川さん）

――「民保」が大衆からういていたことが今度のことではつきり出ました。自分たちだけの狭い殻をやぶつて、もつと廣い層に會員を求めその支持をえなければ、とうていよい仕事は望めません。そのためには多くの母達を會員にし他の文化團体とも密接に提携すべきです。（上段へ續く）

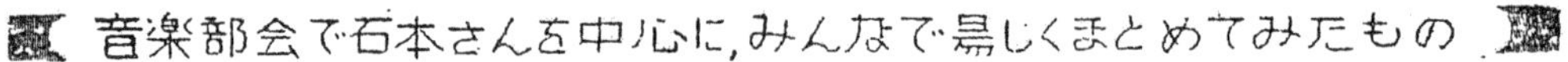

音楽部会で石本さんを中心に、みんなで易しくまとめてみたもの

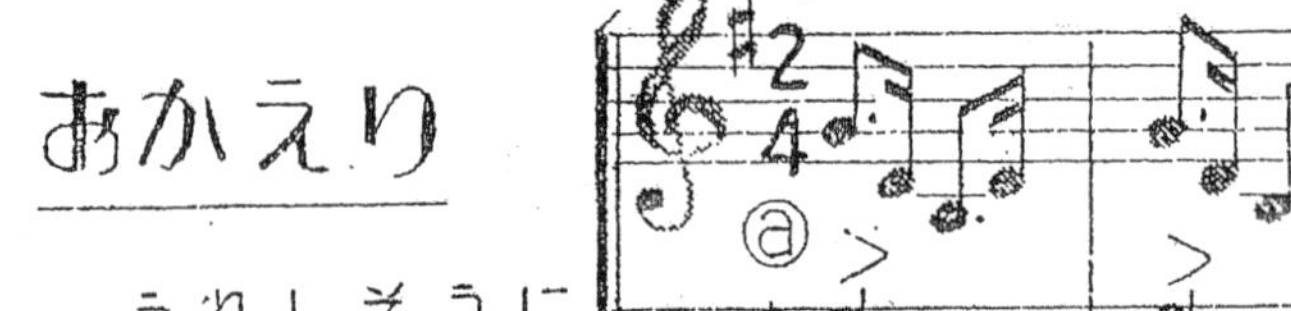

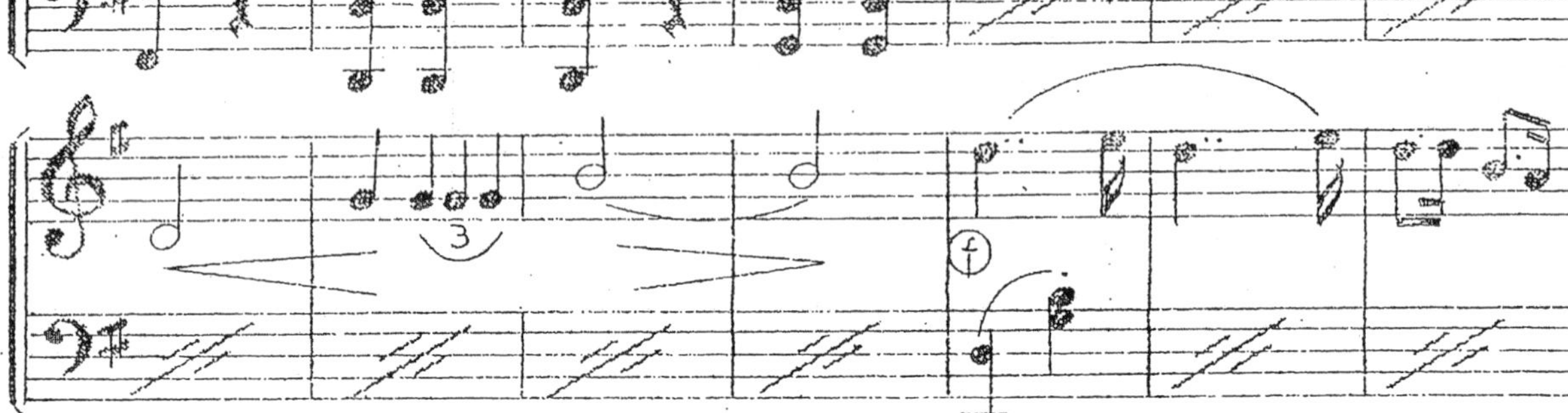

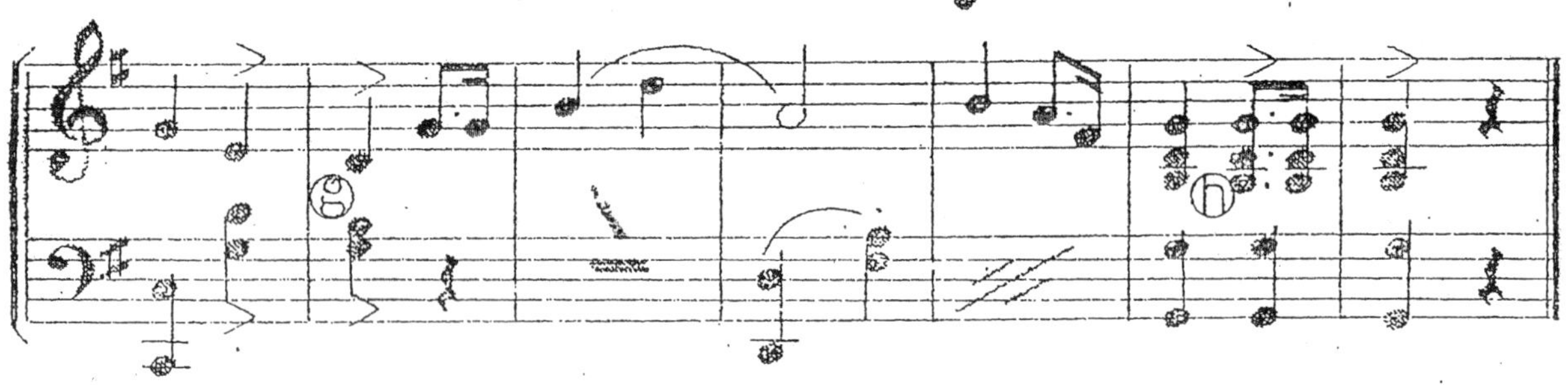

(準備) 二人ずつ組んで大きな円をつくる。

ⓐ 握手，一小節に一回ふる。

ⓑ 拍手三回

ⓒ 両足交互に前に出す。

ⓓ 拍手三回

ⓔ 二人手を組んで十六歩前へ。

ⓕ 向い合ったまゝ後へ四歩，又四歩で前の場所へ。

ⓖ 手をとり合って右足から一回り八歩で元の場所。

ⓗ 拍手二回，最后の小節は両手上。

おわび

ニュースの後れましたことをおわび致します。その上本号は都合で頁数少く，せっかくの原稿ものせられず申訳なく思っております。次号からは新たに編集委員が活やくします。原稿を送って応援して下さい。

おねがい

「児童福祉法を空文化する都内23ヵ所保育所未認可問題」及び青空保育よりようやくバラックに入った健斗記をプリント中ですが財政難です。どうぞ会費をお送り下さい。

兒童福祉法を空文と化する
都内廿三保育所申請未認可問題

東京自由保育園長　谷川正太郎

保育園はなぜ認可されない

七月現在兒童課に認可申請の出ている新設保育園の数は二十三ヶ所。その申請定員は一、〇〇三人に及び江戸川區の四ケ所を筆頭に足立區、太田區の三、江東、港、新宿の各二と十三區に亘っている。

そしてその過半数が江東、足立、江戸川、葛飾、等の勤労階級の居住地區であるばかりでなく、申請の地區の殆どがそれに類似している地域であり、千代田、中央などの申請は一件もないことは、やはり保育所がこれらの地區に強く要望されている事實を證明するものとして注目されてよい現象であろう。

これらの施設はＹＭＣＡ、佛教徒。社會事業團体から、區長が申請人になってる區立や風の子、與野、鳩の森など民主保育連盟加盟のものまで多種多様の性格のものだが、日本の子供を守るためという共通の一致點では必ず協力し合ってゆける筈の保育園である。

現にこれらの施設は、同様に苦しい財政的やりくりの中でいわゆる認可基準に合う様に即ち福祉法に基ずく認可の物的條件をととのえて申請をしているものと考えていいだろう。筆者は現在二、三の施設しか見ていないので断言は出來ないものの、都側の係の人々に聞いてみてもうかがわれるが、設置基準については難色がないことは、既に各施設が承知しているところである。にもかかわらずこれらの施設は現在認可を受けることの出來ない共通の悩みに直面しているのである。

兒童福祉法はお飾りか

私は今改めて、兒童福祉法の主文を考えてみ、兒童憲章を思い浮べると、今更の様にこれらの表面の立派さ、そして遠いよその國の人々がそれをよまれたならば日本も文化國家並になったようだと感じられるであろうほどの、條文の申分のなさを思はせられるのである。また實際にはその法律で守られる必要のないような人やくらしに困らない人々。例えば吉田首相の如き人が官邸の豪せいな机の上でたまたま讀むならば、これは敗戰の日本にはぜいたくすぎる行きすぎの法律であると下僚に向って叱りつけるであろうような、すべての兒童は心身共にすこやかに育成されねばならないという言葉で始まった福祉法の條文である。

兒童福祉法第三章第三十五條には、國及び都道府縣は命令の定めるところにより兒童福祉施設を設置しなければならないとある。（命令の定めるところによりという ぬけ道はチャント用意してあるにそういないが）

然し首都である東京に都立の保育園が一つしかない區はざらにあるのは誠に不可思議な事實であると同じに厳として動かすことの出來ない具体的な事實である。

こういう政治の貧困から、民間の心ある人々が乏しい血の出るような財源をしぼり出してわれわれ日本民族の大事な子供を守るために、更にはこの法律を空文にしないためにもみえざる努力をつづけているのである。

日本の法律を守らないといって國民が處罰されるならば、法律の番人である役人がそれを守らない場合も處罰されるのが當然であるという理屈がもし通るとしたならば、児童課長は勿論、民生局長、都知事も又都内のすべての児童が等しく愛護されるために又この法律をうらうけするために必要な児童福祉法に基く保育園をつくらない責任を問はなければなるまい。更にそればかりでなく民間の人々が法に基く設置基準に適合した施設を既に造り適法の申請をしているにかかわらずこれを認可しないという厳たる事實は法律の違反であるばかりでなく、その法を無視しちようろうし妨害し破壊しようとしているとさえ云はれるかもしれない行動はどう考えてみたものであろう。

よく國會でも大臣たちがいはれるように、もし日本の政事が法律が占領軍の至上命令に基づくものであるならば、この昭和二十二年の十二月に出來た新式の法律である兒童福祉法の違反事業はつきつめていくならば占領軍政策違反ということにはならないものだろうか。

われわれへの課題

それはそれとして私達は愛する日本の子供達のために一日も早くこれらの保育所が認可されるために協力をおしんではならないと考える。そのためにはどうしても一つ一つの園で解決出來るものではなく廣い運動にし輿論に訴え、豫算がないためであるという政治の上のもんだいとすれば都議會を動かす事を考えねばなるまい。

何といっても當面困難している二十三の施設が協議協力することが先決でこの人々が認可期成同盟でもつくってやる氣になればまづ成功は疑いないと思う。

そして又これはただ二十三の施設だけではなく、その建物も基準に程遠いそれより澤山の保育施設や、これから準備中のものを考えると、そのためにも、この設置基準に合った二十三のしせつだけはどうしても認可の道を拓いてやろうという態度でやってもらいたいものである。

私は具体的に提案する。まず第一にこの未認可施設は集まって協議をし、苦心の程を報告し、どうして認可にならないかという點をハッキリつかむこと。

第二にはそれぞれの母の會とか入園希望者の父兄の協力を得て、なるべく澤山の署名を近所からもらい認可請願書をつくり正式に、都議會議長、知事宛提出すること、これは二人以上の都議の紹介が、あればいいのだから各園ではすでにそれぞれのつてで頼まれた方もあろうし、これは不可能の事ではない。

申請の施設が十三區にまたがっているところから考えても、それらの都議會議員を各區の施設が受けもって紹介議員になってもらうならば都議會過半數の議員は贊成することになる。各自　の施設だけではどう運動しても打開の途ははない筈である。それは區立の大田矢口保育園が未認可であるという一つの事實をみてもうなづけることではあるまいか。

子供達のために
自信を以て廣はんな運動へ

かうして二十三の施設が足並を揃えて、十月の都議會を目標にし猛運動を展開すれば、そしてこの運動は各園とも子供の母父を中心とし、近所の人々の協力を得れば五〇〇人位の有權者の署名はたやすいもので二十三あつまれば一万を超える署名となるのであるから、請願としては都議會初まっての誇張のない大衆的記録となることは疑いない。

そうなれば都社會福祉協議會の保育部會もだまってはみていられない。これも應援にのり出す。とすれば全區にまたがり全都議も紹介の勞をとろうし署名もその調子でいけば二百の施設が協力することになり、計十一万の署名が集まる。

積み重ねれば三十尺の高さに及ぶ署名となるであろう。而も法律上認可を拒否すること自体が違法であることであれば、認可も亦ぞうさのない話であるというものである。

天は自ら助くるものを助くという諺があるが、――もっとも最近は余りあてにならないのか、小學校でも教えないらしいが、矢つぱり未認可の施設が身につまされて一番眞剣なのが當然であるわけで、それらの人々が相集まつて自らの力でせいいっぱいの運動を起しそれらが互に助けあう協力運動を起せば、全部の社會事業家がどうして見すごしていることが出來よう。

現に板橋區内の公私社會事業施設をうつて一丸としている板橋社會事業協議會はすでに九月一日の月例會で未認可施設の認可促進の問題を正式議題としてとりあげ會長以下四名の専門委員をもうけて強力に運動を展開することを決議しすでに委員である會長T氏を通じ都協議會福祉部會へ議案として提出済で着々と應援態勢を強化していることをお知らせしてこの稿を終ることにする。

一九五一、九、八

無理解な中で　仕事を育てる難しさ

與野保育園長　佐藤利清

一

認可申請を都廳に出してからも、一年になる。お役所相手のへたな私には都廳や區役所へ出かけるのがおっくうだった。行く度毎に同じようなきまり言葉をきくのが、馬鹿馬鹿しくもあり腹立しくもあつた。「何て面倒臭い」放つておこうかと思つても次から次えと申込んでくる、生活困窮者や、また人の話をきいては、何とかして安く保育ができるように早くしたいものと気がせく。

それにしても、同のおえらい方は何を考えているのだろう。同じ環境にないものは他人の心情を理解できないのが、當然かもしれないが保育園にあずけるのを何かぜいたくなことか物好きにしか思つていなかったり、しらみをうつされる所位にしか考えていない。だから熱意のない應待しかできないのだろう。私はこんなちいさな保育所をやつてみてさえ私達貧しい人々を苦しめているのは、誰かをはつきりつかむことができた。

二

さてこの前近くに保育所ができたので、二人いる保母から一名應援に出かけたので、私の所は大した忙しさになった。人手がたりないことは實によくこたえる、子供相手は全く骨が折れる。理屈でなくて身体を動かす仕事だからだ。自分が指揮棒をもつて相手を動かせる具合に上手ならいざしらず、保育に未經驗な者には自分丈が氣をせいても一向に相手はおどつてくれない。あれで子供も、人を見る眼があり、先生の品定めはきわめてうまい。だから素人が大きな聲で叱つても、からかつて、にげて行く丈だ。私は保育者も一つの技術家であると思うようになった。理論は勿論大切であるが、技術をもたない保育も成立たない。それに叱る先生は下手ということも間違いない。私はこれから叱り方の研究をもつとつつこんでやつたらどうかと思つたりしている。

秋の好季節會員諸氏御自愛の程。

○○○○――各地からお便りを寄せて下さい。――○○○○

これからの研究活動

民保研究會

民保の保母たちがつねに仕事に追われ、悪條件の中で働き疲れて今日の保育の反省を、そして明日への設計をと云う余裕もなく活動しつづけていることは認める。と云つて、その事に押しながされて現實には、新しい革袋に、古き酒を盛つていることは許されない。

新しい子供像を目標に、子供を正しく育てると云う責任を果すために、私達は、強い意志と努力をもつて、今后の保育研究活動をくりひろげて行かなくてはならない。

ここに研究部會の有志間で討論した方針をみていたゞく。現状の私達の力では先ずここから出發し、部會活動を自主的に運營する中で体系ずけて行きたい。

(一)保育案部會

今后も、やはり現場で實際に困つている問題を、持ちより、その問題點を体系ずけ、理論ずける勉強をする。そして、その成果が、新しい保育案として形つくられるために、再出發する。

(二)音樂部會

毎月の「うたの本」を年々つゞけて、發行して來たが、これも中心になる者の負擔にかかり、現在では停頓している。この部會も、各施設が、毎日の保育にあたつて現實に要求のある部門であるから、全員相互の力で活潑に伸ばして行く。研究會と共に資料の發行を實行したい。

(三)童話部會

「お話の本」出版に協力して來たが、それが二、三の個人が動いた結果になり、長いことこの部會はたち消えになつていた。幸に、兒童文學者協會の専門家の指導を得て、再發足のはこびとなるから、保育案に織り込むに必要な「おはなし」を得るため、全員の積極的な參加を期待する。

(四)實地保育研究會

今年はじめより、大森子供の家保育園・板橋陽光保育園・北區勞働者クラブ保育園・澁谷代官山保育園等で實施された。これは、實際の施設の條件で、保育の實践がどう進められてるかを見學し、その後で批判討論をする。この研究會は、問題が具体的に、はなしあえるので、お互いのために力がつくし、今后も民保參加の施設を一めぐりし問題の所在を追求して行きたい。（畑谷）

○皆さまへ

心ある人たちによつて、働く母達の要望に應え、或は空地に、或はバラックに、献身的な保育活動が續けられていますが、認可の對象にならないこれらの保育所の健斗の様子を知り合い、私達の活動に一層の活潑さを與えられるため、その活動状況を御知らせ下さい。

○　○

事務局よりのお知らせ

1 事務局は左記へ移轉しました

東京都北區豊島町三の二

勞働者クラブ保育園氣付

電話王子四六七三、三六一六

2 六月以降事務局は鹽谷、千葉、畑谷の三名で臨時構成しておりましたが八月の擴大委員會で、次回總會まで左の二名がこれに當ることにきまりました。

千葉　誠　　高瀬慶子

3 從來民保ニュースは事務局で編集しておりましたが、ニュース活動の重要性にかんがみ、その活潑化を計るため、九月の常任委員會で次の三名をニュース編集委員としてあげ、次號から活動していたゞくことになりました。

東京自由保育園長　谷川正太郎

子供の家保育園長　塩原　千枝

緑の家保育園保母　金子　明子

1

民主保育連盟ニユース第[illegible]号別添

勞働者クラブ保育園問題の經過報告（第二回）

五月十九日

擴大委員會は當事者に實状をきくことを兼ねて開かれた。ここでもかく首理由は、全員を納得させることができず、研究偏重、經營主義の偏向などについて議論が出たが決定に至らず臨時總會を開くことが提案された。

五月二五日、五月三〇日、六月九日

三回にわたり、常任委員會が開かれ、總會準備が進められた。

六月十日　臨時總會　於Y．M．C．A．

一九五〇年秋の總會に於て決定した活動方針を中心に討議をはじめる様に計られたが、勞々問題に關連して、問題が交錯し、方針の徹底的な討議がなされず、從って勞々問題についても明確な判断がつかずに總會は終った。細かい點の處置は委員會に一任された。

この間父母の會有志の發起に依るクラブ民主化、都營移管の署名運動が展開された。

六月十六日

總會の後をうけて改めて、調査團の（調査委員千葉、篠原、服田、宮下、大村、佐藤六氏）派遣が決定された。又、當分の間、事務局は、和敬保育園に置かせてもらう事、事務局常任はおかず。平瀬、熊谷、畑谷の三名が事務處理にあたることに決定した。調査團は三回にわたり、保育者、父母の會等に直接の調査を行った。

六月[illegible]日　擴大委員會

[illegible]について、最終的決定を、行うべく開かれた。調査團の

②報告及び討議の結果、理事會に對しては次の申入れを行ふことに決定した。

昭和二六年七月十日

民主保育連盟讀大委員會

勞働者クラブ生活協同組合
理事會　御中

申入書

勞働者クラブ生活協同組合が同保育園主任保母畑谷及び天野、泉谷、高瀬の諸君を解雇したことについて私共はこれを檢討した結果次の通り認め申入をいたします。

一、今回の解雇についてその解雇理由とするところは認め難い。

一、父母の會の意見を十分聞いて速かに善處されたい。

しかし四名の意見書、「われわれの態度について」は討議されず、又民保の自己批判も明確になされなかつた。

七月三日

理事會に以上の項目を申入れた。（前記）

七月九日　委員會

理事會の回答はなくこれを促進しその成行を監視すること。又これに對して應じられない時は、廣く民主團体に呼びかけを行うこと、しかしあくまで、友誼團体としてのクラブ理事會の自主的な措置にまつこと等が討議された。

民保の決定と申入れを機に、父母の會は新しい交渉の段階に入つた。

理事會及びクラブ從業員組合は、これらの諸狀勢にかんがみ「統一して平和と子供をまもる」ために、率直な自己批判の下に、解雇した四名の保母の復歸を認める意嚮を示して來た。

要　請　書

七月一日付貴連盟擴大委員會よりの申入書を拜見し前後二回の理事會に於て檢議致しました結果次の樣な結論を得ましたので御報告旁々左記事項を要請致します。

記

一、理事會の結論

現在各方面に起りつつある保育園を增設せよ。措置費を安くしてくれ。子供のために平和を守れ。等の聲の中に、當保育園の四名の保母解雇以後に起つた混亂を利し母親達の切實な要求を內部斗爭に引込んでいたずらに大衆的要望を阻止するような策動が行はれていることは見のがし得ず一日も早く統一を計り子供のための斗爭を展開することを前提とし一切の行きがかりを捨てて保育園の確立を計ることとし原則的に四名の保母の解雇を撤回する。

一、之に伴り一切の問題を處理するため小委員會を設置する。

右により七月二一日（土）午后六時より勞働者クラブに於て第一回小委員會を開催致しますから貴連盟より三名の代表の派遣を要請致します。

昭和二六年七月一八日

東京都北區豐島町三丁目二番地の四
勞働者クラブ生活協同組合
專務理事　本岡　吹

民主保育連盟　御中

④　七月二十一日

復歸決定に伴う處理のための小委員會が開かれた

（理事會、父母の會、從組、民保代表からなる小委員會）

七月二十八日

理事會で七月三〇日全員復歸、共同聲明を出すことが決められた。

八月四日、八月十三日

二回にわたって、共同聲明を出す爲の小委員會は開かれたが、「平和を守るために統一して斗う」と云ふ理事會、從組、民保の意見に對して、父母の會は、「責任者四名の處分」についての要求を出し、共同聲明は不調になった。

八月十八日

理事會に於て、責任者問題は提出され、討議の末「責任は理事會にある。」「教職員の立場から人事問題は處理する。」これに當つては父母の會の意向を参酌すると云う線が決定しその細部は人事委員會に委ねられることとなった。

八月二十六日　人事委員會

父母の會代表から四名の責任者に加えて二名の保育從事者の配置轉換、園長の交替が出され、論議はまとまらず、人事委員會は白紙で理事會に返上することになった。その後、現在に至るまで理事會は開かれず、父母の會は個別的に三名の配置轉換について折衝を行いつつある。

保育園は七名の復歸後、その當面の目標である保育園の擴大と措置（兒童福祉法）の枠をひろげる運動をよびかけ、理事會の擴張案一〇〇名增員の第一次實踐として園兒三〇名を增員し、施設の整備と擴張に活動しつつある。

Ⅱ 「民主保育連盟」関連資料

民主保育聯盟創立趣意書

戦争による荒廃の中から民主日本の建設をめざして進もうとしている私達にとって、この国の将来をになう乳幼児が最も大きい希望なのです。乳幼児の強いたくましい豊かな成長を待望する私達は終戦二年余をへてあまりにもみじめな子供たちの生活状態に胸をいためずにはいられません。

戦争で親を失ない家を焼かれてちまたをさまよう子供たち
おやつはもちろん、必要な食事すら充分に与えられず日毎にやせ衰えてゆく子供たち
童話や歌や絵本のたのしさを忘れた子供たち
遊び場も託児所も幼稚園もあまりにも少いためにさびしげな子供たち
そしてこのいたいけな子供たちをかかえて必死にかせいでいる母親はつかれはてて困窮のきわみに。
戦時中の子供たちは今国の保護もなく放任され、しかも自ら声を上げて訴える術を持たないのです。

このいたましい状態を唯黙って眺めていられましょうか。この子供たちをすこやかに育て上げ、新日本の建設者として正しく教育することは私達みんなにあたえられた大きい責任なのです。ことに子供たちの保育担当者である保母・保健婦・教師・乳幼児研究家・両親及び働く婦人は自主協同の力をもってこの仕事に当らなければならないと思います。ここに民主保育聯盟の設立を発起することになりました。

この聯盟の当面の活動は政府当局に乳幼児の完全な保護・教育の予算をすみやかにたてて実現するよう要求すること。

従来の保育施設が利用者である働く人々の要望にかなうよう民主的な経営をすること。

一方働く人々の協力によって子供会館・子供友の会等新しい保育施設、子供の広場・子供クラブを研究創設すること。（地域・職域に）

このために保育を担当する保母・保健婦・教師・乳幼児研究家・両親及び働く婦人がたえず保育の実際問題に真に正しい視野をもつよう研究し合うこと。同時にその社会的地位の擁護を計ること。

等に重点を置いて運動をすすめてゆきます。

勿論日本の経済的建て直りが進んでいない今これらの問題の解決は並々ならぬ困難が伴いましょう。けれど民主保育聯盟は労働者・農民・勤労市民等働く人々自らの団体として力強い出発をいたします。

同じ志をもたれる全国の保母・保健婦・教師・乳幼児研究家・両親及び働く婦人の皆さん！直ちに起ってこの活動に参加されますよう、切に希望いたします。

綱領

一、この聯盟は民主日本建設のにないてである乳幼児の完全な擁護と正しい教育の実現のために活動する

一、この聯盟はあらゆる地域職域に於て勤労家庭の要望にこたえる乳幼児保育施設の建設を期しそのために必要な実際的研究と協力をする

一、この聯盟は乳幼児保育担当者が自主的に結集して互に啓発し合い社会的な自覚と向上をはかる。

一、この聯盟は乳幼児保育の諸問題を社会的政治的に解決するためあらゆる民主的諸団体と密接に提携して活動する

東京都京橋区西銀座七の五（婦人民主クラブ内）
民主保育聯盟
発起人代表　羽仁説子

民主保育聯盟規約

一、本聯盟は民主保育聯盟と称する

二、本聯盟は乳幼児の完全な擁護と正しい教育に必要な新しい保育施設の創設と普及をはかり、又保育担当者の科学的教養の向上とその社会的地位の擁護とをはかる

三、本聯盟は次の事業を行う

1. 勤労家庭の要望に應じた保育施設の研究指導と宣伝普及
2. 保育担当者のための研究会・講座・講演会等の開催
3. 乳幼児保育政策の樹立とこの実現のための運動
4. 出版
5. その他必要な事業

四、本聯盟はこの目的に賛成する保姆・保健婦・教師・乳幼児研究家・両親・一般婦人並びに乳幼児の物質的文化的生活向上の仕事に関係のある個人及団体を以て構成する

五、聯盟員は所定の会費を納入し本会の活動に参加する

六、本聯盟は年一回総会を開き次の事業を行う

1. 事業方針の決定
2. 豫算・決算の審議
3. 役員の選挙

但し必要に應じて臨時総会を開くことが出来る

七、本聯盟に左の役員をおく

幹事（若干名）　常任幹事（若干名）

幹事は総会に於て選挙され本会の日常事務を処理する

幹事・常任幹事の任期は一年とする

幹事会の下に研究部会及事務局を常置し必要に應じ各種研究委員会を設ける

部会・事務局・研究委員会の規定は別に定める

九、全ての地方に於ける民主的保育団体は幹事会の承認により本会支部として協力して活動し得る

十、本会の経費は会費・事業収入及寄附金をもってこれに充てる

会費は月額三円、維持会費は年額五〇円・一〇〇円・三〇〇円・五〇〇円・一〇〇〇円とし分納することを得る

十一、本規約の変更は総会の承認を要する

發起人名簿（五十音順）

浦辺史	菅忠道	庄司豊子	千葉貞江	松葉重庸
大村鈴子	河野善江	世良正行	宮本一枝	三浦かづみ
楢田小きよ	近藤益子	圓島ハヤ	虎谷喜恵子	山田久江
河崎なつ	塩谷アイ	薄乃寿能	生江道江	山本利
川崎大治	清水光子	田村久子	羽仁説子	山室民子

加盟申込書

一、住所

一、勤務先

一、職業

一、会員種別　普通会員　　賛助会員（年額　　円）

一、氏名と年令　　　　　　（　　才）

一、昭和二十一年　月　日　加盟

綱　領

一、この連盟は民主日本建設のにない手である乳幼児の完全な擁護と正しい教育の実現のために活動する

一、この連盟はあらゆる地域、職域において勤労家庭の要望にこたえる乳幼児保育施設の建設を期し、そのために必要な実際的研究と協力をする

一、この連盟は乳幼児保育担当者が自主的に結集してたがいに啓発しあい社会的な自覚と向上をはかる

一、この連盟は乳幼児保育の諸問題を社会的政治的に解決するためあらゆる民主的諸団体と密接に提携して活動する

名　簿

幹事長　羽仁説子

幹事（○印は常任幹事）

○浦辺史　大村鉄子　櫛田ろき　河崎なつ　川崎大治　菅忠道　河野富江　近藤糸子　○塩谷あい　○清水岩子　○庄司豊子　○世良正行　○副島ハマ

帯刀貞代　○田村久子　千葉貞江　富本一枝　虎谷喜恵子　生江道江　○松葉重庸　三浦かつみ　○山田久江　山本杉　山室民子　○吉田秀夫　若林節子

池上茎子　野村カツ　○山本すゑ　○勝又京子　○畑谷光代　荒井美部子　鈴木俊子

働く人々のこどもを
働く人々の手でまもる

民主保育連盟のしおり

東京都渋谷区上通り三の一
民主保育連盟

民主保育連盟規約

1 この連盟は民主保育連盟といい、本部を東京都に置く。

2. この連盟は乳幼児をまもり正しく教育するに必要な保育施設を作りひろめ保育に当る者の社会的地位を高めることを目的とする。

3. この連盟はその目的を果すために次の活動をする

(イ) 働く人々のための保育施設をつくり、ひろめる。

(ロ) 両親・保母その他保育に当る者の為めに研究会、講座、講演会等をひらく。

(ハ) 乳幼児の保育政策を研究しその実現の為めに努力する

(ニ) 出版物を発行する。 (ホ) その他必要な活動

4. この連盟はその趣旨に賛成する団体及び両親・働く婦人、保母、研究家などこの仕事に関係ある個人で構成する。

5. 連盟は毎年一回定時総会を開く又必要に応じて臨時総会をひらく総会は活動方針、財政、役員などを決める。

6. 連盟に次の役員を置く、委員長、委員、常任委員

7. 委員は総会で選ばれ委員会を作って総会で決められた事を行う。委員長、常任委員は委員会で選ばれる。

8. 委員長は連盟を代表し、総会、委員会、常任委員会を召集する。

9. 常任委員会は事務局をおいて連盟の日常業務を行う。事務局の規定は別に定める

10. 委員会の下に専門部、専門委員会をおくことができる。その規定は別に定める。

11. 役員の任期は一年とし、重任することができる。

12. 連盟の財政は会費、事業収入、寄附金等による会費は別に定める。

13. 連盟は必要に応じて支部を設ける。支部の規定は別に定める。

14. この規約を改めるには総会の承認を必要とする。

支部規定

1. 会員が十名以上いる処では支部をつくる事ができる

2. 支部をつくろうとする時は支部規約・支部会員名簿及び役員名簿を中央委員会に提出しその承認をうける。

3. 支部は役員中より中央委員若干名を推薦する。

4. 支部は会費の三〇%を本部に納める

5. 会員が三名以上いる処では支部準備会を作ることができる。

会費規定

会費は個人会費と団体会費とに分ける。

(イ) 個人会費　月額　二〇円。

(ロ) 団体会費

月額		
	団体員五〇人まで	一〇〇円
	〃 五一人〜一〇〇人	二〇〇円
	〃 一〇〇人以上	三〇〇円

申込書

一、団体名　個人氏名　（人員　名）（年令　才）

一、所在地　住所　（電話　番）

一、職業と勤務先　（電話　番）

連盟の趣旨に賛同し会費　円（　月より　月まで）を添えて申込みます。

昭和　年　月　日

民主保育連盟　御中

保育に関する御相談に応じます

△新しい保育施設をつくるに就て

△「こども会」「母と子の会」「青空保育所」「臨時託児所」をひらくについて

△母と子の問題に関する講座・講習会の計画と講師の斡旋に就て

△保育に関する研究と実践に就て

△保母さんの斡旋

△紙芝居・指人形・絵本その他保育用材の斡旋

綱領

一、この連盟は民主日本建設のにない手である乳幼児の社会的な保護と、教育のために活動する。

一、この連盟はすべての地域・職場に働く人々の要望する保育施設をつくり、ひろめることを期しその為めに必要な研究と実践をする。

一、この連盟は乳幼児の保育にあたる人々の力を結集してその社会的な自覚と地位の向上をはかる。

一、この連盟は乳幼児保育の問題を社会的、政治的に解決するためすべての民主的な団体と提携して活動する。

民主保育連盟のしおり

働く人々のこどもを　働く人々の手でまもる

民主保育連盟

東京都港区芝新橋7ノ12

文化工業会館内　電話 芝(48)1121-2

つは

綱領

一、この連盟は民主日本のにない手である乳幼児の社会的な保護と教育のために活動する。

一、この連盟はすべての地域 職場に働く人々の要望する保育施設をつくりひろめることを願し、そのために必要な研究を実践する。

一、この連盟は乳幼児の保育にあたる人々の力を結集して その社会的な自覚と地位の向上をはかる

一、この連盟は乳幼児保育の問題を社会的、政治的に解決するため すべての民主的な団体と提携して活動する

保育に関する御相談に応じます

○新しい保育施設をつくるについて

○「こども会」「父母の会」「母と子の会」「青空保育所」「臨時託児所」をひらくについて

○母と子の問題に関する講座 講習会の計画と講師のあっせんについて

○保育に関する研究と実践について

○保母さんのあっせん

○紙芝居 指人形 絵本 保育関係図書 その他保育用材のあっせん

民主保育連盟規約

1、この連盟は民主保育連盟といい 本部を東京都に置く。

2、この連盟は乳幼児をまもり 正しく発達するに必要な保育施設を作りひろめ 新しい保育体形を作り 保育に当る者の社会的地位を高めることを目的とする。

3、この連盟は その目的を果すために次の事業をする。

(1) 働く人々のための保育施設をつくり ひろめる。

(2) 保母その他保育に当る者のために多面的な研究活動をする。

(3) 保母の養成に必要な講座・研究会等を開く。

(4) 乳幼児の保育及び教育を研究し、その実現のために努力する。

(5) 機関紙及び出版物を発行する。

(6) その他。

4、この連盟は 本会の趣旨に賛成する保母・保育研究者 [illegible] 父母及び会員の個人と団体を会員とする。

5、連盟は年一回 [illegible] 総会を開く。又必要に応じて臨時 [illegible]

[illegible]

6、連盟は次の役員を置く。委員長、委員、常任委員

7、委員は総会で選ばれ委員会を作って、総会で決められた事を行う。委員長・常任委員は委員会で選ばれる

8、委員長は連盟を代表し総会・委員会・常任委員会を召集する。

9、常任委員は、事務局をおいて 連盟の日常業務を行う。

10、委員会の下に専門部・専門委員会をおくことができる。専門部は組織部・事業部・研究部とする。

11、役員の任期は一年とし 重任することができる。

12、連盟の財政は、会費・維持会費・事業収入・寄附金等による。会費は別に定める。

13、連盟は必要に応じて支部を設ける 支部の規定は別に定める。

14、[illegible]

支部規定

会員が五名以上いる処では 支部をつくることができる

支部をつくろうとする時は 支部規約 支部会員名簿及び役員名簿を本部に出して その承認をうける。

会費規定

1、個人会費　普通会費 月額 [illegible]円

　　　　　　維持会費 月額(一口) 五〇円

2、団体会費　団体員 五〇人まで 一〇〇円

　　　〃　　五〇人以上 二〇〇円

申込書

一、団体名称　　　　　　（人員　　）

　　所在地　　　　　　　（電話　　）

一、個人氏名　　　　　　（年令　　才）

　　住所

　　職業と勤務先　　　　（電話　　）

　　所在地

連盟の趣旨に賛同し 普通会費 維持会費 口 円（ 月 日より 月 日まで）を添えて申込ます。

昭和 年 月 日

民主保育連盟 御中

臨時総会御通知

会員の皆様、うつとうしいこの頃の天候にもお元気でご活動のことと存じます。

民保は仂く人々の保育運動のために微力を尽してまいりましたが最近の情勢よりおこるいろいろな問題の解決について力及ばず充分要望に応えられないことは、まことに残念に存じます

この際、臨時に総会を開き、従来の活動にあらわれた欠陥と偏向について討議し、新しい今後の活動方針を立てたいと存じます。

御用おさしくりの上、ぜひ御出席下さいますよう御案内申上げます。

民主保育連盟　委員長　羽仁説子

記

一、日時　六月十日（日）午前十時ー午后五時

一、会場　東京YMCA会館（少年部ロビー）
千代田区神田美土代町（都電小川町）

一、議題
(1)前総会の決定はどう実践されたか
ーーー成果と欠陥についてーーー
(2)労仂者クラブ保育園の問題について

以上

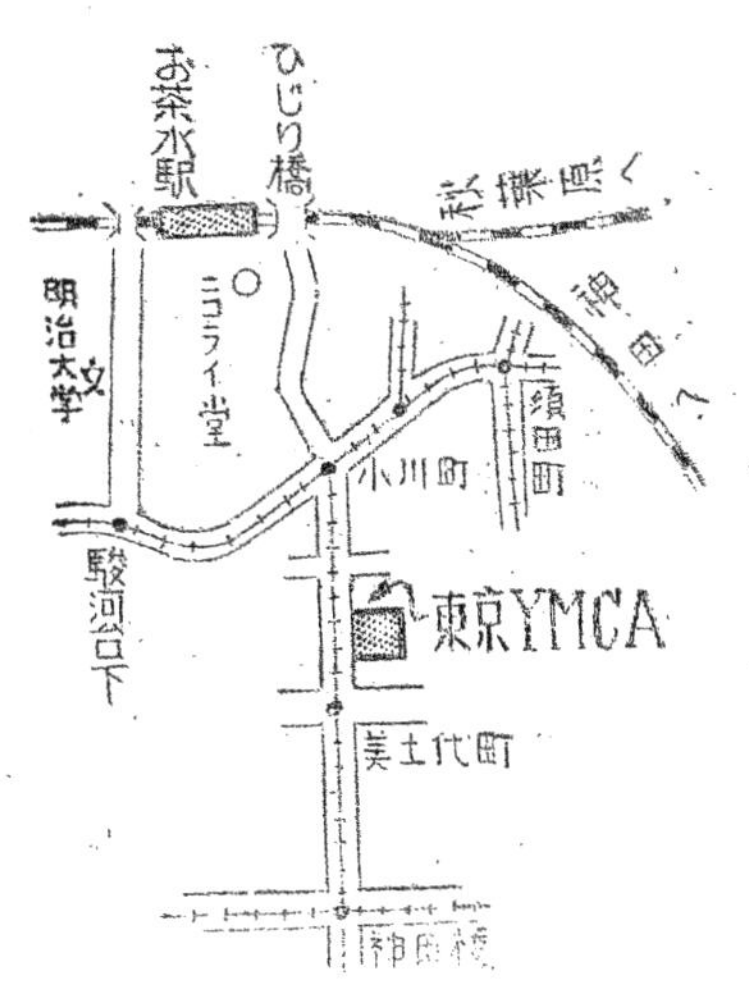

北区労仂者クラブ保育園の問題についての経過報告

民主保育連盟　委員会

同保育園に起きた問題については、各方面でいろいろ取上げられ、相当ひろく報導されていますが、民保委員会では、その経過を次のように認めております。臨時総会で、この問題が議題の一つになりますので、簡単に参考資料としてまとめました。

一、四名の保母が解雇された経過

四月十七日　労仂者クラブ保育園の保母四名（烟谷光代、高瀬慶子、泉谷洋子、天野幸一一すべて民保会員）が、経営主体である労仂者クラブ生活協同組合の理事会で「その活動が労仂者の利益をまもらないため、クラブ保育園の保母としては不適格である。」という理由で解雇と決定された。（理事会での採決は九対三）

ここに至るまでには次のような経緯があった事が認められる。

四月十四日　労仂者クラブの細胞会議で前記四名は党除名のことが決議された。クラブ生協専務理事の名で「理事会の決定があるまで、事務所に立入るには許可を得ること」が指示された。

四月十五日　には同じく専務理事の名で「四名の保母の保育園に立入る事を禁止する」「その他の従業員は平常通に勤務すること」「保育は平常通りに行う」など四項目の業務命令が指示された

四月十六日　四保母と母の会幹部との連絡により保育園児を休園させ、特別必要な子供は母の会幹部の家に預けた。

この間、専務理事と母の会幹部とが折衝の結果、当夜緊急に母の会総会を開いて事態を拾收することに決定。

母の会総会は約一七〇名の母親と父親が寄り、クラブ生協理事者側、クラブ従業員組合及び傍聴者（当日民保研究会がクラブ保育園で行われる予定であったためその中には民保会員約七名がいる）によって開かれた。

討論の末父母側から四名の首切りを前提とする業務命令には反対、理事会には、この要望を充分反映させてもらいたいということを理事長に承認させ、「十七日夜の理事会の決定あるまでは、業務命令は撤回する。十七日の保育は、従前通りの体制で行う。」ことが決定された。

四月十七日　保育は前夜の決定通り実施、理事会（母の会代表一名は理事に出ている）では緊急議題として、この問題が取上げられ、母の会、保母の代表の発言もあって討論の結果、母の会総会の意嚮に反して、前記のように、四名の解雇が決定された。

四月十九日　には労仂者クラブ従業員大会が開かれ、討論の結果、十五対十で解雇を認めると決定。保母小片桂子、野島千代（何れも民保会員）二名は辞職の意嚮を組合に出した。

二、母の会仮保育園の設置から解散まで

四月十八日以降労ク保育園は居残った三名の保母助手（内一名は民保会員）塩谷、井手、杉江など（民保会員）の協力で「保育は平常通り行う」方針を進めた。十八日十九日二十日は小片、野島も保育業務に従った。保育児は最初約六〇名（当時在籍約二〇〇名）で四、五日は減少約三〇名程になった。

一方、四名の保母と母の会との話し合いで、二十日から「母の会仮保育園」が開設され、約一〇〇名の園児が保育されることになった。

この状態は約二週間続いたが、その間、母の会幹事は理事者側と再三交渉をもち、抗議と要求が続けられた。

労ク保育園は、十数名の退園届もあり、新しい入園希望者も続出しているので、四月末までの期限を切って全園児の家庭に在園か退園かを問合せるとともに、約二〇名の新入園を漸次許可した。

四月三十日　母の会代表から次の申入れがあった。「全園児を労ク保育園に復帰させる。」その条件として「小片、野島二保母を帰すこと」「母の会を従前通り、経営に参加させる。」「退園届を出したものも復帰を認めること」などが出された。之に対して理事者側から「園児の登園は当然のこととして認める」「退園届をした家庭は再手続をしてもらう」「小片、野島二保母については当人のその後の態度もあるので理事会において決定する」「母の会は在園児の母の会として認める」「経営について母の会の意嚮は充分きく」との回答があった。

五月五日　には園児復帰についての母の会総会が開かれ具体的な事項についての懇談が行われ、上記の点も確認された。

五月七日　園児は復帰し、母の会仮保育園は閉鎖となった。

園児在籍約二〇〇名、出席約一四〇名
三、その後の経過
復帰以後、新入園児の父母も含めて母の会は新しく編成しなおすことになり十八日総会が開かれ、「父母の会として新発足すること」を決定、引つづき班長会議で役員改選と「保母、理事者は正会員としない」「保育園の運営に参加する」などの案が規約に取入れられた。

小片、野島二保母の問題については五月二二日の理事会に関係当人の意見が表明されたが、理事の大部分はそのままの考えで復帰することは、再び混乱をまきおこすことになるとの意見で票決の結果両名の解雇が決定した。引つづき植木（事務担当者、当時母の会会長、民保会員）さんの進退についてはその行動が明らかに反クラブ的であるとして同じく解雇となった。つづいて新しい保母八名（中民保会員三名）の採用が決定し正式機関での問題は一応解決したことになった。

この問題に対する民保の動き
四月二五日　民保第一回委員会
四月二八日　第二回委員会
四月三〇日　調査委員の派遣
五月一四日　第三回委員会
五月一九日　拡大委員会（当事者に実状をきくことを兼ねる）
（報告　略）

民族的舞踊と民謡の

共同研究について ―中間報告― （[illegible]）

朝鮮新報紙上、[illegible]舞踊の[illegible]の範囲は広いものであり、殊に内外の舞踊家[illegible]非常に多くすぐれた人たちの力を[illegible]、遂にこれを表わしております。具体的事実として[illegible]は、歌舞・文化等[illegible]舞踊[illegible]を明らかにしてげられることをも持っていると思います。
[illegible]しつつある資本主義社会が、[illegible]（戦争）をして人民の幸福・子供たちの幸福を破壊しつつあることは周知の事実です。

しかも又、国際的にスポーツ・芸術、アカデミー[illegible]の[illegible]の[illegible]の会での[illegible]、主要の多くの人々が[illegible]する[illegible]力こそ、真に幸福を[illegible]力であると確信いたします。

「[illegible]の[illegible]」[illegible]第二回大会で[illegible]の[illegible]の手をつないで[illegible]、多くの人々が実現に努力しております。即ち、朝鮮・中国・[illegible]等の多くの人々は[illegible]つております。[illegible]の[illegible]人々と[illegible]ております。又日本でも、多くの人々が[illegible]ておりますが、まだ[illegible]力は弱くこの力を[illegible]とする[illegible]の力が[illegible]ので、なかなかうまく発展してゆきません。

「[illegible]社会でこそ、[illegible]」[illegible]のスローガンをかかげ、この目的に向って努力する力を発展させるために、[illegible]ですから。

[illegible]ち（[illegible]）の生活、[illegible]、[illegible][illegible]生活[illegible]「[illegible]」「[illegible]」「[illegible]」「[illegible]」[illegible]の生活の[illegible]から[illegible]ないと思います。[illegible]に対抗する[illegible]の生活から[illegible]をとりあげ[illegible]ていくように[illegible]。

[illegible]が[illegible]、[illegible]の[illegible]、[illegible]・[illegible]・実[illegible]の[illegible]し、[illegible]の[illegible]と[illegible]。

〰〰〰〰

『共同研究の方法』

(A) 第一次 五年四月の研究会できまったこと。
[illegible]、社会的生活習慣
の[illegible]（[illegible]）
[illegible]の研究会。
[illegible]の[illegible]、[illegible]の[illegible]
（[illegible]）[illegible]
[illegible]における[illegible]
[illegible]の[illegible]、[illegible]が[illegible]、又[illegible]も
[illegible]
[illegible]、又全国[illegible]の[illegible]
[illegible]の[illegible]が[illegible]
の[illegible]の[illegible]に[illegible]が、加
[illegible]。即ち[illegible]年[illegible]月に
[illegible]として、次の[illegible]を討論して[illegible]
ます。「[illegible]」[illegible]に、新
[illegible]。

共の生活を保障するという「自由な社会的な自覚を養う」教育、子供の[illegible]、[illegible]の保育の内容的な確立を求めてきたのである」として[illegible]

この共同は、実践に移されたが、[illegible]に不備な点が[illegible]

保育の技術的問題が大きな悩みであった。

Ⓑ 一九五〇年十一月 研究会

[illegible]

[illegible]

[illegible]

（一九四九年五月以降 [illegible]

保育理論が[illegible]

ていたのだ——」）

× 合宿三日間の研究会

保育の方針について…… [illegible]

[illegible]

[illegible]

討論を実践に移す事。

然し、幼児に「全人格的に」[illegible]

[illegible]

[illegible]

[illegible]

言」が、現われた。（[illegible]）

此の間、保育の実践に現われた傾向と成果について説明するならば—— 五月一日のメーデーに十数名の若き教師を送り出し、六月一日の国際こどもデーに手工展覧会を参加させた事など、子供たちの生活に[illegible]。ところがまだ、自主的な集団[illegible]、集団としての行動・意識が高まって来た。

[illegible]、又国際こどもデーの結果としては、幼児たちが[illegible]

[illegible]

[illegible]

一九四九年以来、各児の行動が全体の中で[illegible]

[illegible]

[illegible]

[illegible]

[illegible]

[illegible]

又、[illegible]

（[illegible]）[illegible]

[illegible]

[illegible]

[illegible]

[illegible]

[illegible]

Ⓒ 一九五[illegible]年[illegible]月以降

自由保育の[illegible]について[illegible]批判を[illegible]、明確な保育方針の確立にとりかかった。先ず保育の目標と環境の整備、保育技術も合わせて[illegible]、子供たちの動きも集団を強調するよう、組遊びなどが考慮され、社会的習慣と個人的習慣のはっきりとした考えを子供たちに持たせるために、主題・作業に当番制を行う。又、保母間の保育についての意見の一致、並に、年齢別の[illegible]、毎日全ての問題を話し合い、特に十日の運動会[illegible]、保育の中で子供たちの[illegible]の集団行動による意識の高まりはめざましいものであった。

以上の様な[illegible]、一九五一年一月中旬に一人の三[illegible]が発生した。その日一日、殆んど保母の手を[illegible]子供たちの集団的意識の[illegible]。又これは、[illegible]三才児、三才児[illegible]

[illegible]

[illegible]

しかし、以上の様な保育に於て、多くのあやまちが批判されるようになった。即ちプログラムが知識社会に於ける生活を中心にして考えられ、現実の生活（音楽並に文学）の軽視を招き、又環境の整備も子供たちの生活には、殆ど欠けて居ったし、貧しい保育所であった、殆どこれはあずけ主に対しその日も又子供の一人々々の問題並に家庭の問題等に関心を寄せる事[illegible]に入り[illegible]の事を発表する等々、保育園全体[illegible]ものです。平和を見に向けて子供を守り育ててきました。[illegible]それは一番最初[illegible]戦争並に戦争が度々起る社会では人間は正しく発達させることはできないことであり、平和な社会こそ人間を全人格的に発展させることができる[illegible]人たちがみんなが力をあわせて、戦争の危機を守る為に、明るくすみやかに近しみこんな環境の中（すべてを[illegible]）エロ・グロ文化等）に、[illegible]

従って保育の目標が「よく健康に環境にあっても強く平和を愛する人間に育てる」ということを実行する為には、次の二つが強調され「平和のために[illegible]をつなぎ合せて行動できる人間」と「常に平和な人々の為に積極的に創意をもって努力して行く人間」この様な方針に従って、保育並に母の会の大人たちの意見を一緒にさせ、検討し、又[illegible]おりなして平和について問題を入れ、子供たちの組織も当番制から発展されたリーダー制に重点が置かれ、より集団、よい個人が強調された。

こうした動きの中で、子供たちのあそびも、戦争反対ごっこや、疎開ごっこ等、それに対する集団的批判と、それに伴う子供たちでの環境の変革、等が現われ三月の末には、あそびの発表から、人形劇が子供たちの手でつくられ、新田保育園・みんなの保育園の子等にまで出張して発表するほどになった。

以上、私たちの保育は、未だ弱点ばかりでこれから発展する形であり、いろいろ新しい問題がおこっていると思います。

即ち、戦争愛好者は彼等に都合の良い人間をつくるために、彼等の子供の育て方を、エロ・グロ文化や、戦争劇を動員して、一生懸命考えて居ります。従って平和愛好者は自分たちの子供が、この影響に、日一日とさらされて行くのをだまって見すごしてはおれなく、……エロ・グロに対抗し、自由教育に結びつけ、子供は自分たちが育てると考えなければならないと思います。健康な生活、平和を愛する生活の方向に保育をもって行くこと、即ち労働者が子供の育て方（労働者こそ戦争反対をうちくだく力・組織的な力を持っている）が理論を作るのではないでしょうか。

この事は勿論、労働者だけでは解決できない問題であり、他のすべての平和勢力が一しょに、力を合せなければならないと思われます。

又保育に於いても、たとえ一つの園で平和保育の土台ができたとしても、それが多くの保育で問題にならなければ、その力は極めて弱いものです。又それに加えて平和についてのプログラムを基礎とした歌、おはなし、あそび等保育の理論と実践を研究する大人の組織がつくられ、発展しなければならない問題と思います。

―以上―

一九五一・六・一〇

保育の問題をどう考えるか

施設よりみた幼児教育の實体について（施設の現況）　一
保育所における幼児の教育について（教育の問題點）　四
保育の實踐記錄の中から　七
保母の手記より　一一
A－私達の三坪の家　一三
B－ふみにじられても眞實の芽はすくすくと
－井の頭保育園の歩み－　一四
むすび　一六

民主保育連盟研究部会

施設よりみた
幼児教育の実体について

最近日本に招介されているソヴエートの教育家マカレンコの著作の中で、子供は美しい花である。それも花瓶の中にさされた花ではなくて果樹園の中の果の花である。それは、蟲害やその他の妨害から番人によつて注意深く守られるならば立派な果實を結ぶであろう美しい花であるといういみの文章がある。

私は現代の日本が戰爭の深い傷手から回復出來ず、そればかりでなく、國内における政治の力や國外からの大きな力などの影響をうけてこの果樹園は天國の花園には遥かに遠いものではあるがそれにもかかわらず、日本民族の實であり、花である幼児のためにあらゆる努力をつくして、その花が守られ美しき花をひらかせ、實を結ばせなければならないと考えるものである。そして番人が保育者であり果樹園を保育所と考えることが出來よう。番人自身が如何なる實を結ばせるかというハッキリした目的意識を持ち、そのためにどう芽をのばしどう枝を切り、どの様な肥料を施こし、どの様な外部の敵から防いでやるか、そしてその花が自分自身の力をのばして、美しい實を結ぶように深い愛情と絶えざる努力を地道につづけていくならば遂にはその目的が果せるであろう。

果樹園がそれをとりまく一切の自然と切りはなせないように保育施設や教育の問題が社會の政治や經濟から切りはなされて解決の出來るものではない從つて幼児教育の問題も社會的關連のもとに考えないとその正しい解決は望まれるものではなかろう。

然し幼児の教育の問題はよしどの様に社會の機構が變ろうとも重要な問題であり、幼児の世界がその両親の生活の破綻から、みじめに押しひしがれようとしている現在殊に幼児の教育の問題が新しく取り上げられてきた現在に於てはわれわれは從來の保育所托児所の保育活動を反省し、幼児教育學というような科學的体形立つた理論的基準を必要とするものではあるまいか。これは保育者、教育家、児童心理學者諸君との協力のもとに可能なことであろうと考える。

私は此處で幼兒教育の場としての保育園の立場をもとにして論を進めようと思います。

われわれ保育園關係の中で保育園は幼稚園ではないという論者があると思えば幼稚園と保育園の一体化ということを主張する人々もあります。今私はそれらの議論にふれるのではなくて、ただ、幼兒の人格の形成という現實の問題に當面して、もし誤つた積極的な力が保育所における期間に幼兒に加えられた場合、又は、この期間全々幼兒の氣分のままに放任されそれが失敗に歸した場合は、正常に立戻らせる爲は何倍もの努力が拂はれねばならぬだろうということ、或はそれをしても猶かつ困難である場合もあるであろうと考えると、一体化、或は保育園と幼稚園の分化促進といういづれの論者を含めてもなつとくの出來るであろう問題は、幼兒期における人格の形成に保育所幼稚園における保育者の役割は非常に重要な位置を占めるであろうという點です。

即ち良い保育者の居る多くの保育所が如何に必要であるかという點は誰も同意出來る點であろう。保育所は幼兒の教育の場として十分考えていいと思うので、この大事な幼兒教育の場が多いか少いか、あるかないかは幼兒教育の實態という課題については是非ふれていかねばならぬ問題である。

一体實際に日本全國に當然收容されなければならぬ幼兒の內、何れ程の子供が保育所に收容されているか、から考えてみましよう。

日本の學童の數は約一、〇〇〇万人です。一九四七年十月一日の國勢調査では零才から學令前迄の幼兒の數は一、三三四万です。

一應この一、三三四万という數字を基礎にしますと、これを、收容できる保育所は、一、九五〇年十二月現在で三六三〇ケ所で收容人員は二九二、三三五人です。假りに幼稚園を合せてみると同年二、一〇〇施設人員二二四、五九一人を合せても五一六、九二六人即ちこの數字は保育園と幼稚園を合せてもその對象幼兒全人口の二、二%にしかすぎないということです。

厚生省兒童局からの通牒などにも保育園の幼稚園化というような問題にふれて注意をかんきしているようですし、民間の論者も又保育園と幼稚園とは違うという主張もあります。それにもかかわらず日本における幼兒人口の僅か二パーセント强だけが、しかも幼稚園を含めて收容されているのが現實である點に注目せねばならない。百人に二人、一体百人の中九八人の子供の家庭は、兒童福祉法にいう「心身共にすこやかに育成され」ている家庭の子であろうか。

この數字は端的にして百人の內二人だけがそういう幸福な家庭にあるとなら或はいい得るかもしれないのが眞實の狀態ではないでしょうか。更に私は眼を現實の全國民の生活に向けなければならない。即ち、現在に於て、一應最も生活の破綻にひんしている人々といえば、生活被保護者ということになるであろう。若しそういうことが肯定されるとすれば、この最少限度の對象兒童としての生活保護法をうけている家庭の子供の數と、現在の施設の收容可能人員との比較をしてみなければならない。

3

これは残念ながら全国の統計が手に入らないので假りに東京都の例をとつてみることにした。この統計の中では年齢別がつかまれないので都の被保護世帯五一、八八一人員一六八、五〇六が（一九五〇年十二月現在）その数字です。この数字は都の世帯一一五六五、二五九人口六四一八、七三一の二・六%である。

假りにこの全世帯に一〇%の幼児があるとすれば一六八、〇〇〇人となり都内公私保育園の一九五ケ所收容人員一四、三六九（一九五〇年十二月現在）に比べるとこの被保護世帯の幼児の八%しか收容できないというのが實態となる譯である。

これは幼稚園を加えたとしても一五%を超えることはあるまい。

更に正確な統計上の数字として幼児を抱えた寡婦というのが都内に三二、三八七名あります。これによつて寡婦一人に對し幼児一人としても三二、三八七名に對し收容人員數は一四、三六九名ですから四四%しか收容できないというわけである。而もこれは兒童福祉法にいう措置對象兒を問題にしたのでなくて救貧的ないみの純經濟的な要因からのみの兒童だけを考えた場合でもこの様な現状であることを注意しなければならない。

この様な施設の貧困の中に更にわれわれが考えなければならぬのは、公立の数の問題である。兒童福祉法の條文の中でわれわれがいつも問題としてこれこそ民主化された日本のそれにふさわしい新しい法律として心から喜んでいるものは第一條の「すべての國民は兒童が心身ともに健やかに生れ且つ育成されなければならない。すべての兒童はひとしくその生活を保障され愛護されなければならない」と

「第二條國及び地方公共團体は兒童の保護者と共にその責任を負う」という條文です。

從つて公立の施設は何といつても私立の施設に内容は勿論數も勝つていなければならぬのに實は次に掲げる數字の通りここにも幼兒教育の現状に對する深い反省が要請されるのです。

卽ち一九五〇年現在保育園數は公立九六二人員七五、〇九九人私立二、六六八人員一九一、〇八七人で總人員の二八%收容可能が公立の實態である。東京都の公立の場合の統計の中から乳兒卽ち二才以下の兒童の數を示せば何と僅か二二七人にすぎない。收容兒の僅か四・七%であり これは都内にある生活被保護者の内で幼兒を抱えた寡婦三二、三八七名の數字に比べても二二七人とは余りに少なすぎる數字ではあるまいか。然しこれが首都東京における、兒童福祉法下の、幼兒保育の實態であることは残念の限りである。にわれわれはここそ幼兒教育の重要性を考えるにつけその教育の場の余りにも少さに過ぎる現實にボー然とさせられるのである。問題はこれだけではない。一九五一年三月現在都内私立保育施設の收容兒數措置兒童（福祉法によつて委托費の支拂のある）四、八二四自由契約兒（非措置）五、七〇〇という數字である。

更に問題とされなければならないのは、既に施設をつくつて認可の申請のある施設が七月現在で二三施設（收容人員一、〇五八）あ

4

りこれらが都の豫算措置の問題からいまだに認可されないという點です。勿論前にのべた自由契約兒の數も、措置しようとしても、この財政的措置により如何ともしがたいのが絶對的多數であるということです。

卽ち公立自体區部でさえも最近まで一ケ所もない區があった程。僅少であり、民間の私財を以て苦勞して建設した施設さえも認可を拒否され更に措置兒童の數が豫算にしばられてうごきがとれないというこの現實を考え併せる場合、幼兒敎育の物質的基礎は、きづかれつつあるのではなくて、その逆をいっているといっても過言ではあるまい。今私は幼兒敎育文化の問題をしばらくおいて、その物質的基礎である施設の問題を考えてみた。

それにつけても、いなそれだからこそ、われわれは聲を大にして、幼兒敎育の重要さと敎育者、勿論保母もそうであるが、そればかりでなく母親、否全國民大衆に訴えて、民族の寶を守るため、しいては民族の獨立を守るために、幼兒敎育の問題を深く掘りさげて考えねばならないであろう。

いま民主保育連盟の傘下には認可施設を含め二十一の施設がある。これは一九二七年五月に勞働組合の手でたてられた東京自由保育園をはじめとし生協による北區勞働者クラブ保育園等々或は勞組、協組、居住者組合、地域婦人、等々多種多樣の性格のものがある。

これらは少いながら日本における民主主義の贈物であり、多難な中を、子供を守って前進している。われわれは、少い施設の中で全國の兒童の數からいえば僅かな數とるに足らぬ數ではあるが、それにもかかわらずこの子供達を前にして今新に、その敎育に決意を新にし、保育所における保母の敎育活動の役割の重大さに深く決する所があり全國の日敎組の同志の人々とともに幼兒敎育學とでもいうか新しい保育理論の確立に手をむすぼうとしているものであります。

前にものべた如く私は主として現在の敎育の物質基礎、施設の問題から兒童敎育の現狀をいささか考察した次第であります。

一九五一、一一、四

保育所における幼兒の敎育について

東京自由保育園長　谷　川　正　太　郎

1　その問題點

路上で無心にあそんでいる子供を見て、むじゃきなものだ、純眞なものだと、はほえむ大人たちは、今日の社會にあっては、非常に少いと思いますが、併しまだまだ、子供を玩具にしたり、子供を大人のちぢめたものだと簡單に考える親達、保育者達があります。今日の子供達が、たとえ保育園、幼稚園内で生活していても、むじゃきな、純眞なあそびを、しないことは確かであり、逆におそろしいこと、あぶないことの方が多いと思います。

或る保育園で、一時けんかが多くなり、保母がけんかの仲裁に追われて、一日の保育を終ったことがあります。又戦争ごつこ、チャンバラごつこ、が流行して、保母が棒をとりあげるのに一日追われたこともあります。このようなことは、ただあぶないことだ、いけないことだと、はらはらしているだけでは問題は解決しないことは確かでしよう。けんかやチャンバラごつこ、をもう少し深く考えると、もつともつとはらはらしなければならないと思います。というのは、人間の性格が、大体幼児の時代に形成されるということと、このけんかや、チャンバラごつこ等は、子供たちの人格形成に大き影響をもつことなのです。

從つて今日の保育の問題として一番大切な事はこの社會的影響を强く受ける子供達を、どの様に、どの方向に育てなければならぬかと云う點にあります。その態度としては、戰爭ごつこ、けんか、チャンバラごつこは(イ)むじやきなものであり、子供のことだからいいでわないか、(ロ)强い子ができるからよいではないか、(ハ)社會的影響と大人の教育のあやまちと考え、子供と共に、このことを重要に考えて、積極的に、子供の惡い事、大人の惡い事を、除いていく態度等、―、まだまだこの他に、大人の色々の社會觀や、人間觀にたつて、夫々の考え方があると思います。

私達、平和を愛し、平和な人間に子供を育てあげる立場にたつ保育者としては、戰爭ごつこ等をただ「ごつこあそび」だからと、面白がつている大人に、強く反對せざるを得ません。

私達の態度としては、みんなの意見を聞きながら、暴力ではなしに、話しあいで、事を解決する様に、しむけたいと思います。つまり組織を妨害する者に對しては、みんなのために、みんなの先頭になつて、集團的に民主的に解決する子供が望ましいと思います。（勿論、弱いものいじめではなく、みんなの云う事をきかない子供を正しい方向に向けるために―。）

2　子供の見かた

幼兒教育については、現在、色々な考え方が流行しています。「T・L・C」（テンダー・ラヴィング・ケアー）つまり「やさしい愛のこもつた世話」と云う言葉が、よく外國の雜誌に見受けられます。只、この三字だけ見れば、普通のことであり、常識的な言葉だと考えがちです。ところが、この言葉も現實の色々な問題の中で考える時、（例えば、里親制度の流行、幼兒は家庭で育てた方が良いと云う考え）或る危險を多分に感ぜられます。

それは、(イ)子供を正しく捉えてないこと、(ロ)幼兒教育を科學的にみてないこと、(ハ)幼兒を集團的に育てる事に反對している態度につながると思います。

私達は、再び、幼兒を、大人の玩具にしないためにも―、幼兒に社會性をもたせるためにも―、施設での集團教育を主張しなければなりません。

子供がけんかした場合、あの子は亂暴する子だと、簡單に、レッ

6 テルを貼り、又、あの子は、問題児であり、親、家庭に問題がある、どうも困つたものだと投げ出すような考え方が、あつたと思います。たしかに、けんかする子供、亂暴する子供は、問題を持つている。けれど、その問題を、その子供の本來的な性質だと、斷定することは、まちがいだと思います。「けんか、亂暴する事、よく泣く等々、子供がもつ色々な問題は、その子供の持つ問題のあらわれだと思います。生活經驗や、集團内の子供の位置づけを考えないで、惡い事は、みんな、その子供個人にあると云う考えは、個人主義を基礎にした素質論になります。それは、金持の子は頭が良い、貧乏人は頭が惡いと云う考え方に通じ、はつきりと批判されてよいと思います。從つて、子供を育てるに當り、特に施設で育てる場合、集團の中の一員として個人を見て、問題解決も、問題提出も、「みんなの問題」(保育者も含む)として與えることが、大きな課題になると思います。この事は、家庭教育にもあてはまる事です。例えば、兄弟關係を、民主的に考えないで、お父さん子、お母さん子等、大人が勝手に、兄弟關係を、くづした家庭では、子供は正常に育つていかないものです。

それで、先づ子供に(イ)「全体の中での自分」と云う事を、早くから自覺させる。(ロ)その全体を尊重させること。(ハ)みんなが、手をつないで、協力していく關係を知らせる。(又は仲間同志の衝突によつて)そして客觀的な正しい考え方、行動の方向に教育しなければならないと、考えます。

この事は、勿論、前記の「平和の方向に、目的意識的に育てる」と云う事と、あわせて考えられることです。又、この平和の方向に大人が、手をつないで、協力していく考え方、行動を、集團教育に適用していけば、益々その集團自体が強まり、一人一人が、強まつていくことと思います。

3 保育實踐のために

(イ) 環境、社會

幼児のカリキュラムに現れた、行事を重視する考え方は、その社會についての批判、創造が失われていることからくると考える。前記の、戰時体制と、平和体制との社會の觀點にたつて、批判しながら、子供たちに正しい社會觀を教育すべきである。

(ロ) 文化財について(玩具、繪本等)

大人の社會でエロ、グロ文化が、通俗化されている今日、幼児の文化財については、憂うべき状態である。(刀、ピストル、鐵砲等)子供が好むからといつて、無制限に與えるのではなく、子供を正しく前進させる方向に、玩具や、文化資材を考え、與えるべきである。

(ハ) 保育技術について

保育實踐のためには、正しい保育プランと保育技術が確立されなければならぬ。子供たちが、現實の惡條件の中で、闘い乍ら、正しい考え、行動をもつて、自分の生活を開拓して行く方向に、教育されねばならない。そのための、保育技術を、今までの経験の批判的摂取と共に、新しく創造する必要がある。

以上幼児教育について、私達の意見をのべてきたが、未だ、實践的な裏付けを体系的に報告する迄に至っていない。現在、この保育理論と實践を一つづつ積みあげている過程である事を附記しておく。

そして現實には、種々な悪條件が折り重つて居る。例えば、(イ)大人の古い子供の育て方や、大人の社會に對する誤つた考え方、(ロ)保育施設の絶對的な不足、並びに、保育施設の不備、(ハ)保育者の經濟的な不安定、及び勞働過重、(ニ)幼稚園、保育園の指導機關の分離、(ホ)國家の幼児教育政策の貧困から来る豫算の縮限等々。

こうした、悪條件を一つ一つうちやぶる鍵として、集團保育―平和に向つて子供を育てあげることを提案します。

勞働者クラブ保育園　天野　章

保育の実践記録の中から

◎グループ指導とリーダー制について

―R・保育園　五才児の組―

月曜日には、子供達と共に、今週の活動の準備として、リーダー（男女一名宛）當番（五六グループ、各々より一名宛）の選出をはじめる。

保育者の態度としては、規律を自分たちで作つて行く、又積極的に自分たちで（保育者も含めて）保育園生活を進めていくための指導性を考慮していく。

保育者「最初、男のリーダーを選びましょう」ときり出すと、男児は一せいに手をあげる。A、K、Y君等は、最近にリーダーをやつているので、たちまち落選、N、T、Y、Mの四人だけ残る。四人は皆の前にならぶ。みんなは誰にするかで、ガヤガヤ。その中にグループの中から、推薦者が現れた。

K君「Nちやんは親切だからいいよ」

I子「Tちやんは、みんなと遊ぶからいいわ」

Y君も、みんなと遊ぶからと、推薦された。M君は、誰も推してくれない。

保育者「M君のこと、誰か云つてあげる人はいないですか？」

Mのグループの一人、H君手をあげる。

「Mちやんは、僕とあそばないから―」

そこで、皆で手をあげてきめることにした。結果は、T君Y君は一九票で同點となる。

保「さあ、どうしますか？」

K君「Tちやんは、いつも、めんこしているよ。」

A子「らくせん、らくせん」

となる。其處で、保育者は、

「同じになつたから、もう一人手をあげれば、いいんですね、それでは、先生は、Y君にします。T君、めんこしなくなつたら、リーダーになつてもらいましようね」

そこで、みんな納得し、リーダーは、Y君にきまる。女児の方も、この様な方法でI子に決定。

やがて昼食時になつたので、前記のリーダーで當番をきめ活動に入る。こうして組織の中心に先生とリーダーがおかれ、各グループの當番とともに組全体の組織活動と個人の活動とが活溌になされていく。・・・・・

保育者「十一時三十分ですから、ごはんにしましよう」當番とリーダーさつとたちあがり活動に入る。F子洗面所にいき組のバケツに水をくんでもつてくる。女のリーダーは臺所にコップを取りにいき廊下の積木の上にのせてみんなを待つ。男のリーダーは當番とともに机と腰掛を出しテーブル用のフキンで机をふく。やがて用意が出來ると當番は夫々のグループに歸る。當番が歸つてくると、いままでさわいでいたグループもしづかになつて、きちんとならぶ。やがて男のリーダーしづかにならんだグループから手洗いとうがいにいかせ、最後に男女のリーダーがうがいと手洗いに行き、水道の蛇口をとめてもどる。

食後に、午後からのあそびがみんなで考えられる。保育者「もうじき動物園にいきますから、電車ごつこしましよう。」と提案する。全員晝食が終る。みんな外へでてジャングルやスベリ臺であそんでいるうちにリーダーと當番のあとかたづけが終る。・・・

K君保育者のところへ來て「先生電車ごつこしないの」先生「もう少しまつて」・・・

やがて時間が來たのでピアノを鳴らす。五才児の組全員集つて來た。積木と切符、笛をつかい乍ら電車ごつこがはじまる。積木でリーダーや當番や積木あそびに熱心な子供達で電車をつくる。Y君「一番線王子行、二番線赤羽行、三番線上野行き、みんな早く一列にならんで下さい」女の子のリーダー車掌になる。リーダー「切符をもたない人は電車に入らないで下さい。入つた人は電車をこわさないで下さい」・・・・・と三時のおやつまで樂しそうに電車ごつこがつづく。

労働者クラブ保育園　天野章

◎「働らく」と云う事を學ぶ

(A)　「働らく」と云うことと

働らき蟻の食物を運んで行く状態を観察させ、そのことから「働らく」と云うことの意味について考えさせる。

「せんせい、ありどこへいくの?」

「ありのひつこし?」

「ちがうよー、なにかしまつておくんだねー」

「冬になると食物がなくなるから今の中にせつせと働いておくの。」

ここでイソップ童話の「蟻ときりぎりす」の話を聞かせ、蟻がどんなシステムで協力して生活しているかについても語り合いをする。きりぎりすへの同情もさることながら、どうして夏の間に食物を見つけておかなかつたか、やはり暑い夏に一生けんめい働らいた蟻の眞面目な態度をほめて結論とした。

二、三回此の様な話を繰返し「働らく」と云う観念を一應頭の中に入れさせた。この外につばめの生活（親つばめが子つばめに餌を運ぶ様子の觀察）又蜜蜂のこと等。

(B) 働らくことと賃金

「みんな洋服やクレオン誰に貰うの？」

「おとうちゃんや、おかあちゃん。」

「おかあちゃんが、かつてくるのさ。」

「買つて來る？　ぢやお金はどうしたの？」

「しつてる、しつてる。おとうちゃんが、こうばからもらつてくるんだよ。」

「ざんぎょうや、てつやなんかするんだよ。」

「とつても　くたびれて、ねむいつて、」


等々の話し合いから、父親が働いて賃金を得ることについて・・・・・これは事あらたに話さないでも大部分知つているが・・・・再認識させた。父親達が汗を流して一生けん命働いて得た賃金であること、それを使う場合は、無駄にしてはいけないこと等、小遣いの問題にもふれて反省させた。

(C) 工場見學、各家庭の職業

子供に危険のないアルマイトの食器工場を見學する。板から形を取つて色つけ、仕上げまでの流れ作業と女工さん達の忙しそうな立居振舞をよく觀察させる。

山の上から機關庫が見下ろせるので、汽車の修繕状態を見ながら汽車がどうして走るかについて話す。運轉手ばかりでなく、石炭を入れたり、線路をととのえたりする目立たない所で働いている人達の作業についても説明し、一つのことを進めるために、分業と協業の必要性を理解させた。それから各家庭の職業について語り合つた。


「みんなのお父さんはどんなことして働いているの？」

「こーばで、とけいの、うずいかねつくつてる」

「ぼくんちのとうちゃん、いろのかいしや、あかや、あおのいろつくつてる」

「あたしのうちとこやよ」


等々、一應全体の子供にそれぞれの職業を云わせた。そして様々の職業があるが、どれも大切であること、それぞれの役割がある。道路を修繕する人も、お店で働らく人もみんなが一生けんめいにしなければ生活ができない等々人間の社會生活の協力と分擔について考え合つた。

(D) 子供達の日常生活の中での勞働

一學期の始めからやつていた當番も子供達にとつて働らくことで

ある。一生けんめい真面目にした子供をリーダーに選ぶと決めた。

草むしり、雑布かけ、何でも競争で率先してするようになつた。最初は個々ばらばらの形で先を争つたが、八人づつグループを定めてグループ毎に當番をえらぶ様になつてから、段々まとまつて行動する様になつて來た。

例えば、机と椅子を運ぶ時もめいめいで持たないで、一グループの机の上に椅子をのせて、前後に別れて八人でかつぐ、紙を配る時も八枚グループの分を持つて行く等。

(四) お駄賃主義の弊害

一生けんめい働らくからリーダーと云うことを余り強調しすぎた為、お駄賃がなければ真面目にしないと云う傾向が間々見られる様になつた。保育園の引越の際、大八車に机や椅子を積んで運び、初めの中は張切つてやつていたが、その中一人が運んだら車にのせてもらうことを提案した。交替にのせてやると、自分が乗る番に當らないと、怠ける子供がでてきた。（もつとも少々荷が重すぎて疲れたこともある）

そこで終つた後母親の勞働について話し合つた。「一番後に御飯を食べる人」與田準一作の童話から、母親の忙しさ、決してお駄賃目當でやつているのでなく、みんなの爲に役に立つことなら何でも一生けんめいにする子供になろうと約束した。

(五) 現在の子供達の状態

以上約半年に渡つて積み重ねられて來た、体験の結果現在では、整頓すること、食後の當番等本當に一生けんめいするようになつた（もつとも二、三人の例外兒あり）

足洗場を作るので工場から煉瓦を貰つて運んだ時は、リヤカーに山積みにした爲、保母二人でも動かせなかつた。そこで子供達は一個づつ手に持つて運び、足洗い場を完成させた。みんなで働いて、大きくなつたらみんなの爲に力一ぱい働く人になると云う氣持が次第に盛り上つて來ている。現在使つている保育室も、R工場の小屋を、二十人余りの組合の人達が、かついで來たことを目撃していた子供は、

「せんせい、このおうちは、おぢさんが、あせかいて、はこんだ、だいじなおうちだね」と述懐している。然し現實の生活は、働いても賃金が少ない爲、明るい生活が出來ないと云う社會の矛盾を、どの様に理解させたらよいのか、又幼兒にそこまでの問題を堀り下げて考えさせることについては今後の課題として殘されている。

神谷町保育園　藤光　えみ子

◎喧嘩の處置について

自由あそびの一時。年長組女兒が、二人ばたばたとかけて來た。

「せんせい、おとこのこたちが、なんにもしないのに、しゃべる、とつちやつたのよ」

「どうしたら良いの？」

ー保母は問題をなげかける。ー
「みんなで、やつつけちやうの。」

「ようし！　みんな　てつだつて、おとこのこを、やつつけるの。」

ばらばらと十人程の女兒が集つて來たが、相手は猛者ぞろいなので手が出ない。

「よーし、おれ、やつつけてやるぞ。」

たまりかねて、Tが、應援する。喧嘩早い彼は、一人で、とび出したものの、すぐやられてしまつた。

「みんな負けちやつたのね。どうしたらいいの？」

「すくらむ　くむの」

と誰かが云いだす。

「そうそうがんばつてー」

がつちりくんだスクラムに、相手は、先程から、分が悪いと觀念したか、シャベルも、そこそこに、ちりぢりに逃げ出した。

新田保育園　杉本綸三子

◎チャンバラのあとの話し合い

年長組男兒五名が、一年生の學兒にそそのかされて、チャンバラをやつていた。K保母は、五人を木蔭に連れて行き、棒を持つた原因、家庭の様子などをきき出した。と、次の様な事が子供の口から報告された。

○A郎（六才六ケ月）
「家のお母ちやんは、お父ちやんが、お酒のんで來ると、いつも物指でぶつよ。」
○S一（六才一ケ月）
「家のお父ちやんもお酒一合位のむよ。のみ終るとお母ちやんに〃又一合買つて來な〃と云つて、お母ちやんは〃もうのむのやめなよ〃と云うんだけど、なかなかやめないで買わすよ。」
○H一（五才九ケ月）
「家のお父ちやんは、頭をよくぶつよ。そうするとね、お母ちやんは、お父ちやんに、〃頭をぶつと、ばかになるから、お尻をぶちなさいと云うけど――、父ちやんは、頭ぶつよ。」

こうした子供たちとの一寸の會話の中でも家庭内での暴力（体罰）が如何に多いかを、物語つている。家庭に於ける子供の育て方について、啓蒙する事、又、保育園での暴力を子供たち同志の問題として、解決させる様、又子供を包む社會の環境の問題として、熟慮しなければならぬ。

子供の家保育園　井手ナホ

保母の手記より

12　A－私達の三坪の家

－神谷保育園の子供たち－

とうとう出來た。私達の小さな家、たつた三坪の保育室、二年間の苦勞がこもごも湧上つて來る。小さな椅子に八色のクレオン箱をおいて材木に腰かけ、無心に新らしい家の寫生をしている子供達、何やら獨言を云いながら畫き續ける子供達、今までの二年間の生活をどんな風に受取つているだろう。

「此所の子供達は遊物がなくてもいぢけていませんね。普通の保育園兒の様に明るくてのびのびしている。」兒童福祉司が通りすがりに立よつて、そう云つたけれど、のびのびしている筈だ、青天井だもの。でも長い二年の間には、子供達なりの苦しみを味わつて來た、逞ましい創造の力が、かえつてその生活を發展させるくさびになつているが－風にとばされる折紙を、石つころで押えること、椅子がなければ、下駄を片方拔いで腰を下すことも、机がわりに練炭を積み上げることも、その上園の先生が疲れている時の思いやりに至つては本當に頭が下る思いだつた。

時折、私が考えこんで立つていると、

「せんせ、あつちであそぶよね、あとでいつしよにあそぼーね。」

と小さい子供達の手をつないで連れて行く。蘚がすつかり枯れてしまつた或日、紙芝居をしようとしたら、コップになみなみと水を汲んで來た。

×　×　×

「せんせ、いいおうちだねー　いいおうちだねー　おひさまがあたつて　とつてもいいね。」

「だれでもはいつていいの？」

「せんせいも、うれしい？」

「そう、みんなのうちよ、よかつたね、ほら新しい木がお日様にあたつて、あんなにきれいよ、日陰の所と、どんな風に違つた色になつているか、よーくみてごらんなさい。」

私は散らばつた子供達を見廻りながら嬉しくて、ピョンピョンとんでみる。そして子供達と同じように「新らしいうち、みんなのうち」とうたう。

×　×　×

丁度去年の今頃、もうすぐ冬が來るというのに、私達は五十人の子供をかかえて今まで貸りていた材木小屋から追われた。板の隙間から青空が見える粗末な小屋であつたけれど、六ケ月間あそんだ私達の保育園だつた。民主的な母親達の力をはばむ地主のやり方に全くフンガイしたもののこれから先どうしたものかと途方に暮れた。夜更けた道を歩きながら何時とはなし手を握り合つて涙を押えた母親達は、茫然としている私をはげまして呉れた。

「先生、二年かかつても三年かかつてもきつと私達の保育所を作りましょう、ね。力を落さないで、私達のやつていることは正しいのですもの、きつと又地主さんにも分つて貰える時が來るでしょう。」

ガンバツて。」

「今日は遅くなつたから帰つていらつしやい。又明日ゆつくり考えましよう。」

　でも一体どうしたらいいのだろう。もう冬だというのに、いくら何でも北風に向つて壁なしで五十人の子供が守り切れるかしら。私のあらゆる保育技術を振りしぼつても寒さには勝てない。一年間野外保育を続けた末やつと借りた小屋だつたのに、ーもう駄目だ。明日から保育する氣力がない。

　母親達に返えす言葉もなく、自轉車を引きづつて、とぼとぼ歩いている私だつた。それにしてもがらんどの部屋で一人ぼつちにされた子供が母親を待つ姿がふつとかすめる。

　朝になつた。曲り角まで來ると子供達が迎えに來ていた。

「おはよう。せんせいおはよう。」

　とびついて來る。この幼い子供達に小屋を追われた昨日の事實を何と説明したらよいだろう。私は受答える勇氣がなく默つて子供の顔を見た。

「あのね、今日は引越なの」

「ふーん、どこへいくの？」

「どこつて、あの小屋にはもう入れないの、ね、おぢさんが入つちやいけないつて、」

「どーして、どうしてなの？」

「うん、どうしてつて、意地悪おぢさんが大勢の子供にかさないつていうの、」

「ふーん、どこへひつこすの。」

「さあ、どこにしましよう、ねみんな、いいおうちが出來るまでもうせんみたいに公園であそぼう。」

「カバンどこへおくの？」

「カバン？　ほら、あの木の枝にかけるの。せいちやんはお兄ちやんだから木上り上手でしよ、みんなのかけて貰いましようよ。」

「わーい、わーい、おもしろいな、いいよ、あんなぼろのうち、いいおうちできるまで、こうえんであそぶもん。」

　駆けていつたかと思うと裸木に色とりどりの母親のお手製のカバンがもうかけられていた。赤いみつちやんのお辨當の袋が青空にくつきり映えて眼にしみた。

「みんな手傳つて、机や椅子を運ぶからおうちが出來るまで、アパートの物置にしまつておくの。」

　大八車に机と椅子を乗せると子供達は喜んで後押しする。

「どーも長い間お世話になりました。」

　近所の人達に挨拶しながらもつい惜し涙がこみ上げて來る。子供達に此の憤りがどの位理解出來るものだろうか。

「ね、せんせい、どうしたの、おもいの？　いいよ、みんなでおしてくよ、ね、みてごらん、ぼくたちちからもちだもん。」

「せんせ、あらしになつても、おおかみがきても、こわれない、れん達のおうちつくろうよ。」

（三匹の小豚の話が大好きで小豚の藁の家は子供達のエートピア）

そうだ、狼に負けてはいけない。勇気を出そう。

「〃おつぺると、ぞう〃のおうたうたおうよ。」

「うん、ぼく、しろぞうみたいに、ちからもちだ」

「もりからもりへと、いばらをふみこえて　ぬかるみわたり

ぼくらのなかまは　つきすすむ。」

遊ぶ若もまじつて幼い子供達のうたう声は公園の木々をふるわせる。胸を張つて、高らかにひびく歌声、どこからか溢れ出る成長する力。

今日は此所、明日は他の場所へと風をよけて仮住居の冬が終つて春が来た。春の声を聞いた時には、母親達のたゆみない努力の結晶が、形になつて表われた。廃車になつたバスの保育室が出来たのだ。春から夏、夏から秋へと、母親達のねばり強い協力の力と、子供達にささえられて、私はどうやら悪条件保育を続けて来た。朝から夕方まで殆ど外で立通しの毎日にすつかり疲れ切つて休んでしまいたいと、重い足を引づりながら公園の角まで来ると、飛鳥の群の様に押寄せて来る子供達、

「やーい、せんせいのねぼすけやーい。」

「まあ、よかつた、今日はお休みかと思つた。」

ほつと安心する母親の表情にぐつと引きしめられる。K区の一隅の此の工場街での保育所の要求は、今では町の人達の理解と組合の手に守られて、やがて實りを結ばうとしている。青空に高々と木の香も新らしい三坪の建物は二年間の歴史を包んで、明日への發展を物語つている。

藤光えみ子

Ｂ－ふみにじめられても真實の芽はすくすくと。

－井の頭保育園の歩み－

アカシヤの木に囲まれた小高い丘の堀立小屋が、私達の保育園なのだ。

昨年の夏、寺の庭で青空保育を始めてから苦闘を踏みこえ、この空工場に移り住むようになつてから、間もなく一年がやつて来る。井の頭公園はほど近く、自然は美しく四季折々に人々を子供たちを楽しませてくれるのに、人の世のあわれさは、小さな若芽の上に發展もおそつてきたのだつた。

静かな環境に恵まれた寺で楽しい日を送つていた子供達が無理解な人達の為に、一月の木枯吹く中を、その寺から追出され、公園で過した日を、幼な心にも今尚判然と覚えている。

「お寺帰けないのにどうして入つちやいけないの。」

「へんだね。お寺で遊んぢやいけないつて。」

「いぢわるだね。」

昨日まで遊んでいた大きな寺の屋根を見上げながら、つぶやく子供達の率直な声は、母親の気持であり、保母の気持であつた。皆し

で眞實の聲を叫んでも聞いて貰えず、作り上げた噂を肯定した理由として、寺を出されてしまつた。

翌日から母と子供と保母との闘いの日は始まつた。

「公園のプールの前でまつているから。」

保母の言葉を忘れず寒風に鼻を赤くしながら、子供達はやつてくる。寒いと泣き出す子は一人もいない。日だまりで走つて騒いで、元氣に過ごす子供達。やがて暖かくなると、保母の拡げた大風呂敷にオーバーを上衣を入れる。場所を移轉する時は、大包を背負い、子供を引きつれている一行の姿に、附近を散策の人々は奇異の眼をみはつていた。カバンから取り出した新聞紙をお尻にしき、椅子を机の代用に、クレオンを握る小さい手は冷たく、暖める火とてなく、僅かに保母の体のぬくもりで暖めるのだつた。

母親達は一日も早く子供を屋根の下へ、と建物探しに懸命だつた。文化園のキリン小屋でもと飛んで行つたこともあつた。一方は噂の否定と協力を願いに、或時は大雪の夜勝までもくる中を、或朝は早朝凍えついたすべる道を、町の有力者のところと歩き廻つたが、眞剣に耳傾けてくれる者はなかつた。蔭野な土地柄だけにと共鳴してくれても行動は共にして貰えなかつた。子供の幸福を守るために、保育園を育てよう。母親達は手を握り合つた。

所有者の好意で空工場を借受けられるようになつたのは公園に移つて一週間目だつた。

長い間空いていた工場は、燃料不足の犠牲ではめ板をはがされ、窓枠は取り去られ、コンクリートの床ははがれてデコボコだつた。持ち寄つたムシロ、ハトロン紙等で張りめぐらし、リンゴ箱をあつめて椅子にした。

「ボロボロほいくえんだなア。」

「大豚さんのワラの家だなア。」

オスベリ、ブランコ、スナバ、なんにもない保育園だが子供達は樂しかつた。戸のない窓は人形芝居の舞臺になつたし、はめ板もなく敷居だけの窓は布を置いてぶら下つて遊べた。新らしく入園した子供は、余りのみすぼらしさに子供心に驚いたらしく

「みたかじけんだい。げんしばくだんだい。」

と叫んだものだつた。

その後日雇の子供達が多數入つてきた。その母親達は實によくはん走してくれた。床張りの交渉に役所に行き、長期間かかつて三坪分を獲得した。（三十坪の建坪）早速に日雇の小父さんは床張り、ベニヤのつき出し窓を作つてくれた。子供の喜びは一しお、履物が脱げると、日に幾度上つたり降りたりした事だろう。

日雇の母親たちの眞剣さに心打たれて、町の勞働者・商人・サラリーマン・邸宅の母親達はだまつて過していなかつた。私達にも出來る事を。折よく公園に催物があり、建設資金のためと露店を出した。届出。仕入れ、一切を父母の手でなし、晝間の疲れた体を參加した日雇の母親と共に、深夜までかかつて素晴しい売上げをした。すつかり自信のついた母親たちは市役所への交渉にも堂々と行

く様になつた。

そして八月、保育園創立一週年はめぐつてきた。盛大に町の子供達を樂しませようと、母親達の意氣込はすごかつた。ポスターかき、おみやげ作り等忙しい家事の合間によくやつた。會場の交渉には何回足を運んだ事か。漸く解放して貰う許可を得た時の安堵は胸をさすり降ろすほどだつた。やつと準備が整つた矢先。突然警察より集會禁止を言渡された。理由は時期が悪いから延期せよと。時恰も講話條約を前にしての事とは云え、子供の集りには納得がいかなかつた。再三懇願に行つても不可能だつた。張りつめた一同の氣持はくずれ落ちるおもいだつた。怒りは、不滿は、父母達の力を固めていつた。

一週年祭はささやかに内輪で開いた。

その後新しく、父母の會が發足して、保育園の經營に當る事となり會長には兼ねてから關心を寄せられた武者小路實篤氏が就任し、理事には奥田準一氏、保育園長には所有者の高田氏と、子供の幸福を守る爲に結ばれた芽生えは、順調な成長をみせている。

園兒六十七名。保母三人。

最近赤い羽根の共同募金の配分と出資金を募つてオルガンを購入九坪の床を張りガラス窓を入れた。

「みんなの、はいくえんを、きれいにしようね。」

子供達は入口で一々足をきれいに拭きながら語り合つている。

井の頭保育園　福　知　と　し

む　す　び

以上のようなわれわれのささやかな實踐と研究の跡を辿つて思うことは、眞に幼兒を愛し平和を希う保育者にとつて、現在の課題は何であろうか？ということである。

それは、第一に、保育活動の據點－幼兒敎育の施設をつくりひろめること、及びその物的な條件を充實させるための闘いであろう、豫算が足りず、機構が縮少され、名目のみの兒童福祉法や兒童憲章が飾つている現狀をどうするか。

第二には敎育目標としては、自由と平和を愛し、現實の環境におし歪められず、又これに適應するだけではなく、集團の一員とも積極的に環境に働きかけてこれを變えていくという態度と能力を身につけさせることが要求されている。

第三には幼兒敎育の問題をひろく兩親・勤勞者層に訴え、子供を守る運動として地域的な結集を強め乍ら發展させるという事である。

これは何れも困難な未開拓な分野であり、少數の活動家の限られた施設内の活動ではその成果は期しがたい。全國の保育活動家が、積極的な批判と叱正を與えられることを切にお願いする。

勞働者クラブ保育園　鹽　谷　あ　い

民主保育連盟第六回定期總會

期日　昭和廿六年十二月九日
場所　勞働者クラブ保育園

次　第

○開會―議長、書記の選出―事務局報告及び質問―各施設報告及び討議―来年度活動方針の審議―綱領、規約の審議―以上の決定
○研究會（講演と質問）
○懇　談

綱領草案

一、幼ない子供たちを生活の破壊からまもり正しく育てるために、すべての保育にたずさわる人々と手をつなぎましょう。
一、保育所をつくりひろめ保育活動を通じて働く人々の生活を守り高めましょう。
一、平和をねがうすべての人々と共にこの運動をすゝめましょう。

民保第六年度活動方針（案）一九五一、一二、九

民保のこれまでの活動をかえりみ、その評價の批判の上に立つて次の活動を進める

一、保育運動を地域的に強めて行くために、すべての力を結集するよう活動する

今まで氣のあつた者同志のせまい集團であつたことを反省しあくまでも日常的な、保育活動を基礎としてこの運動をすすめていくためには、ぜひ地域での連絡協議機關に参加し、又はこれをつくり推進するために努力する

一、日本の保育活動の經驗、遺産を正しくうけつぎ又、實踐による多くの成果を理論づけるため活動する

今まで、「新しい保育体系をつくる」ということが繰返し強調されたが、その態度には誤つた傾向が多分にあつた。これからの努力は、廣い視野に立つての經驗、遺産の攝取に向けられ、又、民保としての實踐ではあるが雜然として積みおかれた實踐を理論づけ体系づけることに向け、そのためには謙虚に學者、經驗者の協力を求めなければならない。

一、保母の生活保障の問題を細かく深く取りあげる

保母の生活條件の悪さを、觀念的に政治の貧困に理由づけ豫算の獲得という目標に飛躍してしまう傾きがこかつた。これは多くの場合にはむしろ獻身、犠牲を強要するという結果になつた。もつと切實な日常の要求を細かに取上げられて活動することにより保母の勞働者としての自覺と行動を高めるように活動する必要がある。（利用者・保姆・勞働者として自覚ん）

一、保育所をつくりひろめる活動をさらに發展させる

今までの活動の缺陥は「つくりひろめる」ことが形式的に取上げられその結果は「つくつてはみたが、保母がないので發展しない」「方針がはつきりしないので自主性を失つた」などの状態があらわれた。（保育活動・経済・保育・力の結集）
前にあげた三つの活動方針の確立と實踐によつてこそ眞に「つくりひろめる」ことが可能となるだろう。このことが、すべての活

2 動の結實であるといえよう。

民主保育連盟規約（案）

1 この連盟は民主保育連盟といい、本部を東京都に置く。

2 民主日本のにない手である乳幼兒の社會的な保護と教育の爲に次の活動をする。

イ 働く人々のための保育施設をつくりひろめる。

ロ 保母その他保育に當る者のために多面的の研究活動をする。

ハ 保母の養成に必要な講座、研究會等を開く。

ニ 乳幼兒の保育政策を研究し、その實現のために努力する。

ホ 機關紙及び出版物を發行する。

ヘ その他

3 この連盟はその趣旨に賛成する保母（育者）、保育研究家（等）を會員とする。この連盟はその趣旨に賛成する保育施設、團体を準會員とする。

4 連盟は毎年一回定時總會を開く。又必要に應じて臨時總會を開く。總會は活動方針、財政、役員等を決める。

5 連盟は次の役員を置く。委員長、委員、常任委員

6 委員は總會で選ばれ委員會をつくつて、總會で決められたことを行う。委員長、常任委員は委員會で選ばれる。

7 委員長は連盟を代表し總會、委員會、常任委員會を召集する。

8 常任委員は事務局において連盟の日常業務を行う。

9 委員會の下に專門部、專門委員會をおくことができる。專門部は[illegible]部、事業部、研究部（等）とする。

10 役員の任期は一年とし重任することができる。

11 連盟の財政は、會費、維持會費、事業收入、寄附金等による。會費は別に定める。

12 連盟は必要に應じて支部を設ける。支部の規定は別に定める。

13 この規約を改めるには總會の承認を必要とする。

支部規定

1 會員が五名以上いる處では支部をつくることができる。

2 支部をつくろうとする時は、支部規約、支部會員名簿を本部に出して、その承認をうける。

會費規定

1 個人會費

2 團体會費

事務局報告

活動報告

（組織、經營部會）未認可施設の認可促進の問題を取上げたが民保の現狀から考えてこの運動の主動的な立場はとらずこれを各施設が地域での運動として進め、又他の團体の中でその主張と運動を行うことにして之を實行した。なお認可の決定したものは次の通り。　新國、興野、風の子、鳩の森、設立に協力した保育園として、東大セツルメントの「みどり」及び足立區の「ひまわり」がある。

保母の斡せんについては求人側、求職側よりの申込があるが條件が適合せず滿足な實績があげられないでいる

（研究部會）

研究活動報告

1 實地保育研究會
神谷保育園－十月
出席者 五、六人

2 保育案研究會
鳩の森保育園－七月 出席一二、三人
保育研究會というよりも、子供のとりあつかい方について討論された。
緑の家保育園－七月

3 音樂部會（リズム、話） 於勞働者クラブ保育園
秋の運動會に備えて、各施設もちよりのものを傳達講習した

4 兒童心理研究會－九月 於勞働者クラブ保育園

5 童話部會 十一月 兒童文學者協會と提携

6 研究會の今後のすすめ方－七月、民科と提携

―――――― ×　× ――――――

各施設研究報告（順不同）

◎三たか職安
園兒數 在籍三八名 出席二四－二七名
年令構成 三才未滿五名 三才以上三〇名（出席者中）
保母數 二名 保育料 なし。おやつ代二圓
△園兒は職安關係のみ。建物は現在のものを今后も使用できるかどうかわからない。

3

◎みんなの力
園兒數 在籍二〇名
保母數 現在保母はなく、保育係三名が交替で行う
△土建の組合としての編制替等で、組合の手でつくられた當施設が殆どかえりみられない現狀にある。それでも保育園を守り通さねばならぬという二、三人の母親の熱意によつて、何とか持ち應えている。けれど保母が毎日交替するので子供もだんだん減つていくし、新しく保母を迎える財源はないので暗しようにのりあげてしまつた。
今后、職安の保育所の性格を地域とのつながりの中でどう發展させるかというのが大きな問題となつている。

◎風の子
園兒數 在籍五〇名
年令構成 三才未滿一七名、四才一七名、五才一六名
保母數 二名 保育料 二七〇圓
父母の會 地域別に四班に分れて活動、月二回運營委員會。他に月一回例會、産調相談所を設けて一名の母親が擔當している。
母親の勞働狀況 外勤一五名 内職一五名、家庭一七名疾病三

◎陽光
園兒數 一〇四名（措置三一名、）
年令構成 三才二一名、四才三三名、五才二二名、六才二八
保母數 四名（助手共）他に給食係一名

家庭の状況　要保護家庭一四　未亡人一二
職　業　會社員二一　工員一九　公吏一一　商業五　工業三
辨護士一　醫師一　敎師一　警察一　自由勞働者一　洋裁一
無職三　その他五
經營　狀態　新園舍建築四〇万圓を借入金で返濟したため現在
毎月四〇〇〇圓赤字で惱んでいる。

◎芝　山

園　兒　數　在籍五〇名（殆んど全部出席）
年令　構成　二才三名　三才一〇名　四才二〇名　五才一三
名　六才七名
保　母　數　二名　他に雜役一名
家庭の職業　村民は少く病院關係と引揚寮が多い
經　　營　役場より園兒定員三三名に對し毎月一七、〇〇
〇圓支給されている。現在支出は人件費三〇、〇〇〇圓給食
費三、五〇〇圓（副食は村民より現物寄附あり）その他で四
三、〇〇〇圓

◎勞働者クラブ保育園

園　兒　數　二三〇名（內措置一五一名）
年令　構成　三才未滿八六名　三才四三名　四才五六名　五
才四五名
△現　　況　當面運營上の問題として、あげられるのは次の
點である。

イ　勞夕保育園に對して、勞夕生協に參加している勞働組合でも必ずしも十分な關心を示していないこと
ロ　保育園への入園の要望は非常に多く、とくに乳兒保育については、全區的に利用されているが、施設に限度があり措置の枠がせまくて應じ切れない。園兒が增えれば增えるほど赤字が增加する
ハ　本年四月四名の保母の解雇問題にからみ父母の會と保育園生協理事會との間には未だ意志の疏通が缺けている。
ニ　右の事情にもかかわらず「子供のために」「生活を守るために」「全員措置、保育料全免」の目標で一致しその方向に具体的な對策を進めている

△北區內の公私保育所の（私立十一、公立一、未認可二）協議体が組織され、保育所の整備擴充のために、區會へ補助請願をする等一致した活動が始められている。

總会のお知らせ

初冬の候、みなさまお健やかにお過しのことと存じます。この一年間皆様はそれぞれの地域・分野において、乳幼児保育の前進のために、目ざましい活動を續けて来られましたことは御同慶の至りでございます。けれども、みなさま方を会員とする民主保育連盟は過ぐる一年、何等取上げるに足る活動を行わず名ばかりの存在であつたことはまことに残念に存じます。

こゝに左記のように定期總会を開き、現状に即していろいろな問題点を明らかにし、新しい出発をいたしたく存じます。師走の声をきゝ、一しお御多用のこととは存じますが何卒お繰合せの上ご出席下さるよう御案内申し上げます。

一九五二年十二月一日

東京都北區豊島三の二
民主保育連盟
委員長　羽仁説子

会員の皆様へ

記

一、日時　十二月七日(日)午前十時ー午後四時

一、会場　労仂者クラブ保育園
　　北区豊島三の二(国電王子下車十分)

一、順序　(一)　總会　午前十時ー午後二時
　1. 経過報告
　2. 活動報告
　3. 活動の方針
　4. 組織の方針

(二)　懇談会　午後二時ー午後四時
委員長その他諸先生を囲んで当面の乳幼児保育問題について語り合ひたいと思ひます。

―以上―

解散の總会

民主保育連盟総会提案

今後の活動をどう進めるか。

以下は民主保育連盟の拡大委員会、その他での二、三回にわたる討議をまとめたものであります。

一、民保はこの一年間余、特に見るべき活動を行ふことが出来ず、組織活動も、研究活動も、共に足踏みの状態に止つてきた。これは何故だろうか？討議の中から次のように、いくつかの点が指摘された。

※今まで民保は他の民主団体（労組・生協・文化・婦人団体等）とていけいして「保育所をつくる運動」「保育所をまもる運動」をすゝめ、部分的にもせよある成果を挙げることができた。けれども今保育所を必要とする社会事情は一層広く深くなつているに比して、これらの主体的な力は非常に弱まつてきている。

※今までの民保の示す思想的立場や活動の内容等からその組織層は非常に限定され、又民保の活動家たちの持つセクト性から、この組織を大衆的に発展させることができなかつた。

※昨年四月労仂者クラブ保育園での問題をきつかけにして民保の活動メムバーの間に思想と行動の統一が欠け、そのため積極的な活動がなされなかつた。

※民保の活動家はそれぞれ各地域につくられてきた社会福祉協議会の保育部会（又は之に準ずる組織）で中心になつて活動しており、このため民保の活動は二重の負担となつてきている。

※民保の保育所に関する活動方針は今では、社会福祉協議会を基盤とする保育活動の中でより広汎に実施される條件ができてきていること。

※「子供をまもる運動」としての民保の活動方針は『子供をまもる会』その他でより広汎に行われてきている。

これらのことは、乳幼児の保育問題が従来より一層広汎な国民層の切実な問題となつてきたこと、又福祉事業や保育施設関係者の現在の政策に対する批判や要求が全国的な規模でおこりつゝあることを示しているのではないだろうか。

二、では民保はより広汎な運動へこの際解消してしまってもよいだろうか？　これについての意見は次のように出されている。

◎民保の組織を失ってしまふことは、日常の実践活動のより所を失ふことになろう。

◎民保に集った人々のていけい又今まで果してきた役割は今後更に強めてゆかねばならない。

◎今後一層広汎になるであらう地域的な保育関係組織の推進力となるようなものをもちたい。

◎地域の活動に重点をおくこと、地域の組織を強めてゆくことが現在最も重要な活動である。従って二重の負担となるような民保の集りや、民保の行動はできるだけ軽くすること。

三、この考えを要約すれば新しい組織の条件として次の点が挙げられる。

1、民保の精神・役割をうけつぐ、もっとルーズな（負担の軽い、ゆうづうのきく）組織にしてゆくこと。

2、実践活動を中心とし、あくまで各地域の世話役活動を強めること。

3、乳幼児保育問題についての情勢の交換と分析・方針の討議、他組織とのていけい、与論の換起等がより広汎なる人々によって行われるようなものにすること。

四、「保育問題懇談会」の構想

1、構成ー保育者、保育施設関係者、研究者などを会員とする。

2、活動ー(1)保育所をつくるもんだい　(4)保育政策のもんだい

(2)保育者の生活もんだい　(5)その他

(3)保育内容・保育方法のもんだい

これらについてこんだん、研究協議をし、実践をたすけ与論を換起する。

3、組織ー会員　世話人会（地域毎に）

世話人代表

—以上—

●――編・解説者紹介

松本園子（まつもと・そのこ）

一九四七年生まれ

現在　白梅学園大学教授

主要著書

『昭和戦中期の保育問題研究会――保育者と研究者の共同の軌跡』新読書社、二〇〇三

『証言・戦後改革期の保育運動――民主保育連盟の時代』新読書社、二〇一三

編集復刻版

民主保育連盟資料

ISBN978-4-905421-81-8

２０１５年４月30日発行
定価　本体２０、０００円＋税

編者　松本園子
発行者　山本有紀乃
発行所　六花出版

〒１０１-００５１　東京都千代田区神田神保町１-28
電話 03-3293-8787　ファクシミリ 03-3293-8788
e-mail : info@rikka-press.jp

組版　昴印刷
印刷所　栄光
製本所　青木製本
装丁　臼井弘志